2016年国家社会科学基金西部项目（项目编号：16XTY004）

学校体育运动安全防护手册

苟波　王刚　王启荣　主编

人民体育出版社

图书在版编目（CIP）数据

学校体育运动安全防护手册/苟波，王刚，王启荣
主编. -- 北京：人民体育出版社，2023（2025.5重印）
ISBN 978-7-5009-5392-0

Ⅰ.①学… Ⅱ.①苟… ②王… ③王… Ⅲ.①学校体
育—安全教育—手册 Ⅳ.①G807-62

中国版本图书馆CIP数据核字(2022)第075978号

学校体育运动安全防护手册

苟波，王刚，王启荣　主编
出版发行：人民体育出版社
印　　装：北京中献拓方科技发展有限公司

开　本：710×1000　16开本　　印　张：16.5　　字　数：292千字
版　次：2023年4月第1版　　印　次：2025年5月第3次印刷
书　号：ISBN 978-7-5009-5392-0
定　价：70.00元

编委会

前 言

FOREWORD

青少年是社会的未来，是祖国的希望，更是建设社会主义现代化强国的后备力量。中共中央国务院《关于深化教育改革全面推进素质教育的决定》中明确指出：健康体魄是青少年为祖国和人民服务的基本前提，是中华民族旺盛生命力的体现。学校教育要树立"健康第一"的指导思想。学校体育作为学校教育的重要组成部分，其主要任务是："增强学生体质，使学生养成良好的健康意识、习惯和能力，为中华民族的强盛、为国家的可持续发展打下良好的基础。"

我国教育部门多年来一直提倡素质教育，通过学生体质达标测试，倡导"阳光体育"、鼓励学校积极开展校园体育。然而随着体育运动的普及，参与人数增多，运动损伤发生率亦逐年增长，不仅使学生的身心受到损害，还可能引起法律纠纷，给学校体育工作正常开展造成了阻碍。运动损伤已经成为制约竞技体育、学校体育和全民健身运动进一步发展的主要障碍之一。因此，健全学校运动安全防护规程，采取有效措施防范运动风险，才能为发展学校体育工作和提高学生体质健康水平提供充分的保障。

《学校体育运动安全防护手册》是一本实用性教科书，可以为学校管理人员、体育教师、学生和体育运动爱好者提供运动损伤防护必备的知识，使大家了解运动对于学生体质健康促进的益处，如何预防运动损伤，在发生运动损伤后，如何采取正确的措施进行急救、治疗和康复。本书突出运动损伤的预防、急救、早期处理的基本技术、治疗和运动康复方法，便于非医疗人员学习和掌握，可以为医生进一步救治创造良好的条件。此外，本书还对学校如何设置合理的安全防护规程，涉及运动伤害事故相关的法律问题如何解决等进行了介绍，使学校运动伤害事故纠纷有法可依，保障合法权益的前提下，有利于不断推进学校体育工作的开展。

本书共分 7 章，编写人员分工：第一章（苟波、庞晓峰）、第二章（王刚、朱晓田）、第三章（王启荣、于瑷旗）、第四章（庞晓峰）、第五章（吴悦、苟波）、第六章（陈沛、张恩利）、第七章（张恩利）。本书由苟波、王刚、许莉、孔维兴、高歌负责统稿。

本书的编写得到了西安体育学院及诸多相关人员的帮助与支持。感谢参与本书拍摄的模特和工作人员：李佳豆、林瑞祺、许莉、孔维兴、高歌、吴悦、杨妍，他们的参与，为本书增色；感谢西安体育学院和宋洋老师为拍摄工作提供场地和道具。对于参与本书编写工作的所有人员一并表示衷心的感谢！

限于编写者的水平，书中疏漏之处在所难免，恳请读者批评指正。

编写组

2022 年 5 月 6 日

目 录
CONTENTS

第一章

CHAPTER
01

科学运动与安全防护

本章提要：儿童、青少年由于生长发育规律及特点不同于成年人，遵循科学锻炼的原则，才能保障运动的安全和科学。本章主要介绍了儿童、青少年时期学生参与运动的重要性，如何科学运动促进身体健康、如何做好运动的医务监督和伤病预防等内容。通过本章的学习，使读者了解儿童、青少年的生长发育规律及特点、运动对体质健康的影响，科学运动的基本原则与方法，通过医务监督降低运动损伤的发生，保障运动安全。

第一节　体育运动与健康

学生的主体是儿童和青少年。儿童期亦称学龄初期或童年期，儿童期为 7~12 岁，少年期为 13~18 岁，学前期为 3~6 岁，婴儿期为 0~3 岁。儿童期发育相对平稳一些，婴儿期和青春期发育很快。

青少年期又称为青春发育期，是指由儿童逐渐发育为成人的过渡时期，一般指 13~17 岁年龄段，相当于初中和高中阶段。进入青春发育期后，青少年的身体形态、机能和运动能力均发生显著变化，速度、力量、耐力等素质处于发展敏感期。青春发育期是培养运动技能的重要时期，也是发育的重要阶段。

青少年期无论是运动系统、心血管系统、呼吸系统还是神经系统，身体机能比儿童期都有很大的提高，但又未达到成人水平。因此，不能认为青少年是"缩小版"的成人，在锻炼时要充分考虑青少年的生理特点。

一、儿童、青少年生长发育规律

(一) 儿童、青少年期身体发育规律

1. 身体形态

儿童体型的特点是：头大、躯干长、四肢短、重心不稳、皮下脂肪分布于四肢较多，躯干相对较少。

进入青春发育期后，青少年生长发育迅速，身体形态变化明显。现代青少年生长特点为：发育成熟提前，生长期较长，在世界范围内，青少年身高有增高的趋势。例如，青春期身高迅速增高，年增长可达 6~8 cm，甚至达 10 cm 以上；体重年增长 5~6 kg，多的可达 10 kg 以上。从整体上看，身高发育快于体重，青少年身材多呈细长形。由于女生一般要比男生早 2 年左右进入青春发育期，因此在 11~12 岁时，女生的各项形态发育指标平均水平可超过男生；到 13 岁左右，男生进入青春期后，身高迅速增加超过女生。通常，在青春期进入高速生长期，青春期后增速明显下降，在 18 岁之后身高增长不明显，25 岁以后身高基本停止增长。儿童、青少年的生长发育受遗传、营养、运动、疾病等多种因素影响。实践证明，适宜的体育活动，加上合理膳食，对儿童、青少年的生长发育有良好的促进作用。从整体看，经常参加体育锻炼的儿童、青少年的身高、瘦体重和胸围等指标的增长一般高于不经常参加锻炼的儿童、青少年。青少年在发育过程中，身体纵向发育在前，横向发育在后；手脚和四肢的发育在前，躯干的发育在后。身体形态结构的变化对其学习运动技能有一定影响。

学龄儿童的体育活动要求在促进身体全面发展的基础上，着重身体姿势教育和预防近视发生，尽量让学生参与各类的运动，以提高参与运动的兴趣，培养运动爱好和运动习惯。进入青春期以后，应采取男女分组教学，注意提高学生身体素质和运动技巧的培养。

2. 心血管系统

儿童的心血管系统发育尚不成熟，与成人相比，在结构上表现为：儿童的心脏体积和容积较小，单位面积的心肌纤维中毛细血管数量较多，血管弹性良好，动脉血管的口径较大。功能上表现为：心输出量小、心率快（70~92 次/分）、血管外周阻力较小，血压较低。儿童心率随着年龄增加而逐渐降低，到 20 岁左

右趋于稳定。与成年人相比，儿童每搏输出量和每分输出量的绝对值小，但相对值大，可以满足儿童生长发育过程中旺盛的氧供应需求，也能保障儿童的心脏可以适应短时期紧张的体力活动。由于儿童心脏发育尚不成熟，在运动中主要靠增加心率来增加心输出量，因此，在运动时，儿童心率会比成人高。儿童血管的发育先于心脏，年龄越小，血管发育超过心脏发育的程度越大，因此，儿童血管内的阻力小、血压较成人低，年龄越小血压越低。

到青春期后，青少年的心脏发育迅速，超过血管的发育速度，血压也随之升高，以收缩压升高较为显著，有的青少年甚至出现暂时性血压偏高现象，其原因可能是青少年血液循环系统和神经系统对体液调节的功能不够稳定，1~2年后可自然恢复正常，又称为"青春期高血压"。因此，青少年出现血压增高时，需要综合家族史、症状和其他体检结果，以明确诊断。

儿童、青少年体育运动应以发展有氧能力为主，不宜进行憋气用力或长时间的静力活动，体育课要保证足够的运动量，运动强度要适当。

3. 呼吸系统

儿童的肺组织中弹性纤维较少，血管丰富，呼吸器官、组织娇嫩，含气量较少；胸廓窄小，呼吸肌力量弱，肺活量较小，呼吸频率较快。随着年龄增长，弹性组织增加，肺容量增大，呼吸频率逐渐减慢，肺活量逐渐增加。在体育活动中，儿童主要靠增加呼吸频率来提高肺通气量。由于儿童的神经调节机能发育得尚不够完善，在进行运动时，呼吸与运动节奏配合不协调，容易出现呼吸紊乱或胸痛。

尽管随着年龄的增加，呼吸深度加深，呼吸功能加强，但与成人比仍有差距。

儿童和青少年在运动时，应重点强调掌握正确的呼吸方法和呼吸模式，避免做过多的憋气用力练习，注意动作与呼吸的配合，如屈体动作呼气、挺身动作吸气、用力时呼气等。多参与有氧运动，以促进呼吸器官的发育。平时养成良好的个人卫生习惯，以减少呼吸道传染病的发生。经常参与慢跑、游泳等有氧运动，可以增大胸腔容积、增强呼吸肌力量、提高呼吸功能。

4. 神经系统

儿童神经系统发育较其他系统发育早，一般在5~6岁时神经系统发育已接近成人水平，大脑重量为成年人的90%，已经具有较高的智力水平，神经细胞分化已基本完成，条件反射的形成也比较稳固，完成动作的精确性、协调性及动作技能均得到发展，基本具备从事一些复杂运动的能力。但是，由于大脑皮质神经活动过程不稳定，兴奋—抑制过程不均衡，儿童时期中枢神经系统兴奋过程占优势，神经过程易泛化，不易集中，小肌肉群发育较晚，因此，虽然儿童运动的可塑性大，比较容易形成运动条件反射，但容易表现出协调性较差、掌握复杂精细动作有困难、容易疲劳，工作适应能力较成人差。儿童多数生性活泼好动，注意力不集中，不能较长时间专注于一件事情，但儿童神经疲劳的恢复也较快。随着年龄的增长，抑制过程逐渐发展，最后兴奋—抑制过程达到相对平衡。因此，在对儿童的体育训练中，宜多采用直观教学、游戏等方式，活动内容要多样化，尽量培养儿童多种运动素质均衡发展，对其生长发育和运动能力打下坚实的基础。此外，儿童参与活动的时间不宜过长，否则易引起神经系统的疲劳。

到13~14岁以后，神经系统的兴奋—抑制过程平衡能力增强，但由于身体形态变化迅速，神经对肌肉控制能力不足，青少年在运动时，协调和平衡能力有可能下降，在女生中表现更为明显。

5. 内分泌系统

儿童的下丘脑—垂体—性腺轴系统的功能处于抑制状态，激素保持在较低水平。到青春期后，下丘脑分泌的促性腺激素释放激素（GnRH）增加，刺激垂体和性腺，促进性激素生成，因此，青春期会表现出明显的第二性征发育特点。研究认为，适量运动可以促使某些激素分泌增加，如生长激素（GH）、促肾上腺皮质激素（ACTH）、促甲状腺激素（TSH）、促卵泡激素（FSH）、黄体生成素（LH）等。在这些激素作用下，有促进儿童、青少年生长发育的作用（身高、体重、围度增加），同时，还能促进性器官及肾上腺、甲状腺的发育与成熟。因此，经常参加体育锻炼的儿童、青少年青春期提前，身高、体重等指标超过同龄锻炼不足者。此外，规律锻炼还能增强免疫机能，预防和减少疾病的发生。

6. 运动系统

儿童骨骼含有机物较多，无机物较少，有机物和无机物含量的比例为1:1，而成年人约为3:7，因此，儿童骨骼的弹性大、硬度小，不易骨折，承受压力和张力的能力不如成人，容易发生弯曲和变形，由于长期姿势不良（站立、行走、坐姿不正）、负重不当（书包过重，单肩背包），容易发生脊柱侧弯、高低肩、斜颈等畸形。儿童关节的灵活性和柔韧性较好，但坚固性和稳定性较成人差，运动中容易发生脱位或扭伤。与成人相比，儿童肌肉含水量多，含蛋白质和无机盐少，糖原储备少，因此，儿童的肌肉柔软，力量小，肌耐力差，容易疲劳。儿童时期肌肉的生长以大块肌肉优先于小块肌肉，同时，神经系统对肌肉运动的调节和支配不完善，因此，儿童在运动时，动作的准确性、平衡性、协调性等相对较差。

青少年期为儿童期与成人期之间的过渡时期，由于青春期的影响，身体形态变化明显，肌肉组织弹性好，富含水分，骨骼的可塑性较大，受外界各种因素影响（不良姿势、错误的运动模式、运动负荷不当等），身体姿态容易出现畸形，影响骨的生长和内脏器官功能。因此，在儿童和青少年时期形成良好的姿势，培养正确的运动模式，养成运动习惯，对于促进生长发育、提高运动机能、预防姿势畸形都有重要意义。研究发现，经常参加体育锻炼可以加速人体血液循环，改善肌肉的营养，使肌纤维变粗，体积和弹性增加，提高肌肉工作能力。同时还能促进骨的生长和代谢，增加骨密度，使骨能承受更大的应力。

（二）身体素质发育规律

身体素质包括速度、力量、耐力、柔韧、灵敏等，身体素质的发展受形态和机能发育的制约。儿童、青少年身体素质发育特点如下。

①速度素质：总体上，男生在 19 岁以前，女生在 13 岁以前，速度素质随年龄增大有所提高，在 10~13 岁增长最快，处于速度素质提高敏感期，在 19 岁后趋于缓慢期并逐渐稳定下来。13 岁前建议增加一些动作频率快、反应速度快的运动项目训练，如短跑、乒乓球、羽毛球等。

②力量素质：力量发育和肌肉的生长有密切关系，力量素质随年龄增长而逐渐增加，22~23 岁可达高峰，之后趋于稳定。在青春期以前，由于发育不成熟，不宜进行负荷过大的力量训练；16 岁以后，随着肌肉的发育成熟，可进行专门的大负荷力量训练。

③柔韧素质：柔韧素质以关节的活动幅度来表示，与关节的骨性结构、关节周围的韧带、肌肉的延展性以及运动锻炼等有密切关系。通常，年龄越小柔韧性越好，随年龄的增加，柔韧性逐步下降。因此，建议在儿童期尽早发展柔韧素质，建议采用静力性拉伸、PNF 拉伸等方法，禁忌使用暴力拉伸，以免造成运动伤害事故。

④耐力素质：12 岁之前心率快，每搏输出量少，心肺功能难以满足长时间运动时机体对氧气的需要，容易出现疲劳。在 16 岁以后，可以进行系统的耐力

训练，以能提高心肺耐力水平。耐力发育总的趋势是随年龄增长而逐渐提高，至20岁达到顶峰，后又随年龄增长而下降。

⑤灵敏素质：儿童、青少年在10岁以后灵敏度开始提高，尤其进入青春期后提高更明显，15~16岁以后增速逐渐减慢。因此，应从儿童起就着手发展灵敏素质。

儿童、青少年时期是培养运动爱好、形成运动习惯、掌握运动技能、促进生长发育、增强体质健康最为有利的时期，充分利用各种素质发展的敏感期，有利于青少年身体素质全面发展。青春期之后，要特别重视青少年耐力素质的锻炼，以提高心肺功能，对于促进青少年的生长发育、身体素质的全面提高、预防慢性病都有非常重要的意义。

进行运动锻炼时，在培养运动兴趣的基础上，要重视青少年基本运动技术、技能的学习和体能提高，早期运动锻炼重点以建立正确的基本动作模式，提高柔韧、协调、稳定和平衡能力为主，应在强调正确运动的基础上，循序渐进地全面发展力量、速度、耐力、柔韧和灵敏等多种素质，运动技能发展顺序如图1-1所示。此外，还要重视对青少年传授科学运动和体育保健知识，使青少年养成科学锻炼的好习惯，以最大限度地预防运动伤害的发生。

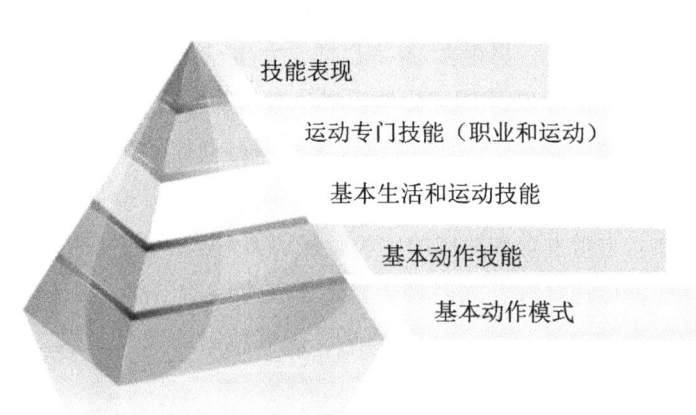

图1-1 专门运动技能发展金字塔（John Liu，2015）

二、运动对体质健康的影响

（一）运动的目的与意义

体育是身体的教育，不仅可以强健体魄、预防疾病、促进健康，还能锻炼人的品格和培养人的团队精神，体育也是一种积极的"挫折教育"手段，有利于培养学生公平竞争、克服困难、超越自我、永不言弃的精神。

儿童期处于小学阶段，体育有助于儿童的习惯养成、性格塑造和心理发展。青少年时期身心变化的可塑性很大，对青少年的健康成长有重大意义。经常参加运动，能够促进身体的新陈代谢、加强血液循环、促进骨骼的发育、提高身体各器官系统的机能。青少年期规律锻炼能为成年期的体质健康打下坚实的基础。

（二）运动的内容

大量研究认为，久坐会增加健康风险，人们应增加体力活动，减少久坐时间，以提高健康水平。学生学业压力大，如果不能利用好课间进行适当的活动，对身体进行调整和休息，就容易对学生身心健康造成负面影响，也会因为长时间脑力劳动导致疲劳，影响其注意力和思维效率。

体力活动分为专门的体育锻炼和日常生活中的体力活动。体育锻炼主要是在学校里参与的体育活动，如体育课、广播体操、课外体育活动等，也包括校内外参与的各种体育培训、体育俱乐部活动等，涉及项目如：田径、体操、球类、游泳等。体育锻炼可以培养学生运动爱好、学习运动技能、全面提高体能。参与体育锻炼是促进学生体质健康的重要措施，有利于促进儿童、青少年体质健康、培养意志品质。

有研究认为，即使进行较短时间的活动都有助于实现每周锻炼的目标，并获得运动的益处。因此，除了参与规律体育锻炼以外，也应重视日常生活中的体力活动，如劳动、走路等，保证基本的体力活动对维持健康，预防各种慢性病也有重要的作用。在临近升学阶段（如六年级、十二年级学生），由于学业压力大，可能无暇专门锻炼，要教会学生善于利用碎片化时间锻炼，保证每天的基本体力活动。

儿童期以培养孩子参加体育活动的兴趣为主，重点发展运动的协调性，以各种体育游戏为主，进行走、跑、跳、投、爬行等复合运动，如：趣味田径、趣味体操。早期加强儿童身体协调性和柔韧性练习，可为以后参加各种体育活动打下良好的基础。此外，爱玩儿是孩子的天性，小朋友在一起运动玩耍，也有利于情商培养和人格养成。

青少年期，学生竞争意识增强，参与运动时可以多选择一些竞技性项目，尤其是有明确规则的体育竞赛，如：球类、田径、体操、游泳等。2006年，教育部、国家体育总局、共青团中央三部委提出，在全国中小学全面开展"阳光体育运动"，期望通过中小学生体育课和课外体育活动相结合，保证学生"每天锻炼一小时"。这一活动将学生课外体育活动纳入教育计划，形成制度，通过广泛开展各种体育活动和竞赛，不断丰富学生体育活动的形式和内容。

（三）运动对健康的促进作用

2018年11月，美国卫生和公共服务部（DHHS）发布的第二版《美国体力活动指南》，报告指出，体育锻炼能为人们的身心健康带来重要益处，降低成年人患慢性疾病或病情恶化的风险。比如：体育锻炼有益于心血管和新陈代谢健康，提高骨骼和肌肉健康水平，显著降低心血管疾病发生率，降低膀胱癌、子宫内膜癌、食道癌、肾癌、肺癌和胃癌的发病概率以及患癌死亡率，降低痴呆风险，改善认知功能等。而运动对儿童、青少年健康的促进作用主要有以下方面。

①促进生长发育：体育锻炼可以加快全身血液循环，改善肌肉和骨骼系统的营养；适量的锻炼增加对骨端骺板的刺激，加速骨细胞的增殖，进而促进骨骼的生长。体育锻炼还可以刺激脑垂体分泌生长激素，增加血液中的雄激素。据调查，同样性别和年龄的儿童经常参加体育锻炼比不锻炼的身高平均要高3~6 cm。

②提高心肺机能：心肺功能是影响体质健康的核心要素，也是预防慢性病发生的重要因素，心肺功能低下可导致多种慢性病（心血管病、糖尿病、超重和肥胖、骨质疏松、癌症、抑郁症等）的发生，过早死亡风险增加。有规律的体育活动可以提高心脏收缩力量、心输出量、肺活量，增加血管弹性，调节血压、血脂，降低血液黏稠度等，有助于提高健康体适能，预防多种慢性病的发生。此外，规律锻炼还能提升儿童、青少年的健康水平，心肺机能表现出安静心率较低，定量负荷时心率低于锻炼不足者，在最大负荷运动时有较大的心脏储备。

③改善身体成分和身体形态：身体成分是指构成身体的各种物质及其比例，常用身体脂肪含量和肌肉重量及其比值表示。肥胖（尤其是腹型肥胖）患者容易发生心血管病、代谢性疾病等慢性疾病。通过适宜运动（有氧运动+力量锻炼）可增加脂肪消耗，降低身体脂肪含量，增加肌肉重量，改善身体成分，达到"增肌、减脂、塑形"的目的。积极参加体育锻炼还对形成良好的站姿、坐姿，对塑造健美的体型和体态有重要作用。

④提高柔韧性：柔韧性主要反映关节活动幅度，有规律地进行伸展和拉伸练习可增加肌肉、韧带延展性和弹性，增加关节活动范围，保持身体姿势优美，减少肌肉拉伤，预防和治疗运动性伤病。

⑤增加肌力和骨密度，提升竞技体适能：体育锻炼时血液循环加强，代谢旺

盛，肌肉和骨骼得到了更好的血液供应。适宜的应力作用会刺激肌纤维增粗，肌力增加。关节周围的肌腱、韧带、骨骼也更为坚固、结实。预防因肌少症引起的腰疼、肩颈痛等症状，还能促进骨健康，预防和延缓骨质疏松发生。提升竞技体适能水平（和运动相关的身体适应能力，如速度、力量、耐力、柔韧、协调、平衡等能力）。

⑥促进心理健康：体育活动是一种心理干预的有效手段，可以增加人的愉悦感、使人精神放松、缓解压力、形成良好心理状态，获得生理和心理满足感，使青少年充满朝气，进而培养勇敢、顽强、果断、坚忍不拔的意志力，造就健全人格，使他们终身受益。

⑦提高学习和工作效率：运动可以提高认知能力，使人集中精力。有规律的体育健身活动可减少抑制性神经递质的释放，延缓中枢疲劳，对神经系统产生良好影响，有助于提高青少年学习效率和学习成绩。

因此，对于儿童、青少年而言，应培养其"运动是良医"的观念，明确"适量运动"对人一生的健康均有重要作用。从小养成运动习惯，把锻炼作为生活的一部分，对于形成"终生体育"习惯非常重要，可为其一生的运动和健康打下良好的基础。儿童、青少年时期是学习、掌握运动技能最为有利的时期，在进行运动锻炼时，要重视青少年基本运动技术和技能的学习。还要强调全面发展身体素质，特别要重视青少年灵敏、协调及柔韧素质的锻炼，这对于全面提高体质健康水平、促进生长发育有重要作用。总体而言，适宜运动对于儿童、青少年可以起到健身、健心、健脑的功效。

不同年龄的人在进行运动锻炼时，应根据自己的身心特点，采取适合自己年龄特点的运动方法，尽量做到科学运动，虽然说"运动是良医"，可以促进健康，但是运动也具有特定的适应证和禁忌证，运动不当也会带来风险，比如，运动负荷（运动强度和数量）是影响锻炼效果的重要因素，如果运动负荷过小，锻炼效果会不明显；如果运动负荷过大，又容易导致运动损伤、运动性疾病，对身体造成伤害，严重者甚至可能诱发猝死。可以说，运动是一把"双刃剑"，不同年龄的人应根据自身健康状况和运动能力的不同，选择适合自身的项目和运动负荷。一般而言，儿童应以体育游戏为主，注意运动负荷不宜过大；青少年随着年龄的增长，身体机能不断提高，应根据锻炼者的身体状态，循序渐进地增加运动负荷，促进身体机能和健康状况的进一步提高。要教会青少年利用科学运动知识去锻炼身体，以降低运动伤害事故的发生。比如：青春期由于内分泌腺活动的改变，使女生的神经—内分泌系统的稳定性受到影响，进而引起协调性下降。此时，应适当减少对平衡、协调能力要求较高的动作，以防止伤害事故。青春期的男生则表现出好胜心强，往往容易过高估计自己的运动能力，因此，在锻炼时需要加强保护，进行预防运动损伤的教育。

第二节 科学运动的原则与方法

儿童、青少年正处在生长发育时期，身体形态、机能发育还不成熟，解剖生理特点与成年人有很大的不同，因此，在参与运动锻炼时要充分考虑儿童、青少年身心特点，以保障运动安全，使运动锻炼更具有针对性。在进行运动锻炼时，应该遵循科学运动的原则。

一、科学运动的基本原则

①安全性原则：安全性原则是指在体育锻炼过程中，要确保运动者安全，避免运动伤害事故的发生，是参加体育活动的首要原则。开始体育活动前，应进行身体检查，全面评价个人身体健康状况和运动能力，制订适合自己特点的锻炼方案。体育活动前要做好充分的准备活动，体育活动后要做好整理和放松活动。

②全面发展原则：儿童、青少年进行运动时应强调全面发展力量、速度、耐力、柔韧和灵敏等多种素质，使身体各部位都参与运动，使各器官系统的机能水平普遍提高，在身体素质全面发展的同时，也有利于提高其健康体适能。儿童、青少年运动锻炼的内容要全面、科学，有针对性地解决学生体质健康存在的问题。

③循序渐进原则：循序渐进原则是指科学地、逐步地增加体育锻炼时间和运动强度。要根据儿童、青少年对运动负荷的适应情况，逐步增加负荷量，使身体机能和运动能力不断提高，以取得最佳锻炼效果。

④个性化原则：个性化原则是指根据每个人的遗传特征、机能特点和运动习惯，制订个性化的锻炼方案。儿童、青少年各自的身体状况和运动能力不同，所以安排锻炼方案时要特别注意个体差异，在制定运动处方时，要进行必要的医学检查和运动能力测试，以了解每个人的具体情况，使锻炼方案更具个性化特征。

⑤经常性原则：经常性原则是指儿童、青少年要坚持经常锻炼，持之以恒才能收到良好的效果。只有坚持经常锻炼，才能使锻炼的效果产生叠加作用，最终明显促进体质健康，提高运动能力。

二、运动方式与课程安排

（一）运动方式

体育运动方式是运动者采用的具体锻炼手段和方法。根据不同运动方式的特征，可以将运动项目分为有氧运动、力量练习、球类运动、中国传统运动方式和拉伸练习五大类。

①有氧运动：有氧运动是指人体在运动中以有氧代谢供能为主的运动。有氧运动的特点是运动强度较低、时间长、距离长。如：健身走、慢跑、骑自行车、游泳等。有氧运动可以提高心肺耐力、调节血压、有利于控制体重、改善血脂，是运动促进健康的基础内容，也是首选的运动方式。

②力量练习：力量练习是指人体克服阻力，提高肌肉力量的运动方式。力量练习包括器械力量练习和徒手力量练习。器械力量练习是指人体在各种力量练习器械上进行的力量练习，如：组合器械、杠铃、哑铃等；徒手力量练习是指克服自身体重的力量练习，如：俯卧撑、波比跳、深蹲、仰卧起坐等。力量练习可以提高肌肉最大力量、爆发力和肌肉耐力，增加肌肉体积和骨密度，预防骨质疏松，促进骨骼健康。力量素质是其他运动素质的基础，也是运动促进健康的重要支撑。

③球类运动：球类运动的影响力大，趣味性强，受众广泛。球类运动通常以混合供能为主，多为非周期性运动，需要具备一定的专项技术和良好的身体素质，对参与者综合运动素质要求较高。经常参加球类运动可以提高心肺耐力、力量、速度、协调、反应、灵敏等多种运动素质，还能提高心理素质，培养团队合作和拼搏精神，是青少年首选的体育活动项目。常见的球类运动包括：足球、篮球、排球、乒乓球、羽毛球、网球、橄榄球等。

④传统运动健身方式：传统运动健身方式包括武术（太极拳、长拳、红拳等）、健身气功（八段锦、易筋经、五禽戏、六字诀等）、瑜伽等。传统运动健身方式动作平缓，柔中带刚，强调意念与身体活动相结合，具有独特的健身养生效果。通过锻炼可以提高人体的心肺耐力、平衡能力、柔韧性、协调性等，改善神经系统功能、调节心理状态。

⑤拉伸练习：拉伸练习包括静力性拉伸练习和动力性拉伸练习。拉伸练习可以增加关节的活动幅度、减少运动损伤、提高运动表现。静力性拉伸包括正压腿、侧压腿、压肩等；动力性拉伸包括冲击性拉伸或弹振式拉伸。以发展柔韧性

和放松恢复为目的时，应以静力性拉伸练习为主；以提高功能或动态激活为目的时，可采用动力性拉伸练习。

总体上，建议青少年根据个人爱好选择合适的运动形式，尽可能多地参与不同形式的体育锻炼，以促进身体运动能力全面发展。锻炼应以有氧运动为主，力量运动为辅助，在运动前后适当增加一些拉伸练习。

（二）体育课的安排

教师在体育课前的备课要做到心中有数，在安排教材内容时，应合理搭配不同性质、不同强度、适宜密度的教材。因为儿童、青少年不同年级、不同教材、不同类型的体育锻炼，其运动负荷是不同的。在锻炼内容的安排上，可以把运动负荷大和运动负荷小的练习交替安排，如强度较小的走、投与强度较大的跑、跳等内容组合。在课前的备课中要重视并且设计合理的运动负荷，针对不同的教材要设计不同的运动负荷。例如跑的项目和投掷项目运动负荷不同，教师要深入研究教材，在练习密度上加以调整，不能 100 米跑两次，掷实心球也掷两次。确定任务时，新授的知识、技能不宜太多、太难。

在运动内容安排上，建议参考运动金字塔推荐内容（图 1-2），增加基本日常体力活动内容，以保证最基本的日常体力活动，在此基础上适当选择有氧运动、柔韧运动和抗阻运动，尽量减少静坐的时间。

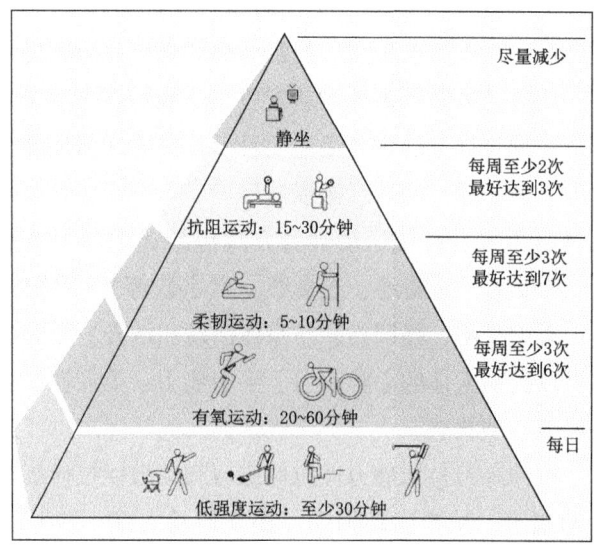

图 1-2　运动金字塔

三、运动强度的控制

运动强度是制定运动处方的核心内容之一，提倡"适量运动"。如果强度过小，锻炼效果不显著；强度过大，不仅对健身无益，还可能造成运动伤害。

（一）体育健身活动强度划分

体育健身活动强度可划分为小强度、中等强度和大强度三个级别。

小强度运动对身体的刺激作用较小，运动过程中心率一般不超过 100 次/分，如散步等。

中等强度运动对身体的刺激适中，运动过程中心率一般在 100～140 次/分，如健步走、慢速跑步或骑自行车、太极拳、网球双打等。

大强度运动对身体的刺激较大，运动中心率超过 140 次/分，如快速跑步或骑行、快节奏的健身操和快速爬山/登楼梯、羽毛球单打等。

有良好运动习惯、体质好的人，可进行大强度、中等强度运动；具有一定运动习惯、体质较好的人，可采用中等强度运动；体质较弱或刚开始参加体育锻炼的人，可进行中小强度运动。体育锻炼者可根据自身情况，合理调节运动强度，以适应个体状况，预防或减少运动损伤的发生。儿童、青少年参与运动时，首先要培养正确的运动模式；其次把握好运动强度，在安全的基础上保障或增加运动健身的效果。

（二）运动强度的监测

在体育锻炼中，监测运动强度的指标主要有：运动中心率、呼吸变化和自我感觉等指标。

1. 心率

运动强度越大，机体和心脏对运动刺激反应越明显，心率越快。常用运动中的实测心率及其占最大心率的百分比来反映运动强度。

最大心率是指人体运动过程中所能达到的最高心率值，用次/分表示。测定最大心率的方法有直接测定法和间接推测法。直接测定法需要在专门的测试机构，采用递增负荷运动实验进行测试，需要专门的测试仪器（如跑台、功率自行车、测功仪、心率表等）。间接测定法则是根据人的最大心率与年龄，采用公式推算正常人群的最大心率，常用的公式如：最大心率（次/分）= 220 - 年龄

（岁）。在进行体育锻炼时，运动强度分级如表1-1所示。

表1-1　运动强度等级表

强度	%HRmax	RPE	主观体力感觉
低	<57	6	毫不费力
		7	非常轻松
		8	
较低	57~64	9	很轻松
		10	尚且轻松
中等	64~76	11	
		12	
		13	有些吃力
较大	64~91	14	
		15	吃力（沉重）
		16	
		17	很吃力
		18	
大到最大	≥91	19	非常吃力
		20	竭尽全力

也可以参照中国居民运动健身指南推荐的标准：对于多数没有锻炼习惯的人而言，在体育健身活动过程中，当实测心率达到140次/分以上时，相当于大强度运动；心率在100~140次/分范围，相当于中等强度运动，心率低于100次/分，相当于小强度运动。需要注意的是：因为青少年的年龄、性别、身体健康状态、运动能力存在差异，个体运动强度的选择可以根据实际锻炼后的身体适应性，进行适当调整。

2. 呼吸

运动会引起人体呼吸频率和呼吸深度的变化，因此，可以根据运动中呼吸的变化来监测运动强度。

呼吸轻松：与安静状态相比，运动时呼吸频率和呼吸深度变化不大，呼吸平稳，运动的同时，甚至还可以唱歌。在这种呼吸状态下的运动，心率一般在100次/分以下，相当于小强度运动。

呼吸比较轻松：运动中呼吸深度和呼吸频率增加，可以正常语言交流。运动心率在100~120次/分，为中小强度运动。

呼吸比较急促：运动中只能讲简短话语，不能完整说较长的语句。运动心率在130~140次/分，为中等强度运动。

呼吸急促：运动中呼吸困难，难以进行谈话交流。运动心率一般会超过140次/分，为大强度运动。

也可以参考表1-2的呼吸感觉量表（RPB）。

表1-2 呼吸感觉量表（RPB）

分数	呼吸急促感
0	非常非常轻松
0.5	非常轻松
1	轻松
2	弱
3	适度
4	有些强
5	强
6	5~7之间
7	非常强
8	7~9之间
9	非常非常强
10	最大

3. 主观体力感觉

人体运动过程可通过主观体力感觉量表（rating of perceived exertion，RPE）来进行判断，RPE量表从6~20分，总共分为15等级（表1-1），比如：小强度运动时，主观体力感觉为"轻松"（9~10分）；中等强度运动时，主观体力感觉为"稍累"（13~14分）；大强度运动时，主观体力感觉为"累"（15~16分）。

主观体力感觉等级与心率密切相关，对成年人而言，运动过程中的主观体力感觉得分数乘以 10，相当于运动中的心率（次/分）。例如，运动中主观体力感觉得分为 12，对应的心率大约为 120 次/分钟。

体育锻炼者可以通过主观体力感觉控制运动强度。一般来讲，在进行中等强度有氧运动时，主观体力感觉处于"轻松"至"稍累"水平。

运动强度划分与监测运动强度指标如表 1-3 所示。

表 1-3　运动强度划分及其监测指标

运动强度	主观体力感觉	心率（次/分）	呼吸
小强度	轻松	<100	平稳
中等强度	稍累	100~140	比较急促
大强度	累	>140	急促

引自：中国国家体育总局《全民健身指南》（2017）。

在力量锻炼过程中，练习的负荷重量越大，表示运动强度越大，通常采用最大重复负荷（RM）来表示负荷强度的大小。最大重复负荷是指在采用某一负荷进行肌肉力量练习时，能重复完成动作的次数。比如：某人在进行杠铃负重深蹲时，能够完成的最大负荷为 100 kg，且只能完成一次，那么他深蹲 1RM 的负荷就是 100 kg；如果他能以 80 kg 的负荷最多完成 8 次深蹲，那么他深蹲的 8RM 负荷就是 80 kg。1%IRM 即为 IRM 的百分比。1RM 与 %1RM 的关系如表 1-4 所示。

表 1-4　1RM 与 %1RM 的关系

RM	1	2	3	4	5	6	7	8	9	10	11	12	15
%1RM	100	95	93	90	87	85	83	80	77	75	70	67	65

引自：ROGER W E, THOMAS R B. 美国国家体能协会私人教练基础 [M]. 上海：文汇出版社，2005.

肌肉力量可以分为最大力量、爆发力和力量耐力。在力量训练中，可以根据不同的训练目标选择适宜的训练方案。通常，力量练习负荷强度可划分为小强度、中等强度和大强度三个级别，力量练习负荷强度、次数、组数和组间休息时间等都是影响锻炼效果的关键因素。不同肌力练习法如表 1-5 所示。

表 1-5　不同肌力练习法

训练目标	%1RM	组数	次/组	组间休息时间
耐力	30~40	4~6	>30	30 秒
肌肥大	65~80	4~8	6~12	45~95 秒
最大力量	85~100	3~5	1~5	3~5 分钟
速度力量	65~80	3~6	3~6	3~6 分钟

引自：周谋望. 加强骨科康复 [J]. 中国康复理论与实践，2003，9（12）：756.

在力量训练时，一定要注意技术动作的正确性，在进行大负荷锻炼时，建议合理使用护具，配备辅助人员进行安全防护。

（三）运动负荷控制

一般儿童、青少年的体育锻炼的运动负荷模式有标准型、双峰型、前高后低型、前低后高型等模式。标准型指运动负荷由小到大逐渐上升到一定水平，持续一定时间后再逐渐下降。双峰型指锻炼过程中儿童青少年承受两种运动负荷较高的练习。前高后低型主要指课的基本部分的前半部分运动负荷较大，后半部分较小。前低后高型则与前高后低型正好相反，运动负荷由小变大，如课的前半部分为新授内容——投掷，后半部分为复习内容——连续立定跳远。不管采取哪种模式，运动负荷总的调节策略应是"高低结合，动静交替"。

通常把正常学生取得最佳健身效果的心率区间确定为 120~140 次/分，而一节课上，将此心率的保持的时间控制在 10 分钟以上，并以中等强度和中等量结合的运动负荷为主，兼顾学生的课后恢复。

在体育锻炼中最常用到的运动负荷测量方法除了脉搏测量外，还有询问法和观察法。据瑞典生理学家研究，当询问学生锻炼后的自我感受，学生回答"累极了、很累、有点累、还行、很轻松、非常轻松"时，都会对应不同的心率，而这些心率和答案之间有着极明显的对应关系。这样教师就可以利用学生的回答来判断学生承受运动负荷的情况。采用观察法可以直接简便地知道学生的运动负荷情况，教师可以通过观察学生的脸色、表情、喘气、出汗量、反应速度等表现来判断所承受运动负荷的大小。比如，当学生承受较小负荷时可表现为：额头微汗、脸色稍红；承受中等负荷时可表现为：脸色绯红，脸部有汗下滴；承受过大的运动负荷时可表现为：脸色发白，满头大汗，动作失控等。所以，安排运动负荷时要以学生发展为中心，重视学生的生理和心理感受。在体育课上，可以通过调整练习的次数和组数、练习的强度和时间、器械的坡度和阻力，也可以改变课的组织教法等来对运动负荷进行合理的调节。

儿童、青少年体育课必须有适宜的运动负荷，需要关注学生的生理效应和心理效应。在体育课堂教学中，安排适宜的运动负荷是锻炼身体和掌握运动技能的需求，也是促进学生身心健康发展的需要。

四、运动时间安排

体育健身活动时间直接影响体育健身活动效果。运动时间过短，提高身体机能效果甚微；而运动时间过长，则容易造成疲劳累积，也不会进一步增加健身效果。对于经常参加体育锻炼的人，每天有效体育健身活动时间为 30～90 分钟。在参加体育健身活动的初期，运动时间可稍短；经过一段时间体育健身活动，身体对运动产生适应后，可以延长运动时间。每天体育健身活动可集中一次进行，也可分开多次进行，每次体育健身活动时间至少应持续 10 分钟以上。

根据世界卫生组织（WHO）最新发布的分析报告显示，全世界五分之四的 11～17 岁年龄段的青少年活动量不够。世界卫生组织称，活动量不够会影响青少年、儿童的身心发展，包括大脑发育以及社会技能发展。世界卫生组织（WHO）体力活动指南推荐 5～17 岁人群，每天至少应进行 60 分钟中等到较大强度体力活动。每天超过 60 分钟的体力活动将会带来更多的健康益处。每天的体力活动中，大部分应进行有氧运动，每周至少应进行 3 次较大强度体力活动。

五、一次体育健身活动的内容与安排

一次完整体育健身活动内容应包括准备活动、基本活动和放松活动三部分，如表 1-6 所示。

表 1-6　一次体育健身活动的内容及安排

活动构成	主要活动内容	活动时间（分钟）
准备活动	慢跑、拉伸	5～10
基本活动	有氧运动、力量练习、球类活动、中国传统健身方式	30～60
放松活动	走、慢跑、拉伸	5～10

引自：中国国家体育总局《全民健身指南》（2017）。

（一）准备活动

准备活动是指主要体育健身活动开始前的各种身体练习。准备活动的主要作用是预先动员心肺、肌肉等器官系统的机能潜力，以适应即将开始的各种健身活动，获得最佳运动健身效果，并有效地预防急性和慢性运动伤害。

准备活动的时间一般为 5~10 分钟，主要包括两方面内容：一是进行适量的有氧运动，如快走、慢跑等，使身体各器官系统"预热"，提前进入工作状态；二是进行各种拉伸练习，增加关节活动度，提高肌肉、韧带等软组织弹性，预防肌肉损伤。

（二）基本活动

基本活动是体育锻炼的主要运动形式，包括有氧运动、力量练习、球类运动、中国传统运动健身方式等，持续时间一般为 30~60 分钟。在一次体育健身活动中，需要选择合适的运动方式、控制适宜的运动强度和运动时间。在一周的体育健身活动安排中，健身活动者可以根据自身情况选择并安排不同的体育健身活动方式和运动强度。不同体育健身活动方式的运动强度、持续时间和运动频率安排如表 1-7 所示。

表 1-7　不同体育健身活动方式的运动强度、持续时间和运动频率

运动项目	运动强度	运动时间（分钟）	运动频率（天/周）
快走、慢跑、游泳、自行车、扭秧歌	中	≥30	5~7
跑步、快节奏健美操	大	≥20	2~3
足球、篮球、网球、羽毛球、乒乓球	中、大	≥30	3
力量练习	中	≥20	2~4
太极拳、气功	中	≥30	3~7
拉伸练习	—	5~10	5~7

引自：中国国家体育总局《全民健身指南》（2017）。

（三）放松活动

放松活动是指在主要运动健身活动后进行的各种身体活动，主要包括行走（或慢跑）等小强度活动和各种拉伸练习。体育健身活动后，做一些适度放松活

动，有助于消除疲劳，减轻或避免身体出现一些不舒服症状，使身体各器官系统机能逐渐从运动状态恢复到安静状态。

六、不同阶段体育健身活动方案

（一）初期体育健身活动方案

刚参加体育健身活动的人，运动负荷要小，每次体育健身活动的持续时间相对较短，使身体逐渐适应运动负荷，运动能力逐步提高。刚开始体育健身活动计划时，应选择自己喜欢或与健身目的相符的体育健身活动方式。运动后要有舒适的疲劳感，疲劳感觉在运动后第二天基本消失。

体育健身活动初期，增加运动负荷的原则是先增加每天的运动时间，再增加每周的运动天数，最后增加运动强度。初期体育健身活动的时间约为 8 周，具体方案可遵循以下建议。

■ 运动方式：中等强度有氧运动、球类运动、中国传统运动方式、柔韧性练习。

■ 运动强度：55%最大心率，逐渐增加到 60%。

■ 持续时间：每次运动 10~20 分钟，逐渐增加到 30~40 分钟。

■ 运动频度：3 天/周，逐渐增加到 5 天/周。

初期体育健身活动方案示例如表 1-8 所示。

表 1-8　初期体育健身活动方案示例

活动内容	星期一	星期二	星期三	星期四	星期五	星期六	星期日
有氧运动	休息	走步 1000 m，心率< 100 次/分	休息	蹬车 3000 m，心率< 100 次/分	休息	郊游或登山，30 分钟	休息
力量练习							
牵拉练习		轻度牵拉		轻度牵拉		轻度牵拉	
基本描述	一般持续时间为 8 周，每周运动 3 天，每次有氧运动 10~20 分钟，牵拉 3~5 分钟，每 2 周运动时间递增 3~5 分钟，第 8 周时，运动时间增加到 30~40 分钟。						
自我感受	运动后有舒适感，精神愉悦。						

引自：中国国家体育总局《全民健身指南》（2017）。

(二) 中期体育健身活动方案

从事 8 周体育健身活动后，人体基本适应初期的运动负荷，身体机能和运动能力有所提高，可进入中期体育健身活动阶段。在这一阶段，继续增加运动强度和运动时间，中等强度有氧运动时间逐渐增加到每周 150 分钟或以上，使机体能够适应中等强度有氧运动。中期体育健身活动的时间约为 8 周，具体方案可遵循以下建议。

■ 运动方式：保持初期的体育健身活动方式；适当增加力量练习。

■ 运动强度：有氧运动强度由 60%~65% 最大心率，逐渐增加到 70%~80% 最大心率；每周可安排一次无氧运动，力量练习采用 20RM 以上负荷，重复 6~8 次。

■ 持续时间：每次运动 30~50 分钟；如安排无氧运动，每次运动 10~15 分钟；每周 1~2 次力量练习，每次 6~8 种肌肉力量练习，各重复 1~2 组，进行 5~10 分钟拉伸练习。

■ 运动频度：3~5 天/周。

在这一阶段，体育健身活动方案基本固定，逐步过渡到长期稳定的体育健身活动方案。中期体育健身活动方案示例如表 1-9 所示。

表 1-9 中期体育健身活动方案示例

活动内容	星期一	星期二	星期三	星期四	星期五	星期六	星期日
有氧运动	休息	快步 1000 m，慢跑 2000 m，心率 130~140 次/分	快步 3000 m，心率 110~120 次/分		休息	郊游或登山，45 分钟	快步 3000 m，蹬车 10 km，心率 110~120 次/分
力量练习				4 个部位，20~30 RM			
牵拉练习		牵拉练习	牵拉练习	牵拉练习		牵拉练习	牵拉练习
基本描述	一般持续时间为 8 周，每周运动 3~5 天，每次 30~40 分钟，其中，有氧运动 2~4 天，力量练习 1~2 天，每次运动后牵拉 5~10 分钟。						
自我感受	运动后有舒适感，精神愉悦，体力增强，完成同样强度运动，身体感觉轻松。						

引自：中国国家体育总局《全民健身指南》(2017)。

(三) 长期体育健身活动方案

当身体机能达到较高水平、养成良好体育健身活动习惯后，应建立长期稳定、适合自身特点的体育健身活动方案。长期稳定的体育健身活动至少应包括每周进行200~300分钟的中等强度运动，或75~150分钟的大强度运动；每周进行2~3次力量练习，不少于5次的拉伸练习。具体方案为如下。

■ 运动方式：保持体育健身活动中期的运动方式。

■ 运动强度：中等强度运动相当于60%~80%最大心率，大强度运动达到80%以上最大心率；力量练习采用10~20 RM负荷，重复10~15次；各种拉伸练习。

■ 持续时间：每次中等强度运动30~60分钟，或大强度无氧运动15~25分钟，或中等、大强度交替运动方式；8~10种肌肉力量练习，各重复2~3组，每次进行5~10分钟拉伸练习。

■ 运动频度：运动5~7天/周，大强度运动每周不超过3次。

长期体育健身活动方案示例如表1-10所示。

表1-10 长期体育健身活动方案示例

活动内容	星期一	星期二	星期三	星期四	星期五	星期六	星期日
有氧运动	休息	走步1500 m，跑3000~4000 m，心率140~150次/分		快步4000 m，蹬车15 km，心率100~120次/分	快步1000 m	郊游或登山，60分钟	跑步4000 m，心率140~150次/分
力量练习			6~8个部位，20~30 RM，每个部位2~3组		6~8个部位，12~20 RM，每个部位2~3组		
牵拉练习		牵拉练习	牵拉练习	牵拉练习	牵拉练习	牵拉练习	牵拉练习
基本描述	相对稳定的长期体育健身活动方案，每周3~7天，3~4天中等强度运动，1~2天大强度运动，每次运动30~60分钟，每周1~2次力量练习，每次运动后10分钟牵拉。						
自我感受	运动后有舒适感，精神愉悦，体力增强，有氧运动能力、肌肉力量和柔韧能力不同程度提高。完成同样运动，身体感觉轻松。						

引自：中国国家体育总局《全民健身指南》（2017）。

第三节　学生运动安全的医务监督

众所周知，锻炼身体是增强身体素质，预防疾病的重要手段之一。科学运动不仅可以增强身体素质、提高人体的免疫功能，有助于抵抗各种疾病的发生；同时运动本身又可以减轻焦虑程度、缓解心理压力，使运动者保持良好的心态。

当今社会人们的自我健康意识普遍提高，运动健身已经成为一种时尚。但是，专家提醒参加运动健身者：运动固然可以提高人体的免疫力，但盲目的、不科学的运动，却往往事与愿违。有资料显示，运动造成骨折等严重的急性损伤虽然很少发生，但一些常见的软组织损伤，如拉伤、挫伤、扭伤以及劳损等却经常碰到，且这些损伤还容易被忽视，最终逐渐发展成慢性疾病，损害健康。运动不当或过量易导致肌骨损伤，如打网球可能会造成肘部肌肉拉伤、网球肘；打篮球可能会造成脚踝扭伤、手指挫伤等；在不合适的时间进行不适当的运动，可能引起运动伤害，严重者甚至会危及生命，比如：高血压或心脑血管患者如果在清早去爬山、跑步，很可能引起猝死。因为早晨耗氧最多，血液最稠，血压偏高，此时进行剧烈运动易引发心脑血管病发作。

人有性别、年龄、职业之分，有兴趣爱好之异，生理、心理特点也不尽相同。这就要求人们在进行体育锻炼时一定要在科学方法指导下，根据自身的生理、心理及能力等情况，采取合理、有效的科学手段进行，以达到安全运动的目的。

科学锻炼要求合理安排运动负荷，一般可以通过自我医务监督，了解运动负荷是否合适，这对于提高锻炼效果具有重要意义。自我医务监督就是运动者采用自我检查的方法，对自身的健康、机能以及身体反应进行观察，是运动者在运动过程中自身反应最直接的参考资料，因此，它对于安排合适的运动负荷、预防锻炼中各种有害因素可能对身体造成的危害，有着重要意义。

一、客观检查

(一) 心率

心率是判断疲劳最简单、最重要的指标，心率通常与身体运动负荷成正比，负荷量越大，心率越快。心率是反映身体机能状态的灵敏指标，通过测量锻炼前后的心率来掌握运动负荷大小，是比较简单易行的。运动实践中，常用以下几种心率来判断运动负荷是否合适。

1. 晨脉

晨脉就是清晨醒来后，在起床前测量安静状态下的脉搏。正常情况下，晨脉应该平稳、有力，在一个阶段中比较稳定。无锻炼习惯者，经过一段时间的锻炼后，晨脉会有下降的趋势。若运动后第二天晨脉恢复到日常水平，说明运动负荷适当或偏小；如脉搏增加 6 次/分左右，说明负荷稍大；如脉搏增加 12 次/分以上，无疾病或其他特殊原因，则说明运动负荷过大，机体处于疲劳状态，应及时调整运动负荷。

2. 运动前安静心率

运动前测量运动者安静状态下的脉搏，如果运动前安静脉搏与以往比较是逐渐下降或者不变，则表明机体反应良好，运动负荷安排合适。

3. 运动中心率

运动中心率是反映运动强度的一个指标，只有达到预定的运动强度并维持一定的时间，才能保证锻炼效果，保障运动处方实施的质量，以达到预期效果。除非带有专门的测量仪器，否则运动中心率很难测量，简便的方法为用运动后即刻心率来表示运动中心率，就是在运动刚停止时，马上测定 10 秒的脉搏，再乘以 6，用以代表运动中心率。如果锻炼后脉搏次数和目标心率差不多，说明运动负荷合适；如果低于目标心率下限 5 次以上，说明运动负荷过小；如果高于目标心率上限 5 次以上，说明运动负荷过大。

4. 运动后恢复心率

可以用运动后及运动前的脉搏差值表示一次锻炼的运动负荷。每次锻炼结束后 5 分钟测量脉搏，并与运动前安静心率比较。如果脉搏已经恢复到运动前水平，属于小运动负荷；较运动前增加 2~5 次/10 秒，就属于中等运动负荷；高出运动前安静心率 6~9 次/10 秒以上，说明运动负荷过大。

（二）血压

在运动前做一次原始血压的检查，并定期地进行将检查结果与原始血压进行对比，以检查运动健身的效果和防止出现运动意外。正常情况下，清晨血压比较稳定，如果发现清晨血压比平时增高20%以上，除健康原因外，就可能是运动负荷过大导致的。另外，安静时，正常的血压变动范围应在10 mmHg以内，如血压明显升高，说明运动负荷有可能安排不当，要引起注意。

正常成年人收缩压一般为90~130 mmHg，舒张压为60~90 mmHg，小强度运动后，收缩压在110~150 mmHg，舒张压在50~80 mmHg，运动后3~5分钟便可自行恢复；中强度运动后，收缩压在130~170 mmHg，舒张压在40~70 mmHg，运动后20~30分钟便可自行恢复；大强度运动后，收缩压在150~190 mmHg，舒张压在30~60 mmHg，运动后24小时之内可自行恢复。

（三）体重

正常情况下，成年人体重比较稳定。运动适宜的情况下体重变化不大，或短期内稍有下降（专门为降体重运动的人除外）。如果体重不明原因地持续下降，提示有可能运动负荷过大或患有消耗性疾病。反之，如果体重逐渐增加，皮脂厚度也增加，表明热量摄入过多，运动消耗过少。

（四）呼吸频率

一般健康成年人呼吸频率为12~18次/分，运动后10分钟内，呼吸频率可以恢复到安静时水平为运动负荷适宜。

（五）心电图

经过长期运动锻炼后，运动者的心电图也会发生一些改变，出现某些特征，如窦性心动过缓，这是心脏对运动产生适应性的结果。但是运动负荷过大、心脏功能不良时也会出现上述类似的心电图改变。所以，应该结合其他征象进行仔细的分析判断。尤其是心电图出现窦性心律不齐、早搏、ST段降低、T波倒置等情况时，一定要密切关注运动者的身体情况，并及时到医院就医，明确诊断。

（六）尿蛋白

尿蛋白也是评定运动负荷是否适宜的一个常用指标。可以连续地测定训练后或次日晨的尿蛋白的量，如果训练的开始阶段增加，而后逐渐减少，说明锻炼者对运动负荷从不适应到适应，是一个好现象。如果开始时增加，而后数量不仅不减少，反而逐渐增加，恢复也慢，则说明身体不适应，对运动负荷应予及时调整。

(七) 血红蛋白

血红蛋白的主要功能是携带氧气供给组织利用，它是评定运动者机能状况的一个重要生理指标。正常情况下，运动者机能状况良好，运动能力提高的同时，血红蛋白含量也会增加。如果血红蛋白下降10%以上，同时运动能力也下降，表示机能状况不好；如果运动者的血红蛋白值，男子<120 g/L，女子<105 g/L，就可以诊断为贫血，说明运动负荷过大，身体恢复不足，应当注意调整运动负荷，如果调整后运动者的贫血状况没有改善，那么需要及时就医。

二、主观感觉

(一) 一般感觉

主观感觉是自我判定身体疲劳的重要依据，反映整个机体的活动状况。在进行自我监督时，可根据自我感受来进行评定，主要包括以下五个方面的内容。

①运动过程中或运动结束后，如感到全身舒展，精神焕发，有继续运动一会儿的欲望，说明运动负荷适度。

②运动过程中或运动结束后，稍有疲劳感，肌肉略有酸胀，但不影响学习、工作、食欲和睡眠，且肌肉酸胀在1~3小时内自然消除，说明运动负荷适度。

③运动过程中或运动结束后4~12小时（甚至24小时）内，有吃不香、睡不实、对再次运动持冷漠态度，或运动后次日早晨醒来感觉很疲劳、全身乏力、精神萎靡不振、甚至头晕等，说明运动负荷过大。有上述反应，要适当调整运动负荷。

④运动过程中或运动结束后，局部肌肉有酸痛，疼痛部位范围扩大或加剧时，可能是有肌肉劳损或肌腱炎，也可能是练习安排不当所致。如有上述反应，要适当减量或降低强度，甚至停止练习。

⑤运动过程中或运动结束后，肌肉有不同程度发紧或麻木感，说明运动负荷过大。如有上述反应，应减量或降低强度，甚至停止练习。

(二) 运动心情

经常运动的人一般是心情愉快，乐意参加运动的。如果对运动不感兴趣，反应冷淡，厌倦时，则可能是锻炼方法不当，健康有问题，或是疲劳的表现。记录时可根据个人的心情分为：很想锻炼，愿意锻炼，不想锻炼，冷淡或厌倦等。锻炼时可根据个人的心情对运动量和强度进行适当调整。运动的欲望，表现为在主观上参加运动的愿望程度。大体可分成非常强烈、积极主动、能够参加、勉强参加、不参加五个等级。正常的运动情绪应该精神饱满，自信心强。

（三）不良感觉

在体育锻炼中由于各种原因，有时会出现一些不良感觉。如肌肉酸痛，四肢无力，精神不振等，这些现象经适当调整或休息可以消失，锻炼水平越高的人消失和恢复得越快。如果伴随头痛、头晕、恶心、气喘、心前区和上腹部疼痛等感觉时，则表示运动负荷过大或健康状况不良，需要停止运动。

（四）食欲

在体育锻炼过程中能量消耗较多，所以经常运动的人一般食欲较好。但是健康状况不良或身体不适时，食欲便会减退，容易口渴。运动刚结束就进食，食欲也较差。记录时可写：食欲良好、一般、减退或厌食等。如果出现食欲下降，就要调节运动负荷或检查锻炼方法，找出原因。

（五）睡眠

锻炼后会产生一定程度的疲劳。为了使机体能更好地恢复，就应该有足够的睡眠时间。经常运动的人睡眠应是良好的，表现为入睡很快，睡得很熟，很少做梦，早晨精力充沛。如果出现失眠、半夜多次醒来、多梦或嗜睡，早晨精神不好等现象，就要检查锻炼方法和运动负荷是否合适。记录时应写：睡眠的持续时间和睡眠状况是否良好。

（六）排汗量

运动时人体排汗量多少，与运动负荷、锻炼水平、饮水量、气温、衣着以及神经系统的状态等因素有关。如果其他因素相同，则没有经常训练的人在运动时出汗较多，而经常锻炼的人由于对环境适应能力强，所以出汗较少。在温度适宜条件下，如果运动时不出汗，说明运动负荷不够；如果运动后全身大汗淋漓，说明运动负荷过大。如出现轻微活动即大量出汗，或出虚汗、夜间盗汗等现象，表明身体疲劳或有其他疾病。在进行大负荷训练时，可以通过运动前后体重的变化粗略估算出汗量。记录排汗量时，可以分为：排汗量一般、较少、较多、大量等。

第四节　学生运动损伤防护

运动损伤是运动过程中发生的各种损伤。在参加运动的过程中，因为各种主客观原因，难免会因意外发生运动损伤，给运动者生活、学习带来影响。因此，需要运动参与者和指导者能充分了解运动损伤发生的原因、预防原则、运动中安全注意事项，有针对性地进行预防，就可以大幅度地降低运动损伤的发生。此外，掌握基本的损伤救护技能，能在运动损伤时现场进行简单救护，对于减轻患者痛苦，避免继发损伤，为进一步救治打好基础有重要意义。

一、运动损伤的原因

（一）对运动损伤的预防缺乏正确的认识

运动损伤的发生往往与体育活动组织者及参与者对预防运动损伤意义认识不足有关，由于缺乏运动损伤的基本知识，思想上麻痹大意，以及平时不注意对学生进行安全教育，在训练和比赛中，未积极采取各种行之有效的预防及保护措施，发生运动损伤后又不认真分析原因，总结经验，从而导致运动损伤时常发生。

（二）体能不足

包括运动素质较差以及身体素质训练不全面，都容易导致运动创伤的发生。从生理学的角度讲，无论哪种训练都是条件反射建立的过程，任何一种条件反射的动力定型不巩固，就容易出现技术动作失误错误的动作技术，违反了人体结构的特点和器官系统功能活动的规律以及运动生物力学原理，这是初参加运动训练的人或学习新动作时容易发生急性损伤的主要原因。例如，做前滚翻时，因头部不正而引起颈部扭伤；排球传接球时，因手形不正确而引起手指扭挫；投掷手榴弹时，在上臂外展90°、屈肘90°（甚至肘低于肩）的错误姿势下出手，引起肩臂肌肉拉伤，甚至发生肱骨投掷骨折等。此外，在体能贮备不足或超负荷训练时，运动负荷超过人体的负担能力，可以导致疲劳，出现技术动作变形，代偿性动作，身体弱链环节不能承受运动负荷时，会引起急性或慢性损伤从而导致运动伤害的发生。比如，长跑时落地姿势不当，缓冲不充分，反复微小应力在局部长期积累，可引起膝关节劳损、外胫夹、跟腱炎、足底筋膜炎等病症。

此外，运动参加者的心理素质差，比赛前紧张或过度兴奋、注意力不集中、情绪不稳定、易急躁、急于求成或在运动中因畏难、恐慌或害羞而犹豫不决的人，也容易造成运动损伤。比如，在运动中发生跟腱撕裂的患者，有很多人并不是在剧烈用力过程中出现损伤，而是在比较放松的状态下，由于精力不集中，在不经意的转体或跑跳中突然发生跟腱撕裂，可能跟神经肌肉没有协同运作有关。

（三）教学、训练及比赛安排不合理

1. 准备活动不当

据国内有关调查资料分析，缺乏准备活动或准备活动不合理，是造成运动损伤的主要原因。准备活动的目的是进一步提高中枢神经系统的兴奋性，增强各器官系统的功能活动，使人体从相对静止状态过渡到紧张的活动状态，使神经系统、运动系统和内脏器官充分动员，以适应正式运动的需要。如果未做准备活动或准备活动不充分，都将使肌肉的力量、弹性和延展性不够而致伤，如准备活动量过大或准备活动与专项运动结合得不好或未做专项准备活动及准备活动未遵守循序渐进的原则等都容易受伤。

2. 未遵守科学的训练原则

运动负荷（尤其是局部负担量）过大，安排运动负荷时，没有充分考虑到锻炼者的生理特点，运动负荷超过了锻炼者可以承受的生理负担量，尤其是局部负担过大，引起微细损伤的积累而发生劳损，这是专项训练中造成运动损伤的主要原因。过度训练就是由于锻炼者接受的负荷量太大，使机体未得到充分恢复所致，其症状表现为：静息时心率加快、血压升高、睡眠不佳（失眠、多梦、易惊醒等）、食欲下降、体重减轻、无训练欲望、心情烦躁、易激怒、记忆力下降等。如过度训练不及时纠正，就会使人体免疫机能下降，增加了感染和慢性疲劳的发生率。

科学的训练原则，就是严格遵循训练的客观规律，按照机体负荷大小与应激程度的适应性规律，合理安排训练计划。主要包括系统性和循序渐进原则，个别对待和巩固性原则，自觉性和积极性原则等。目前在运动队中最常见的错误是不顾年龄大小、性别差异，训练程度好坏及伤病情况等，盲目采用大负荷或单打一的训练方法，违反机体对负荷的适应规律，致使许多优秀运动员受伤而提前退役。

3. 组织方法不当

在教学训练中，不遵守循序渐进、系统性和个别对待的原则以及比赛的年龄分组原则；在组织方法方面，如学生过多，教师又缺乏正确的示范和耐心细致的教导、缺乏保护和自我保护、在非投掷区练习投掷或任意穿越投掷区、组织性纪律性较差，以及比赛日程安排不当，比赛场地和时间任意变动，允许有病或身体不合格的人参加比赛等，这些都可成为受伤的原因。此外在比赛中不遵守比赛规则，或在教学训练中相互逗闹等，也是篮球、足球运动中发生损伤的重要原因。

（四）运动参加者自身状态不良

身体生理功能低下、心理状态不良、睡眠不足、患病、受伤以及疲劳时，肌肉力量、动作的准确性、关节稳定性和身体的协调性等显著下降，警觉性和注意力减退，反应较迟钝，此时，参加剧烈运动或练习较难的动作，就可能发生损伤。心理状态不良如心情不愉快、恐惧、胆怯或急躁情绪等也容易发生运动损伤。

影响运动者生理机能的因素主要有以下几个方面：

①年龄：儿童青少年期骨骼发育尚未成熟，因此对外力的防御能力较弱。发育中的骨和软骨与成人相比也较弱，骨的长径生长与骨周围肌腱发育相比，前者显得较慢，所以骨的突起部、肌肉肌腱附着部都容易发生损伤。在韧带受暴力损伤时，骨和软骨往往先出现损伤。年龄偏大的人脊柱和关节的柔韧性降低，加之维持稳定的力量下降，故运动损伤易发生。相对而言，5~9岁的儿童头部的损伤最多。到青春期，头部与手指是最容易发生损伤的部位，其次是踝和膝部。由于球类运动在学校的普及，低年级学生中手指损伤较常见，而高年级学生中则以踝部损伤多见。在对8~17岁儿童、青少年的普查中发现：下肢损伤（73%）最常见。首先踝部是最容易受伤的部位，约占全部损伤的26.5%，其次为膝部，再次是上肢下肢末端。

②性别：黄种男性身体内脂肪平均含量是体重的13%，而女性高达23%。肌肉含量女性相对少于男性，所以膝关节处的运动损伤发生率女性比男性高。此外，女性激素呈周期性分泌，月经紊乱会造成雌激素分泌低下，是造成女性疲劳骨折的原因之一。

③体格：体内脂肪多、体重较重的人身体的灵活性、耐力相应也较差，更易造成损伤，尤其在抵御造成创伤的暴力时，体重较重的人处于不利地位。屈肌和

伸肌之间的肌力平衡也是一个很重要的因素，很多情况下，相对较弱肌肉更容易出现拉伤。

④ 弱链：在运动过程中，人体是以整体运动链来完成的，如果身体存在明显的弱链环节，就容易在该处反复出现损伤。比如，下腰背痛患者主诉下腰背疼痛，针对腰部进行治疗，虽然可以及时缓解症状，但如果没有从整体功能链角度出发去思考和检查弱链问题，可能会反复发生伤病。比如，下腰痛患者可能会存在胸椎旋转活动受限，在其转体活动中由于胸椎活动的限制，患者被迫过多使用下腰部进行旋转，加重下腰部受到的应力（代偿），从而引起下腰背损伤。

（五）缺乏医务监督

有些体育锻炼者由于不顾自身的条件而选择不适宜的运动项目，损伤的发生率提高。例如，年龄偏大的人采用蛙跳来增强腿部肌肉力量，运动负荷安排过大，就容易出现膝关节损伤；进行柔韧性练习时，韧带肌肉被动过度拉伸会造成肌肉撕脱。所以，体育锻炼要科学，并选择适合自身条件的运动，运动参加者必须在训练或比赛前进行体检及运动机能评定，以便为教练员提供科学的信息从而合理安排训练。

（六）场地、器材、服装不符合卫生要求

如场馆光线不符合要求，通风差，场地不平，过硬、过滑，器械表面粗糙，服装、鞋袜大小不适等均是引起损伤的因素。锻炼者使用劣质器械、锻炼服装和鞋子不合适，缺乏必要的防护器具（如护膝、护踝、护腿等），运动场地不平坦或有小碎石、杂物，器械安装不牢固，器械的高低、大小与轻重不符合锻炼者的年龄、性别和训练水平特点等，所有这些都能成为受伤的原因。

此外，气温过高容易引起疲劳和中暑，潮湿高温易引起大量出汗，发生肌肉痉挛或虚脱。光线不足，能见度差，影响视力，使兴奋性降低反应迟钝。其他如海拔过高，缺氧等，都会影响运动员的机能状态，使运动损伤发生率增加。

（七）训练中缺乏保护与帮助

体操与技巧项目尤为重要，不光教练员要学会保护与帮助，运动员自己也要学会自我保护及某些支持带、护具等的使用方法，以减少损伤的发生。

二、运动损伤的预防原则

(一) 加强对预防运动损伤的宣教工作

首先应建立医生、教练员和运动员三结合的制度，经常举行有关训练、运动损伤知识讲座与讨论，如果能结合本队损伤和训练的具体情况，就事论事地分析讨论更好。并积极开展运动创伤防护、急救知识教育，在训练和比赛中，要认真贯彻以预防为主，安全第一的方针，加强教练员和运动员对预防运动创伤意义的认识，是提高运动成绩，确保运动员身心健康的重要环节。在伤后要能够正确分析受伤原因，总结经验教训，能够有效地降低运动创伤的发生率。

(二) 注意全面身体训练，提高机体对运动的适应能力

要取得优异的运动成绩并保证身体健康，就需要足够的力量、平衡、协调能力及良好的心肺功能，有了这些良好的素质条件，就能降低运动损伤的发生率及严重程度，因此要注意全面身体训练。另外，还要针对不同的运动项目，注意加强易伤部位及薄弱环节的训练，减少损伤。

(三) 科学合理安排教学、训练和比赛

在制订和执行教学、训练计划时既要符合科学的训练原则，也要符合人体对运动负荷的适应性规律。首先应认真做好准备活动，准备活动内容要具有针对性，如训练和比赛中负荷较大和容易伤的部位，应重点做好准备活动及专项辅助活动，不但可使局部血液循环增加，肌肉伸展性、弹性增加，应激力上升，关节柔韧性增大，还能调整运动员的心理状态，减少紧张感和压力感，使运动损伤发生率降到最低水平。同时准备活动应根据所要进行活动的性质、运动员个体情况以及气候条件而定，一般准备活动与正式运动的间隔时间以 1~4 分钟为宜，一般以达到身体充分"活动开"（即微微出汗），能以良好的机能状态进入正式训练和比赛为目的。

根据专项多发伤病的特点，要合理安排运动负荷，避免过多的易伤动作的练习和局部负担过量的现象，要遵守系统性循序渐进和个别对待的原则，还要注意运动器官的局部负担和伤后的训练安排问题。例如篮球运动员易患髌骨软骨病，因此，在训练安排中就应注意膝关节半蹲位发力的专项与辅助练习不能过多。

对预防慢性损伤，特别是预防微细损伤来说，要加强易损部位的肌肉、韧带

的力量及柔韧性练习，改进技术动作尤为重要，易损部位的肌力提高、韧带弹性增加，有利于预防运动损伤。例如，为了防止髌骨软骨病就应当加强股四头肌练习，使髌骨通过股四头肌的作用，发挥更大的稳定膝关节的功能。又如许多项目腰部容易损伤，从某种意义上讲与对抗肌（腹肌）较薄弱有关，腹肌力量不足就会使脊柱的稳定性受影响，从而加重腰肌的负担造成损伤。因此，加强薄弱部位和易伤部位的训练，提高它们的机能，并在发展肌肉力量的同时，发展肌肉的弹性和延展性是预防运动损伤的一种积极手段。

（四）加强医务监督，建立和健全自我监督制度

①运动员应定期进行体格检查：运动员在入队集训前及训练中都应进行体格检查，尤其伤病检查，若运动员患有先天畸形，畸形部位又是该项目负担较重的部位，则不宜从事该项目的训练，如腰椎先天畸形不宜从事体操、举重等腰部负荷较大的项目，髌骨软骨病、副舟骨病等不宜从事跑跳项目等。运动员在训练中应进行定期普查，普查时应根据专项特点重点检查易伤部位，早期发现各种劳损性损伤，以便与教练员配合给予及时处理及合理安排训练。

②加强自我监督：运动员必须加强自我监督，学会专项多发病的自我监督方法，做到心中有数。

③严格实施场地、设备卫生监督：场地、器械和防护用品要定期进行卫生安全检查，对已损坏的场地器械应及时维修，维修前一律禁止使用，禁止穿不合适的服装、鞋进行活动。

（五）加强保护，提供帮助

运动中必要的保护和帮助可避免意外事故的发生，增强运动员的信心。运动员必须根据项目特点学会自我保护的方法，教练员也应熟练掌握保护与帮助的技巧，建造一些必要的保护设施。此外，运动员还必须学会正确使用各种保护支持带，在大负荷训练和比赛中或肌肉、关节有疼痛时，使用保护支持带固定，可减少损伤的发生。

此外，在训练和比赛中应严格实施场馆、设备的卫生监督，对场地器械和防护用品要定期进行卫生安全检查，对已损坏的场地器械应及时检查、维修，还应注意运动服装的卫生要求以及在恶劣气候条件下从事训练和比赛时的相应防护措施。

三、学生运动损伤发生特点及防护建议

（一）学生运动损伤发生特点

通过调研发现，不同年龄阶段的学生，因为身体发育、身体素质、体育课开展情况以及参与运动频率的差异，在大、中、小学阶段，运动损伤发生有以下特点。

①小学生的运动损伤发生率为 50.25%；高发项目为田径、篮球、足球；易伤部位为膝、踝关节；主要原因是准备活动不足、瞬间用力过猛以及自我保护不佳。小学生中度体力活动参与人群的损伤发生率最高。

②中学生运动伤害的发生率为 40.44%（男生为 43.53%，女生为 37.48%）；女生在田径、羽毛球中受伤率最高，受伤部位为膝部；男生受伤率较高的项目为篮球、足球；多发于腕部、踝部。主要原因是：运动中瞬间用力过猛、自我保护不佳、技术动作不规范。中学生柔韧素质和耐力素质越好的学生运动伤害率越低。

③大学生运动损伤的发生率为 36.8%，易伤部位为踝、膝、肘关节。造成损伤的主要原因有：心理状态不佳（27.3%）、准备活动不足（22.9%）、生理状态不佳（17.0%）；速度素质较好的男生参加运动时损伤发生率相对较低，速度耐力好的女生参加运动时损伤发生率相对较低。

（二）儿童期运动安全注意事项

儿童时期刚好是小学阶段，这一时期的学习和生活对儿童的心理发展起着重要作用。通过学习，儿童的抽象思维能力会有很大程度的提高，思考的目的性、独立性和灵活性增强。文化学习和体育成绩在很大程度上决定着儿童在集体中的地位和作用，这些都对儿童的心理特征有重要的影响。为了保障儿童运动锻炼的安全，需要注意以下几点。

①体育运动要根据儿童的年龄和性别特点，进行合理的组织和安排，内容要活泼多样，运动时间不宜过长，以体育游戏为主。鼓励儿童多参与运动，促进身体和智力发育。

②儿童进行运动训练持续的时间不宜过长，运动负荷要适当，不应超过身体的负担能力。在进行身体接触性运动时，应根据学生身体素质水平，适当控制对

抗性。

③不应过早地让儿童进行专项训练。参与训练的儿童需要通过合理的选材，在严格的医务监督下进行。不能为了追求比赛成绩，过早地要求儿童过多地参加正式比赛，或违背儿童发育规律过早进行专项化训练。要更多注重运动模式培养，注重基础体能发展，全面提升身体素质（尤其是协调性的发展）注意身体弱链环节的训练。

④在进行力量练习时，应注意以下两点：一是负荷不宜过大，并应尽可能减少憋气动作，避免胸内压过高而导致心肌肥厚，影响心脏正常发育。二是儿童屈肌的力量较伸肌的强，因而要注意加强伸肌的发展，以保持屈/伸肌肌力平衡。

⑤儿童参加运动锻炼，应保证充足的休息和睡眠，并要有足够的营养和能量。

⑥儿童运动时所使用运动器械的大小、重量要符合其身体发育特点。

⑦儿童的锻炼要和卫生教育结合起来，不仅培养他们具有健全的体魄，同时要培养良好的个人和公共卫生习惯。

⑧注意观察儿童锻炼后的身体反应，并询问儿童锻炼后的自我感受。以锻炼后精神状态良好、没有疲劳积累、没有不良感觉（头晕、恶心、食欲下降、睡眠不好等）为宜。此外，在组织儿童进行体育活动时，要注意帮助和保护。

⑨要加强姿势教育，养成良好的坐/立/行走姿势，以预防近视、姿势畸形。

（三）青少年期运动安全注意事项

青少年的身体正处在生长发育时期，各器官系统的解剖生理特点与成年人有很大的不同，在安排体育锻炼时应充分注意这些特点，从而使锻炼更有针对性。根据青少年的生理特点，锻炼时应注意以下问题。

①充分利用青少年关节活动范围大的特点，多进行柔韧性练习，同时，应注意心肺耐力和力量的发展，这些对提高抗疲劳能力和增强易伤关节的稳定性（膝、踝）以及预防运动损伤的发生有重要作用。

②青少年时期，适当的体育锻炼可以促进骨的生长，使身体长高，但运动负荷不可过大，而且要进行对称性练习，以免造成脊柱弯曲，肢体畸形。

③要有计划地发展小肌肉群的肌肉力量，促进肌肉的平衡发展。在青春期应多采用跑、跳等力量练习和伸展肢体的柔韧性练习，少进行或不进行过大负荷的力量练习，锻炼时应尽量减少憋气和静力性力量练习，以免加重心脏负担。

④青少年的心脏体积相对较小，收缩力量较差，心率较快，在体育锻炼时应以有氧练习为主，强度不可过大，时间也不要太长，避免心脏负担过重。随着年龄的增长，运动强度才可逐渐增加。

⑤青少年锻炼时往往会出现呼吸与运动不协调的现象，在运动时要注意呼吸与运动节奏配合的练习，有意识地进行腹式呼吸训练。

第二章

CHAPTER
02

学校常见运动损伤预防措施

本章提要： 运动损伤预防就是采取一定的手段和方法，防范并减少运动损伤的发生。本章主要介绍了青少年身体体格检查、健康评估与筛查、运动损伤的预防方法等内容。通过对本章的学习，使读者了解青少年体检和健康筛查的具体方法，常见运动损伤的预防手段与方法，从而在工作中可以有针对性应用，做好防护工作，减少运动损伤的发生。

第一节　体格检查和动作模式评估

体格检查是指对学生身体进行一系列医学检查，目的在于了解身体的发育程度和健康状况。科学的体格检查和健康筛查可以确定学生的身体健康状况，从而发现学生身体的异常或者缺陷（近视、心电图异常、脊柱侧弯、扁平足等）；还可以检查体内是否存在易患损伤或疾病，如是否存在肩、足踝部的损伤，如有这些损伤不建议学生进行排球、足球的锻炼；还可以确定学生能否参加体育锻炼及选择合适的运动项目，对如何提高他们的健康水平和今后锻炼的注意事项提出忠告和建议。同时科学的体检和健康筛查还可以判定学生的身体发育和成熟程度。

正式进行体格检查时，要事先准备好体检登记表，持体检结果逐项记录在登记表中存档备查。每一位参加系统锻炼的学生都应有自己的健康和体质档案。

一、体格检查

（一）一般史和运动史

1. 询问一般史

一般史包括既往病史、家族史、过敏史和生活史。

①既往病史：询问既往是否常患病以及曾患过哪些严重疾病。着重询问影响内脏器官机能和影响运动能力的伤病，例如心脏病、高血压病、结核病、哮喘、肝炎、肾炎、癫痫、关节炎以及肢体和关节因伤致残或畸形等。了解发生伤病的原因、时间、治疗过程、痊愈程度、目前情况以及对生活、工作和运动的影响等以及有无脑震荡史、昏厥史，是否有疾病或外伤后遗症。以往查心电图是否有异常，心脏是否有杂音，是否做过手术。

②家族史：要询问直系亲属中有无 50 岁前发生心肌梗死者，以排除家族性心脏危险因素。

③过敏史：主要询问对药物、蜂虫和花草有无过敏反应病史。

④生活史：主要询问其学习、劳动条件、生活制度、营养条件，有无饮酒、吸烟及偏食习惯等。

对女性，需询问月经史。如月经初潮年龄、月经周期、经血量的多少、月经的身体反应及对运动能力的影响、月经期间是否参加锻炼等。

2. 询问运动史

询问平时是否爱好体育锻炼，锻炼的项目、年限、运动等级和成绩以及运动量大小。询问运动时的身体反应，是否有运动性伤病，并记录受伤的原因、部位、治疗措施、治疗经过、治疗效果、目前有无后遗症等。

还应询问近期及前一天的运动情况，如运动量的大小、运动后身体反应等。因为近期及前一日的运动往往影响体检结果。

通过询问一般史和运动史可对被测学生的健康及体质情况作初步了解，并且可为下一步检查，如临床健康检查、人体测量、机能检查等提示重点。

（二）人体姿势检查

人体姿势是由身体各个部分相互间的位置决定的，它反映各种组织结构间的力学关系。所以，人体姿势是评价生长发育水平的一项重要内容。对于身体发育有缺陷或姿势不良的学生来说，姿势测量的结果有助于制订具有矫正作用的锻炼方案。例如，可以通过加强某些肌肉群的力量或发展某些关节、韧带、肌肉群的柔韧性来改善身体姿势。

姿势检查着重检查直立姿势，身体各局部的形态是影响完整姿势的重要方面。姿势检查包括脊柱、胸廓形状以及腿和足的形状检查。

1. 直立姿势检查

被测者只穿短裤、背心立正站好，检查其头部是否正直，左右肢体的长短、粗细、形状是否对称。

人体的直立标准姿势应当是：从背面观，头颈、脊柱和两足跟在一条垂直线上。两肩峰的高度，两髂嵴上缘的高度都应一致；从侧面观，头顶、耳屏前、肩峰、股骨大转子、腓骨小头和外踝尖各点应在同一垂直线上，脊柱呈正常生理弯曲（图2-1）。

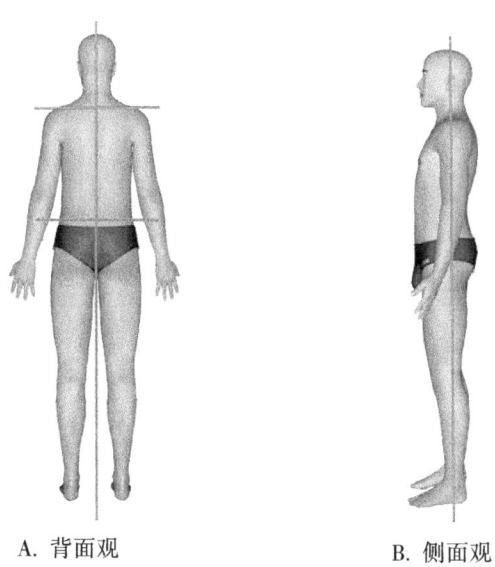

A. 背面观　　　　　　　　　　B. 侧面观

图2-1　直立标准姿势

2. 脊柱形状检查

身体直立时，从背面观，脊柱应当是笔直的；从侧面观，脊柱外形呈现四个弯曲，称为脊柱的生理弯曲，即颈段向前弯、胸段向后弯、腰段向前弯、骶尾段则向后弯。脊柱异常弯曲往往是由于长期伏案作业，或因劳动或运动的影响，肌肉用力不平衡迫使身体长期处于某种特定姿势所致。此外，脊柱结核、佝偻病、关节炎、小儿麻痹症等疾病引起的脊柱畸形则是由于脊椎骨发生病理损害所致。

（1）脊柱前后弯曲度的检查

用脊柱测量计检查脊柱前后弯曲度。

被测者脱去上衣，背靠测量计立柱站立。头部保持正直，两肩胛间、骶部和足跟部紧靠立柱。检查者站在侧方，移动测量计上的小棍，使之与脊柱上的棘突接触，根据测量计立柱与脊柱间小棍的距离可以测出脊柱各段前后弯曲的程度（图2-2）。正常颈弯深度为3~4 cm、腰弯深度为2~2.5 cm。

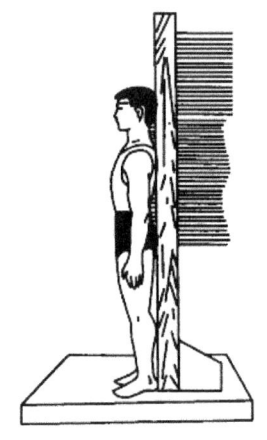 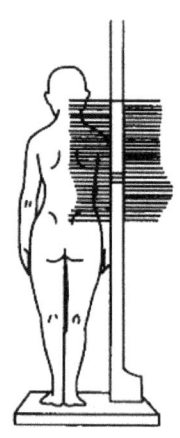

A. 脊柱前后弯曲测量　　　　B. 测量计测量法

图2-2　脊柱测量计

脊柱前后弯曲的情况涉及头颈与躯干相互间的位置，并影响背的形状。

背的形状大体可分为四种类型（图2-3）。

A. 正常背：颈弯和腰弯的深度在正常范围。

B. 驼背：胸段后弯程度加大似驼峰，腰段前弯小于2~3 cm。

C. 平背成直背，胸弯和腰弯均减小，背部平直。

D. 鞍背：腰弯大于5 cm以上，形似马鞍。

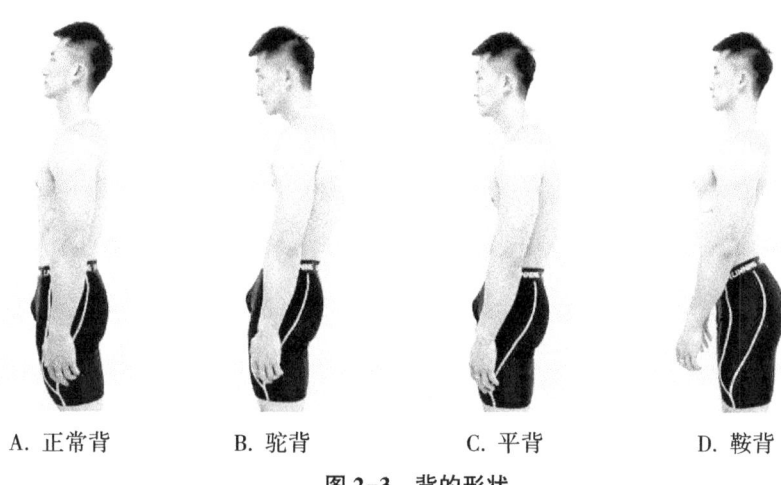

A. 正常背　　　B. 驼背　　　C. 平背　　　D. 鞍背

图 2-3　背的形状

（2）脊柱侧弯的检查

用重锤法检查脊柱侧弯。

被测者只着短裤，检查者以细绳系一重锤自然下垂，以此检查侧弯的方向和弯曲程度。

首先观察所有棘突是否与重锤的细绳保持一致，有无偏移现象。若有单纯向左或向右偏移，称为"C"形弯曲；若脊柱上段向左、下段向右偏，或正好相反，上段向右、下段向左偏，称为"S"形弯曲（图 2-4）。

其次测量偏移的程度。偏离细绳不足 1 cm 者，可不诊断为侧弯，偏离 1.1～2 cm 为 1 度侧弯，偏离 2 cm 以上为 2 度侧弯；偏离达 5 cm 以上为 3 度侧弯。

最后根据侧弯是否可逆来确定侧弯的性质。令被检查者尽力做体前屈，若侧弯消失，则为习惯性侧弯，即 1 度侧弯。若未消失，则为固定性侧弯，即 2 度侧弯。1 度侧弯可以通过矫正体操进行矫正。

临床上常用简单的捋压法检查脊柱胸腰段有无侧弯或局部棘突有无偏移现象。方法是令被测者稍弓背坐好，检查者用两手拇指沿棘突两侧用力由上往下捋。此时，棘突的连结情况就能清楚地显露出来。

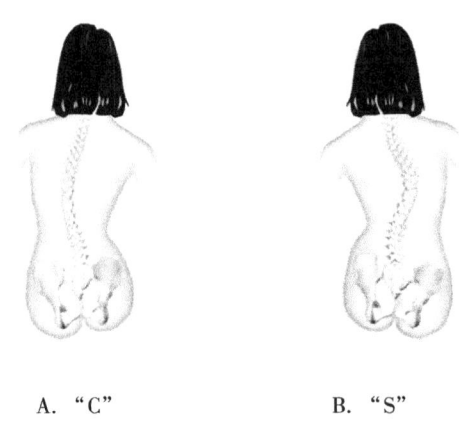

A．"C" B．"S"

图 2-4　脊柱侧弯的类型

（3）胸廓形状检查

①测量胸廓前后径和横径

使用测径规或骨盆测量器。

前后径：指胸廓前点和胸廓后点之间的距离。前点位于左右第四胸肋关节上缘水平和前正中线相交点，后点为前点同一水平的棘突处。

横径：指与前后径同一平面的胸廓两侧最宽处之间的距离。

②胸廓形状

根据胸廓前后径和横径的比例关系，将胸廓形状分为以下几种类型（图 2-5）。

正常胸：胸廓上方略小，下方稍宽，呈圆锥形，横径与前后径之比约为 4∶3。正常成人胸廓均属此型，如图 2-5A 所示。

扁平胸：胸廓里扁平状，前后径较小，横径与前后径之比增大，常见于瘦弱体型及慢性消耗性疾病患者，如图 2-5B 所示。

桶状胸：肋骨上提，肋间隙加宽，胸廓上方宽度与下方宽度相近，呈圆桶状。横径和前后径之比接近 1。多见于肺气肿、支气管哮喘病人。此外，婴幼儿胸廓尚未发育好，所以也呈桶状，如图 2-5C 所示。

鸡胸和漏斗胸：胸廓前后径大，前后径和横径之比小于 1，胸骨明显向前方突出似鸡胸脯，故称为鸡胸，常见于佝偻病，如图 2-5D 所示。胸骨下端内陷，胸骨剑突联合处下陷最深，胸廓外形似漏斗，故称为漏斗胸。常见佝偻病及先天性胸廓异常，如图 2-5E 所示。

不对称胸：胸廓两侧不对称，常见于胸膜疾病、胸椎结核、发育畸形等，如图 2-5F 所示。

胸廓不正常者常伴有脊柱畸形，影响整体姿势。

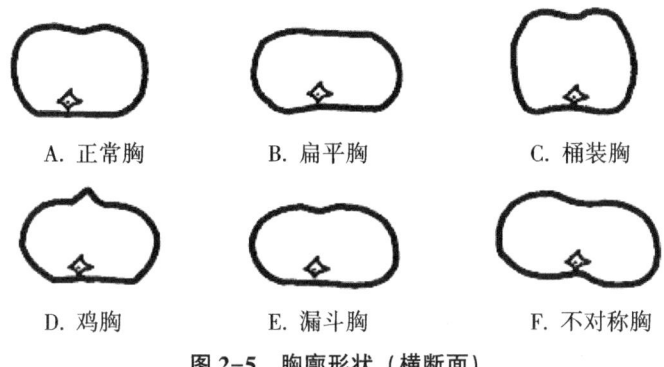

A. 正常胸　　　　B. 扁平胸　　　　C. 桶装胸

D. 鸡胸　　　　E. 漏斗胸　　　　F. 不对称胸

图 2-5　胸廓形状（横断面）

3. 腿的形状检查

（1）检查方法

被测者两腿自然并拢直立（注意不可用力并腿）。用特制的内径卡尺测量两膝之间或两足跟之间的距离。

（2）腿的形状

两腿并拢立正姿势站立时，根据两足间或两膝之间的距离，将腿的形状分为三种类型（图 2-6）。

①正常腿型：站立时两足跟和两膝均能靠拢，如图 2-6A 所示。

②"O"型腿：两足跟并拢时两膝不能靠拢（即两膝均为内翻），且两膝相距超过 1.5 cm 以上者，如图 2-6B 所示。

③"X"型腿：两膝并拢时两足跟不能靠拢（即两膝均为外翻），且两足相距超过 1.5 cm 以上者，如图 2-6C 所示。

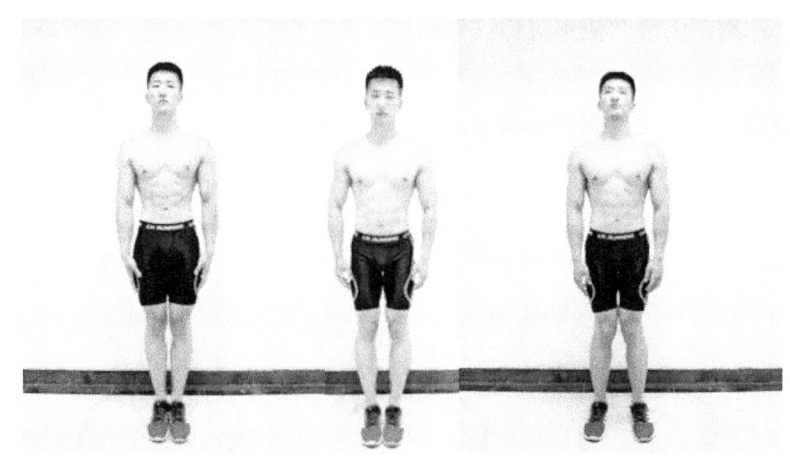

A. 正常腿型   B. "O" 型腿   C. "X" 型腿

图 2-6　腿的形状

4. 足的形状检查

足弓是指足底部由跗骨形成的拱形结构。足弓的存在，保证了足在负重支撑时具有弹性，可缓冲对地面的冲力及减轻行走、跑、跳时对大脑的震荡。如果是扁平足，下肢的支撑能力就会大大降低，身体和脊柱的姿势也会发生改变。

（1）测量方法

检查足弓的方法有印记法、足高测量和 X 线摄片法。常用的方法是印迹法，其方法是：

准备一块足够大的 5~6 层纱布或海绵垫，用淡红色、淡蓝色或淡绿色墨水将它浸湿后，放在坐凳前面的大方形托盘内铺平。令被测者坐在凳上，赤足，双脚同时踩在盘内站立，此时足底便蘸上颜色。之后坐下，抬脚，移去浅盘，换上白纸铺在地面，要求双脚与肩同宽站立于白纸上，纸上即印出一双带色的足迹。

（2）评定方法

采用画线比例法，即在足迹的内侧和外侧各画一条切线，找到足印空白区最宽处，测量此处至两切线的距离。根据足印空白区最宽距离 a 与带色印区最窄距离 b 的比例评定足形（图 2-7）。

在足印迹内侧第一跖趾关节和足跟处做一切线，在足印迹外侧第五跖趾关节和足跟处也做一切线。a、b 各为由足印弓形内缘的最高点至内、外侧切线的垂直距离。

（3）足的形状

①正常足：a∶b＝2∶1，见图2-7B；

②轻度扁平足：a∶b＝1∶1，见图2-7C；

③中度扁平足，a∶b＝1∶2，见图2-7D；

④重度扁平足，足印无空白区，见图2-7E；

⑤弓形足，足印区狭窄处断离不相连，见图2-7A。

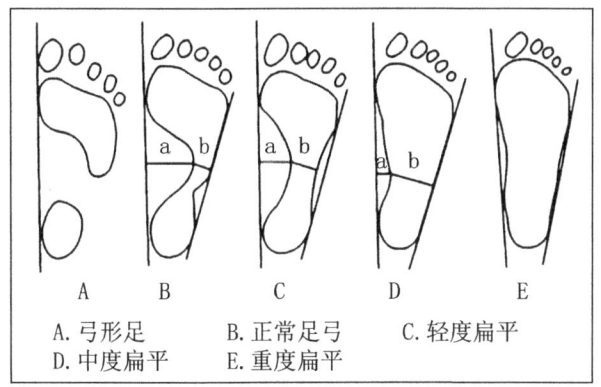

A. 弓形足　　　B. 正常足弓　　　C. 轻度扁平
D. 中度扁平　　E. 重度扁平

图2-7　画线比例法评定足形

（三）人体形态测量

人体形态测量是对人体外部形态，包括体重、长度、宽度、厚度以及围度的各种测量。人体形态测量不仅是反映生长发育状况和体质水平的重要方面，而且对学生选材也有重要意义。

1. 人体形态测量的注意事项

①人体形态测量要符合科学性的原则。严格遵循测量学的三属性，即可靠性、有效性和客观性。因此，测量者必须具有严肃的科学态度，严密的测量设计，尤其在对大群体进行测量时需要随时抽样重复验证测量的准确程度。

②测量仪器的型号规格、测量的方法与要求应当统一化和标准化。力求减少因为测量条件不同而可能造成的误差。

③测量之前应仔细校正仪器。每测100人左右重新校正一次。

④测量之前应向被测者说明测量的内容和意义。要求被测者男生只穿短裤，女生可穿背心和短裤。

2. 体重

体重是指身体的净重。儿童、少年时期体重随年龄而增加。相同年龄男性的体重高于女性。体重可以反映身体的营养状况，若结合皮脂厚度分析，还能反映肌肉的发育程度，反映人体营养和肌肉情况。

体重在一天之内会有变化，所以测量体重的时间最好一致。

（1）仪器

杠杆秤、弹簧秤或电子秤。使用前要用标准砝码校准，误差不得超过 0.1%，即每 100 kg 误差应小于 0.1 kg。

（2）测量方法

将体重计放在平坦地面，调整 0 点，令被测者只着贴身短裤（女生可加乳罩）轻轻站在秤台中央，测量者读数并记录，测量误差不得超过 0.1 kg。

（3）注意事项

被测者上下秤台时的动作要轻，称重时应站在秤台的中央。

3. 身高

身高是指站立时头顶到地面的垂直距离，它是反映骨骼生长发育情况的重要指标。身高在一天内会有 1~3 cm 的变化，清晨起床后的身高最高，傍晚时最低。

（1）使用仪器

身高坐高计。使用前用钢尺校正测量刻度，误差不得超过 0.2%。检查身高计的立柱是否垂直，有无晃动，水平压板是否水平。

（2）测量方法

被测者赤足，足跟并拢，足尖分开成 60° 角，以立正姿势背靠立柱站在身高计的底板上。上肢自然下垂，躯干自然挺直，足跟、骶骨部及两肩胛间与立柱保持接触。头部摆正，但不必紧靠立柱。两眼平视前方，保持耳屏上缘与眼眶下缘处于同一水平线（图 2-8）。

测量者站在被测者侧方，用手将水平压板轻轻下滑，直至接触被测者头顶为止。测量者平视

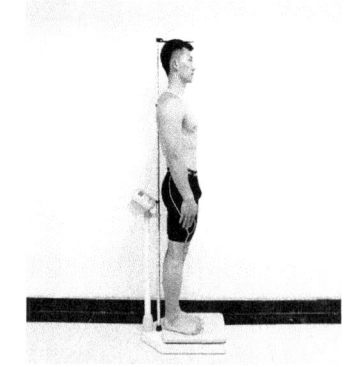

图 2-8 身高测量

水平压板读数，测试误差不得超过 0. 5 cm。

（3）注意事项

①读数时，两眼视线要与被测者的身高保持在同一水平，否则读数不准。

②水平压板与头顶接触的松紧应当适度，头发蓬松者要压实。

4. 坐高

坐高是指人在坐位时，头顶至坐凳面的垂直距离。坐高是反映躯干长短的指标。坐高和身高的比例关系可用来评价体型。

（1）使用仪器

身高坐高计。使用前应校正测量刻度，误差不得超过 0. 2%，检查坐板是否水平，高度（成人用 40 cm，儿童用 25 cm 的高度，以便使大腿呈水平位置）是否调节、前后宽度是否合适。

（2）测量方法

被测者端坐在身高坐高计的座板上。骶部、两肩胛间及头部的位置、姿势要求等与测量身高相同。两腿并拢，大腿与地面平行。上肢自然下垂，不得支撑于座板上，双足平踏于底座（可用脚踏板调节高度）。

测量者将水平压板轻轻下压，测量者平视水平压板读数。测量误差不得超过 0. 5 cm。

（3）注意事项

被测者常会因为骶部未靠紧立柱而使测量不准。所以，应先令被测者弯腰，使骶部紧靠立柱下滑，直至坐下为止。

5. 胸围和呼吸差

胸围指胸廓的围度，它反映胸廓及胸背部肌肉的发育状况，还间接地反映肺容量。

最大吸气和最大呼气时的胸围之差称为呼吸差，它在一定程度上反映呼吸器官的发育情况、呼吸肌肌力、胸廓活动范围以及肺组织的弹性。

胸围受后天因素影响比较明显。经常从事体育锻炼的人，胸围差比一般人大 5% 以上。一般人的呼吸差只有 6~8 cm，经常锻炼者可达 8~10 cm，甚至超过 12 cm。

平静时的胸围在呼吸的呼气末测量，深吸气末和深呼气末各测胸围一次计算呼吸差。测试误差不得超过 1 cm。

（1）仪器

带尺。使用前用标准钢尺校正，每米误差不得超过 0.2 cm。

（2）测试方法

被测者裸露上体，自然站立。双肩放松，两臂自然下垂，平静呼吸。测量者最好为两人，一人手持带尺，面对被测者，并将带尺环绕胸部一周。在背部，带尺的上缘放置于肩胛骨下角下缘，在胸前，带尺的下缘放置于乳头上缘（对于乳腺已发育的女性，带尺应放置于乳头上方与第四胸肋关节保持水平）。另一人站立在被测者身后，协助将带尺扶正，防止滑脱，并要及时提醒和纠正被测者耸肩、低头、挺胸、抬臂、驼背等不正确姿势（图2-9）。

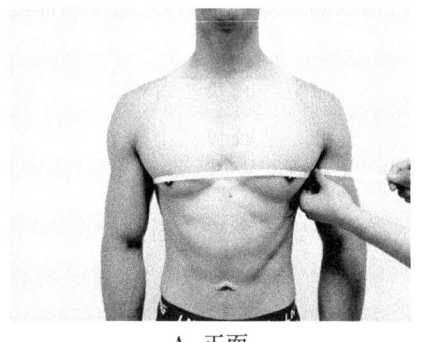 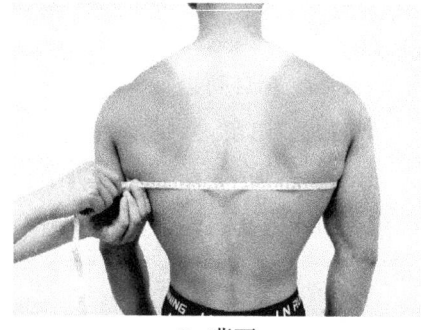

A. 正面　　　　　　　　　　　　　　B. 背面

图 2-9　胸围

（3）注意事项

①当深吸气和深呼气测量时，注意防止带尺移动或滑落。

②带尺松紧要适宜，轻贴于皮肤即可。

③肩胛骨下角不明显者，可令其挺胸显露肩胛骨下角，待摸清位置后，仍然要求恢复测试的姿势进行测量。

6. 肩宽和骨盆宽

肩宽是指两侧肩峰顶之间的距离，它反映身体横向发育的情况。肩的宽窄对肩带肌肌力的发挥有一定影响。

骨盆宽是指两侧髂嵴最宽处之间的距离，它反映骨盆的发育情况。

肩宽和骨盆宽两者的比例关系决定了肩窄臀宽或肩宽臀窄体型。

（1）仪器

测径规。使用前应检查零点，误差不得大于0.1 cm。

（2）测量方法

被测者两肩放松自然站立，测量者立于其背后进行测量。

①测量肩宽。用食指沿被测者两侧肩胛冈向外上方触摸，直至摸清两侧肩峰尖，再进行测量（图2-10）。

②测量骨盆宽。用食指沿被测者两侧髂嵴触摸至髂嵴最宽处的外缘，再进行测量（图2-11）。测量误差不得超过0.5 cm。

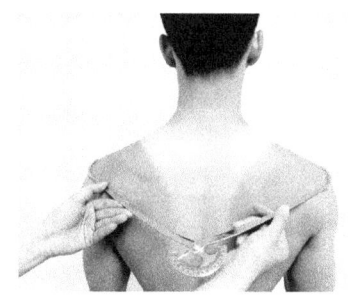

图2-10　肩宽

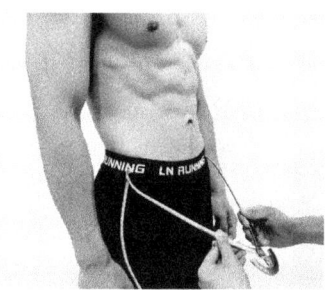

图2-11　骨盆宽

7. 四肢长度

四肢长度包括上、下肢长度及各肢节长度。四肢长度在健康和体质评定中较为重要。

（1）测量仪器

带游标的直钢板尺。使用前校正刻度，每米误差不得超过0.2 cm。

（2）测量方法

①上肢长：被测者自然站立，右臂伸直下垂，手与前臂成一直线。测量肩峰至中指尖的距离。

②下肢长：被测者自然站立。测量髂前上棘至地面的垂直距离或者测量股骨大转子尖端至地面的垂直距离。由于前者所测的值较下肢实际长度大，而后者则

较实际长度小，所以目前常常以身高减坐高来代表下肢长度。

③足长：被测者站立，将一只脚踩在凳面上，用直钢板尺测量足跟至最长足趾趾端的距离。也可用专门的足长足高计测量。

因下肢长度一般都小于坐高，故坐高与下肢长度之差越小，表明下肢越长。一般认为，长腿体型的儿童少年，身高增长的潜力较大。

8. 跟腱长

跟腱长是指腓肠肌内侧肌腹下缘至跟骨结节的距离。

（1）测量仪器

小直钢板尺。

（2）测量方法

被测者自然站立，然后尽量提踵。此时腓肠肌肌腹与跟腱的交界清晰（图 2-12）。用笔在内侧头肌腹的最下缘做标记后再恢复自然站立。测量该标记至跟骨结节最突出点的距离。

9. 四肢围度

四肢围度包括上臂围、前臂围、大腿围、小腿围以及关节的围度等。四肢围度反映四肢肌肉发育情况。由于皮下脂肪会影响围度，所以对围度进行分析时应当考虑皮脂厚度。

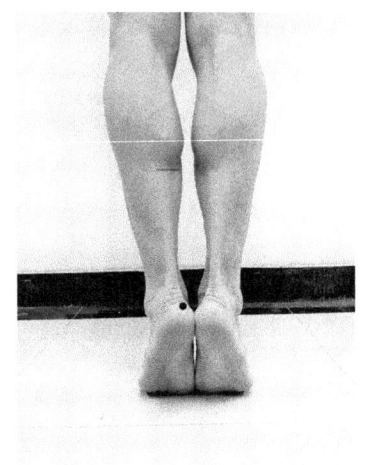

图 2-12　跟腱长

（1）测量仪器

尼龙带尺。使用前用钢尺校对，每米误差不得超过 0.2 cm。

（2）测量方法

①上臂紧张围和放松围：被测者自然站立，右臂向前右侧（与身体矢状面约呈 45°）平举，掌心向上握拳，用力屈肘。检查看将带尺放在肱二头肌隆起最高处绕臂一周，测量上臂紧张围。之后，带尺位置保持不变的情况下令被测者慢慢将前臂伸直，手指放松，测量上臂放松围（图 2-13、图 2-14）。

图 2-13　上臂紧张围

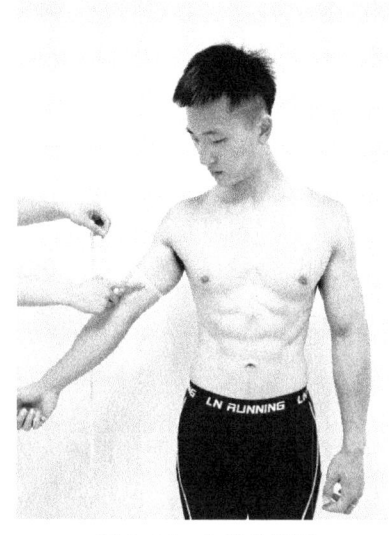

图 2-14　上臂放松围

②前臂围：被测者自然站立，上肢自然下垂，带尺水平绕前臂最粗处测量（图 2-15）。

③大腿围：被测者两腿分开与肩同宽，平均支撑体重。测试人员站在被测者的侧面，将带尺环绕大腿根部，后面将带尺上缘放在臀纹处（即臀与腿之间的凹陷处）。前面放在与后面同高处，带尺呈水平位读数。单位为 cm（图 2-16）。

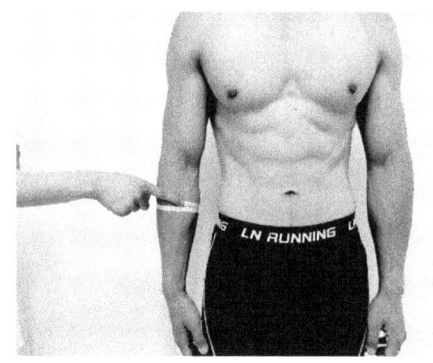

图 2-15　前臂围

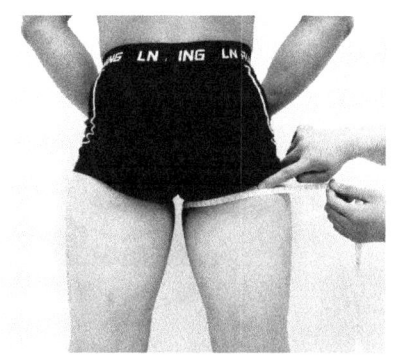

图 2-16　大腿围

④小腿围：被测者姿势同上，带尺水平绕小腿最粗处测量（图2-17）

（3）注意事项

①测量时，带尺必须呈水平位，松紧要适度。
②受试者体位要符合测试方法的要求。
③四肢围度测量误差不得超过 0.5 cm。

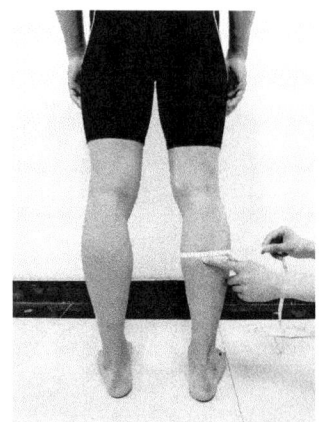

图 2-17　小腿围

10. 腰围和臀围

（1）腰围

①测量意义：腰围是间接反映人体脂肪状态的简易指标。男性腰围超过 85 cm，女性腰围超过80 cm，表明腰围较大。成年人肥胖多属向心性肥胖，腰围常超过此标准。腰围的大小不仅可以反映出人的体型特点，而且保持腰围的适当比例关系，对人的健康有着重要意义。

②使用仪器：尼龙带尺。

③测试方法：被测者两腿靠近自然站立，两肩放松，双手交叉抱于胸前。测试人员面对被测者将带尺经脐上 0.5~1 cm 处（肥胖者可选在腰部最粗处），水平绕一周，测量其围度。单位为 cm（图2-18）。

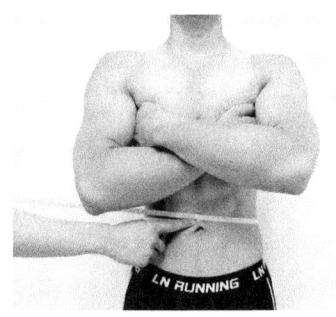

图 2-18　腰围

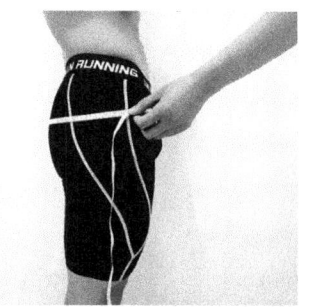

图 2-19　臀围

④注意事项：带尺的松紧度应适宜。

（2）臀围

①测量意义：臀围的大小不仅可以反映出人的体型特点，保持臀围和腰围的

适当比例关系，对人的健康有着重要意义。

腰臀比，即腰围和臀围之比，正常男子应小于 0.95，女子小于 0.85，如超过即为向心性肥胖。向心性肥胖的危害远大于离心性肥胖。主要因为腹壁脂肪堆积，可增高腹压，使膈肌上移，妨碍呼吸和使心脏处于横位。

②使用仪器：尼龙带尺。

③测量方法：被测者两腿靠近自然站立，两肩放松，双手交叉抱于胸前。被测人员面对被测者沿臀大肌最粗处将带尺水平位经背部绕至前方读数，记录员应在被测者背面观察带尺位置是否正确，单位为 cm（图 2-19）。

11. 皮褶厚度测量

皮褶是指皮下脂肪的厚度。由于身体脂肪总量的一半存在皮下，因而皮褶厚度的测量结果可以用来评定身体成分，推算全身脂肪重和瘦体重，还可以反映身体内脂肪分布的状况，对体型和健康有重要的形态学和医学意义。过胖、过瘦均会给健康带来很大影响。如成年后的心血管疾病、肥胖症和营养不良等的发生，都与人体内脂肪含量和分布状态有密切的关系。了解身体成分既可采用对人体各部位皮褶厚度测量的简易方法，也可采用皮肤阻抗法的设备测量，水下称重法被认为是间接测量人体内脂肪含量的金标准。

（1）使用仪器

必须用特制的皮褶卡钳。测量前应先校验卡钳，每次测试前将指针调至零点，卡钳头接触皮肤曲面积为 20~40 mm²，测量时卡钳压强为 10 g/mm²（图 2-20）。

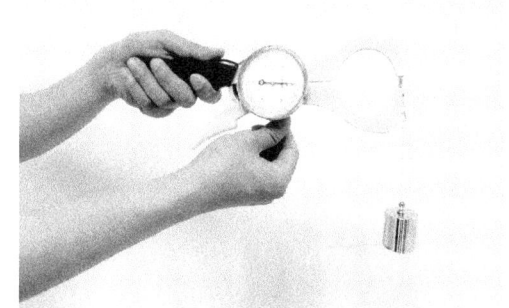

图 2-20　皮褶厚度卡钳的校验及测试原理

（2）测量方法

被测者只穿背心短裤，自然站立。测量者右手持卡钳，左手捏起测量部位的皮褶（注意切莫将肌肉捏在内）并用卡钳钳住。钳头应靠近捏皮褶的手指处相距约 1 cm，读数后松开左手手指。

（3）测量部位

一般测量右侧，常测的皮褶部位为以下几处。

①上臂部：上肢自然下垂，取肩峰与尺骨鹰嘴突连线中点处，垂直捏起皮褶。如图 2-21A 所示。

②肩胛下部：在肩胛骨下角约 1 cm 处，并与脊柱呈 45°夹角斜捏起皮褶。如图 2-21B 所示。

③胸部：在腋前线和乳头连线的中点（男性），或 1/3 位置（女性）斜捏起皮褶。

④腹部：脐旁 1 cm 处，垂直捏起皮褶，如图 2-21C 所示。

⑤髂部：在髂嵴上缘脐水平线与腋中线交界处，垂直捏起皮褶，如图 2-21D 所示。

⑥大腿部：在腹股沟与髌骨上缘连线的中点垂直捏起皮褶，如图 2-21E 所示。

⑦小腿部：在小腿三头肌中点垂直捏起皮褶。

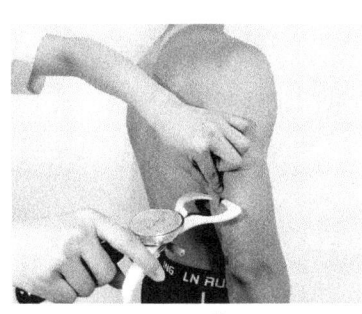

A. 上臂

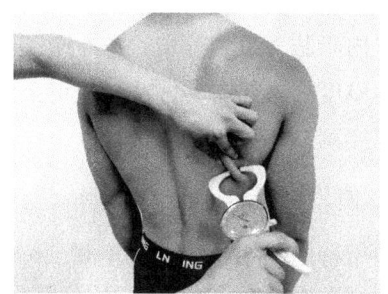

B. 肩胛下部

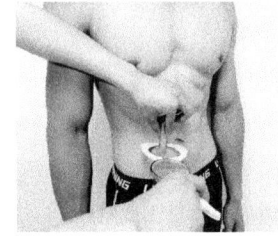

C. 腹部

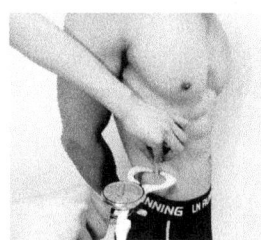

D. 髂部

E. 大腿部

图 2-21　不同部位的皮褶厚度测定

12. 关节活动度的测量

关节为人体运动的"轴心"，对维持人体正常活动起着重要作用，ROM（关节活动幅度）是评定运动器官功能是否正常的重要指标。各种伤病导致肌肉断裂、神经支配功能障碍、关节疼痛或肿胀以及关节本身结构异常，如骨质增生、关节囊及韧带挛缩等均可影响关节活动幅度。因此，在进行 ROM 检查评定时，要分别评定主动 ROM 与被动 ROM。主动 ROM 指患者主动活动关节时 ROM 的大小；被动 ROM 指在外力帮助下所能达到的 ROM。

（1）使用仪器

关节活动幅度的测量一般使用的仪器是量角器。使用量角器测定 ROM 可得到定量数据，便于前后对比。其基本结构为，在半圆仪的圆心处固定两个臂，一为固定臂，另一为活动臂，活动臂以半圆仪圆心为轴转动，量角器可用金属或有机玻璃等材料制成（图 2-22）。

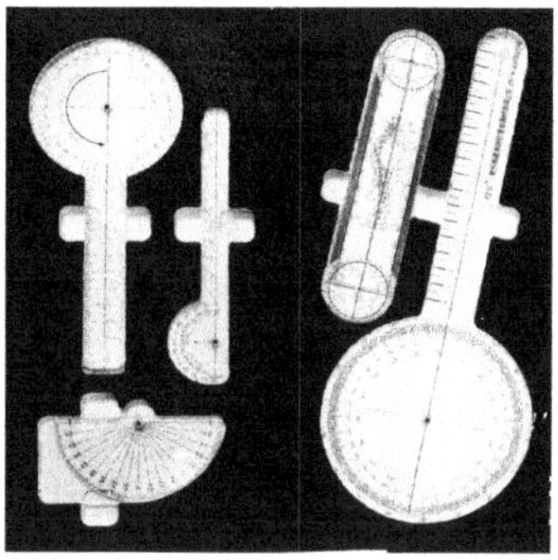

图 2-22　量角器

（2）关节角度测量原则

首先应明确被检测关节的关节轴心位置、关节两端环节纵轴线位置以及关节的中立位（0 点）。当关节产生位移时，按关节活动的方向及活动幅度的大小，确定 ROM 测定结果。如肘关节中立位为上臂纵轴与前臂纵轴呈 180° 夹角，当前臂用力屈曲，两纵轴线夹角只能缩小到 60° 时，应确定屈肘 ROM 为 120°。

（3）量角器测量方法

首先使量角器的中心对准关节轴心，固定臂对准近端环节的纵轴或其延长线，活动臂对准远端环节的纵轴。以中立位为 0°，固定臂固定在中立位，活动臂随肢体移动。测出关节屈、伸、内收、外展、内旋、外旋的角度(图 2-23)。重复测量 3 次，取其中间值。为求准确，最好由一

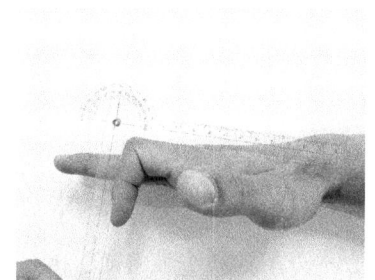

图 2-23　量角器使用示意

人测量，另一人记录，必要时加测被动关节活动幅度。

13. 肌力测量

肌力测量是学生体格检查的一个重点，对评定学生的身体发育有重要的帮助。肌力测量的仪器和方法很多，有肌力计测量法、传感器测力装置和等速测力

系统等。常用的肌力测定方法如下。

（1）一般测力方法

一般体检中测定肌肉力量常用"肌力计"。如用握力计测定前臂及手部屈肌力量，用背力计测定腰背肌力量。还可选择一定的动作，测定可重复的次数或持续的时间，用以评定肌肉的力量或耐力。如用立定跳远或纵跳评定腿部肌力；引体向上或屈臂悬垂评定上肢肌力；仰卧起坐或俯卧抬起上体评定腹、背肌力等。

①握力：握力反映人体前臂和手部肌肉力量。使用握力计测试，每侧测 2 次，取最大值计算。

测试时，被测者转动握力计的握距调节钮，调节至适宜握距，然后用有力手持握力计，身体直立，两脚自然分开（同肩宽），两臂自然下垂，开始测试时，用最大力紧握上下两个捏柄。测试 2 次，取最大值，记录以 kg 为单位，保留小数点后一位（图 2-24）。

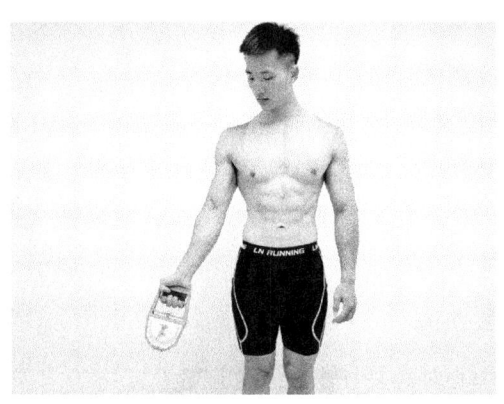

图 2-24　握力计

注意事项：用力时，禁止摆臂、下蹲或将握力计接触身体。如果被测者分不出有力手，双手各测试 2 次。

②背力：测试时拉力计的握柄高度应与被测者的膝关节平。测定时，膝伸直，缓慢用最大背伸力量上拉。背力检查时应避免骤然用力，这样易使背肌损伤。另外，也可令被测者俯卧，脐部平齐床边，使躯干上部悬空，然后两手放头后，背伸用力（检查者固定其双足），记录其维持时间。男子 36 秒以上者良好，15~30 秒者中等，15 秒以下者力弱。女子为 20 秒以上为良好，10~20 秒中等，10 秒以下为力弱。

③腹壁肌力：常采用 1 分钟仰卧起坐的方法测试腰腹部肌肉的力量及持续工作能力。使用垫子和秒表测试。测试时，受试者仰卧于水平放置的垫子上，双腿稍分开，屈膝 90°，双手手指交叉抱于脑后，由同伴压住双脚以固定下肢。测试者发出"开始"指令的同时开始计时，受试者快速起坐，双肘触及或超过双膝，然后还原为仰卧，双肩胛骨触及垫子为完成 1 次。记录 1 分钟完成次数。

也可以采用以均匀中等速度进行仰卧起坐次数多少的方法，评定腹肌肌力：30 次以上者良好，15~30 次者中等，15 次以下者为差。

注意事项：如果被测者借用肘部撑垫的力量完成起坐及双肘未触及或未超过双膝，该次不计数。计数人员要随时向被测者报告完成的次数。

④肩部和上肢肌力：常利用单杠做引体向上作为测试指标。年轻男子 10 次以上为优，6~9 次为良，3~5 次为中，2 次以下为差。手持哑铃（男子 5 kg，女子 2.5 kg）侧平举，计算静止用力的时间。25 秒以上者为良好，15~25 秒者为中等，15 秒以下者为弱。

也可以用俯卧撑测试反映人体上肢、肩背部肌肉的力量及持续工作能力。测试时要使用垫子，被测者双手撑地，手指向前，双手间距与肩同宽，身体挺直，屈臂使身体平直下降至肩与肘处于同一水平面，然后将身体平直撑起，恢复至开始姿势为完成 1 次。记录做俯卧撑的次数。注意测试时，如果身体未保持平直或身体未降至肩与肘处于同一水平面，该次不计数。

⑤3 分钟定时蹲起：测试 3 分钟内连续蹲起并记录次数，以反映下肢肌肉的力量和耐力。

⑥纵跳：纵跳测试是反映人体的爆发力素质的指标。使用人体滞空时间计算高度式电子纵跳仪进行测试。调试时，被测者站在纵跳仪踏板上，尽力垂直向上跳起。测试两次，取最大值，记录以 cm 为单位，保留小数点后一位。注意起跳时双脚不能移动或有垫步动作，落地时禁止有意收腹屈膝。

（2）肌力测试的注意事项

为保证力量测试结果的准确性及可比较性，测试时一定要注意以下两点：

①测试动作要固定。因为这会影响被测肌肉的初长度和肌肉发力的关节角度。在活体中，肌肉初长度越长，肌肉发力越大。同一肌肉在关节不同的角度上，其力臂长短不同。

②注意肌肉收缩速度。肌肉力量大小与收缩速度有很大关系。一般规律为向

心力量＜静力力量＜离心力量；速度越快，向心力量越小。

14. 各年龄段学生体格检查的重点

（1）青春前期（6～10岁）

此年龄阶段的儿童多半自发进行各项运动。这时必须排除任何先天性异常（身体发育、体表、肌肉骨骼系统、心血管系统等方面）的可能性。有学者强调在此年龄阶段，若各方面查体未见异常，并发现有运动天赋者，可开始启蒙的心理学教育，以唤起他们对运动的兴趣。

（2）青春期（11～15岁）

此年龄阶段是身体和心理的快速增长期，也是性成熟的明显变化期。一般来说，心理发育慢于身体发育，所以需要予以关注。查体时要确定他们性成熟的水平，了解他们运动后的反应，做好人体测量的检查。在此年龄阶段进行心肺功能等测试（脉搏、血压、最大摄氧量、无氧阈测试等），其结果可作为学生从事体育训练选材时的重要参考资料。

（3）青春后期（16～18岁）

这一年龄阶段的在校学生多为高中阶段，学习任务较重。对于运动能力较强的学生应尽量在此年龄阶段建立起系统的运动医学档案（定期查体结果、受伤及患病记录、治疗记录、运动成绩的变化等），以及各项补充的和特殊的检查档案。

15. 生长发育的评价

通过人体测量和机能检查可评定生长发育的程度。常用的评价方法是指数法。指数法是用数学公式来表示人体各部分有关指标之间的比例关系，以此作为评价身体发育的综合方法。较常用的指数有以下几种。

（1）体重指数（BMI）＝体重（kg）/身高^2（m^2）

身体质量指数（BMI，Body Mass Index）是国际上常用的衡量人体肥胖程度和是否健康的重要标准。按中国标准，BMI大于等于28属于肥胖，24～27.9之间属于超重，18.5～23.9之间属于正常，低于18.5为体重不足。

（2）身高胸围指数＝胸围（cm）/身高（cm）×100%

此公式指数表示胸围占身高的百分比。

（3）身高、体重、胸围指数＝［体重（kg）＋胸围（cm）］/身高（cm）×100

此公式指数包含了身体的长、围、宽和密度，能较好地反映体格状况。

（4）肺活量体重指数＝肺活量（mL）/体重（kg）

此公式指数的大小表示肺活量的相对大小。

（2）、（3）、（4）指标评价是以相同年龄性别群体所测算的平均值或中位数为基础来划分等级进行个体评价，具体评价标准参见国民体质测定标准手册（学生部分）。

二、动作模式评估

（一）功能性动作筛查（functional movement systems，FMS）

FMS 是格雷·库克（Gray Cook）、李·伯顿（Lee Burton）等人在 20 世纪末提出并且设计的一套测试理论，最终在 1998 年进行完善和补充后广泛推广应用在各个专项的美国运动员中，用来发现各种基础动作中出现的各种缺陷和障碍。

为了合理规避运动损伤，为学生制订全面科学的锻炼方案，在学生锻炼过程中进行 FMS 测试意义重大。中、小学生正处于发育阶段，日常生活和学习中由于长时间姿势不正常会造成很多发育异常（脊柱侧弯、骨盆倾斜等），这些姿势异常可能会导致功能的缺陷，不但限制其参加某些运动项目，还可能对身体健康产生不良影响。作为一种低成本、易操作、同时具有较高信度和效度的测试方法，FMS 的出现填补了常规医学测试和运动能力测试之间对动作完成质量忽视的空缺，丰富了测试内容，使测试获取的信息更加多元。FMS 反映的身体灵活性和稳定性是其他运动能力的基础，应纳入学生体能训练的内容。但是，由于灵活性和稳定性并不能代表其他运动能力，因此，FMS 纠正性训练在特定时期内（如训练初期）可以成为训练的主体，但是在竞技能力发展的体系中，其不能成为训练的主体，或者替代其他运动能力的训练。

（二）FMS 基本筛查动作

FMS 是评价个体基本动作模式的一种测试方法，它由反映人体灵活性和稳定性的 7 个基本测试动作组成，包括：深蹲、上跨步、直线弓箭步、肩部灵活性、直腿主动上抬、俯卧撑和旋转稳定性。其中，肩部灵活性、俯卧撑和旋转稳定性动作还各附带有一个疼痛排查动作。下面对 7 个测试动作进行具体说明。

1. 深蹲

蹲是许多竞技项目都需要完成的一个动作。它是一种准备姿势，学生在进行由下肢完成的有力上举动作时需要这种动作。正确完成这一动作对被测者的整个身体结构要求非常高。这一动作可以评价髋、膝和踝关节的双侧均衡性和功能灵活性。通过观察举在头顶上的木杆，可以评价肩关节和胸椎的对称及灵活性。若想较好地完成这一动作，学生需要良好的骨盆节奏、踝关节闭合运动链背屈、膝关节和髋关节的屈曲、脊柱的伸展以及肩关节的前屈和外展。

❖ **测试标准**

①被测者两脚左右分开，略宽于肩，屈肘90°，（于头上方）手握住圆棍两端，之后被测者手臂伸直，将圆棍最大限度举过头顶。

②身体缓慢下降，完成深蹲姿势。整个过程中脚跟不能离开地面（如果无法完成，可在脚跟处垫一木条），脸和胸部面向正前方，棍子应最大限度地举过头顶。重复完成2~3次蹲起动作。

❖ **评分标准**

3分：上身与胫骨平行或者与地面接近垂直；股骨低于水平面；膝与踝成一条直线；圆棍在踝的正上方（图2-25）。

A. 深蹲3分正面图   B. 深蹲3分侧面图

图2-25 深蹲3分图

2分：不能完全满足以上条件，但仍能完成动作（图2-26）。

A. 深蹲 2 分正面图　　　　　　　B. 深蹲 2 分侧面图

图 2-26　深蹲 2 分图

1 分：躯干与胫骨不平行；股骨没有低于身体水平线；膝与踝不成一条直线；腰部弯曲明显（图 2-27）。

A. 深蹲 1 分正面图　　　　　　　B. 深蹲 1 分侧面图

图 2-27　深蹲 1 分图

0 分：测试过程中身体任何部位出现疼痛。

补充：如果垫了木条最高只能得 2 分。

2. 上跨步

设计上跨步测试的目的是为了了解学生在做上台阶的动作时踏步的动作质

量。这一动作需要被测者髋部与躯干在完成踏跳动作时具有正确的协调性和稳定性，同时也要有单腿站立的稳定性。踏步测试可以评估髋关节、膝关节和踝关节双侧功能灵活性和稳定性。完成踏步测试时，需要踝关节、膝关节和髋关节表现出一定的支撑腿稳定性，同时髋关节闭合运动链最大扩展性。踏步测试也要求踏步腿的踝关节开放运动链的背屈，以及膝关节和髋关节的弯曲。此外，由于这一测试需要具有一定的动态稳定性，被测者也需要表现出足够的平衡能力。

❖ 测试标准

①被测者双脚并拢，脚趾处于栏架正下方。

②调整栏架与被测者胫骨粗隆同高，圆棍置于肩上。

③被测者缓慢跨过栏架，脚跟贴近地面，同时支撑腿保持直立，重心放在支撑腿上。

④被测者缓慢回到起始姿势。测试最多重复3次。

❖ 评分标准

3分：髋、膝、踝在矢状面上呈一条直线；腰部没有明显的移动；圆棍与栏架保持平行（图2-28）。

A. 上跨步3分正面图　　　　　　　B. 上跨步3分侧面图

图2-28　上跨步3分图

2分：髋、膝、踝在矢状面上不能呈一条直线；腰部有移动；圆棍与栏架不平行（图2-29）。

A. 上跨步 2 分正面图　　　　　　　　B. 上跨步 2 分侧面图

图 2-29　上跨步 2 分图

1 分：脚碰到栏板；身体失去平衡（图 2-30）。

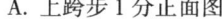

A. 上跨步 1 分正面图　　　　　　　　B. 上跨步 1 分侧面图

图 2-30　上跨步 1 分图

0 分：测试过程中身体任何部位出现疼痛。

3. 直线弓箭步

本测试所采用的动作姿势主要是模拟旋转、减速和侧向的动作，并对此进行评价。直线弓箭步测试中，下肢呈交剪姿势，这时身体躯干和下肢要进行扭转，同时也要保证正确的连接。本测试可以评估躯干、肩部、髋和踝关节的灵活性和稳定性、股四头肌的柔韧性和膝关节的稳定性。被测者想要较好地完成这一动作需要后侧腿的踝关节、膝关节和髋关节闭合运动链的稳定性，同时也需要前跨腿髋关节的灵活性、踝关节背屈和股直肌的柔韧性。由于被测者需要进行扭转动作，因此必须具有足够的稳定性。

❖ **测试标准**

①测量被测者地面至胫骨粗隆的长度，记为 A。

②被测者右脚置于木板末端，双手握圆棍置于背后，左臂在上，右臂在下。确保圆棍接触到头、腰椎和骶骨。

③将标尺置于被测者脚趾末端，并在木板上标出与 A 长度相同的点。

④被测者左脚在木板上跨出一步，脚跟在标记处，然后降低后腿的膝盖直至接触木板。两只脚应在一条直线上，脚尖指向运动方向。

❖ **评分标准**

3分：圆棍仍保持与头、腰椎或骶骨接触；躯干没有明显移动；圆棍和双脚仍处于同一矢状面；膝盖接触木板（图 2-31）。

A. 直线弓箭步 3 分正面图　　　　B. 直线弓箭步 3 分侧面图

图 2-31　直线弓箭步 3 分图

2分：圆棍不能保持和头、腰椎或骶骨接触；可以观察到躯干移动；双脚没有处于同一矢状面；膝盖不能接触木板（图 2-32）。

A. 直线弓箭步 2 分正面图　　　　B. 直线弓箭步 2 分侧面图

图 2-32　直线弓箭步图 2 分图

1 分：身体失去平衡（图 2-33）。

A. 直线弓箭步 1 分正面图　　　　B. 直线弓箭步 1 分侧面图

图 2-33　直线弓箭步 1 分图

0 分：测试过程中身体任何部位出现疼痛。

4. 肩部灵活性

通过肩部灵活性测试，可以评价肩关节在主动活动范围内灵活性和活动范围。完成这一规定动作时，需要肩关节在多个方向活动功能良好，同时，肩胛骨和胸椎要有足够的灵活性。

❖ **测试标准**

①测定被测者手腕末端到中指的长度。

②被测者双手握拳置于背后，左臂在上，右臂在下，尽量接近，测量最近的两个骨性突起的距离。

❖ **评分标准**

3分：距离在一个手掌长度以内图2-34。

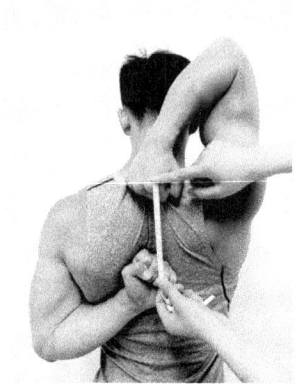

图2-34 肩部灵活性3分图

2分：距离在一个手掌长度至一个半手掌长度以内（图2-35）。

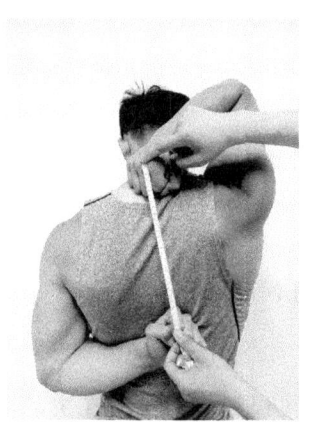

图2-35 肩部灵活性2分图

1分：距离超出一个半手掌长度（图2-36）。

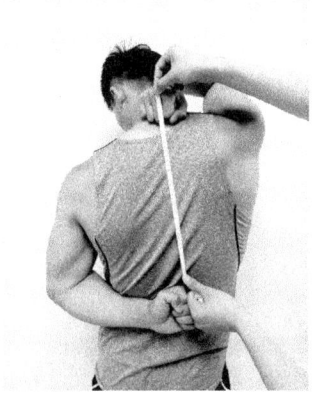

图2-36　肩部灵活性1分图

0分：测试过程中身体任何部位出现疼痛。

排除性测试：肩部灵活性排除性测试（肩部撞击测试）

肩部撞击测试为肩部灵活性测试的一种，用于观察被测者肩部疼痛症状。如果被测者在测试过程中感到疼痛，则记为"—"。

5. 直腿主动上抬

通过直腿主动上抬可以测试在躯干保持稳定的情况下，下肢充分分开的能力。通过测试可以评价骨盆保持稳定、对侧腿主动上抬时腘绳肌、腓肠肌及比目鱼肌的柔韧性。若要较好地完成这一动作，需要被测者具有腘绳肌良好的柔韧性，被测者在锻炼时需要这种柔韧性。这种柔韧性也不同于一般测试的被动柔韧性。被测者也需要表现出良好的对侧腿髋关节灵活性以及下腹部肌肉的稳定性。

❖ *测试标准*

（1）被测者双手置于身体两侧，掌心向上，头平躺在地上，膝关节处垫一块木板。

（2）被测者腿上抬，踝背屈，膝关节伸直。测试过程中对侧腿应始终贴近地面。

（3）当被测者腿抬到最高点时，通过踝关节中点与地面做垂线，记录垂线在地面上的位置。最多重复 3 次。

❖ **评分标准**

3 分：测试杆位于大腿中点上方（图 2-37）。

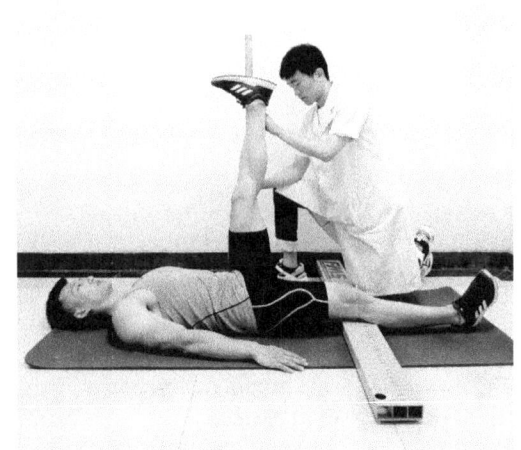

图 2-37　直腿主动上抬 3 分图

2 分：测试杆位于大腿中点与膝关节之间（图 2-38）。

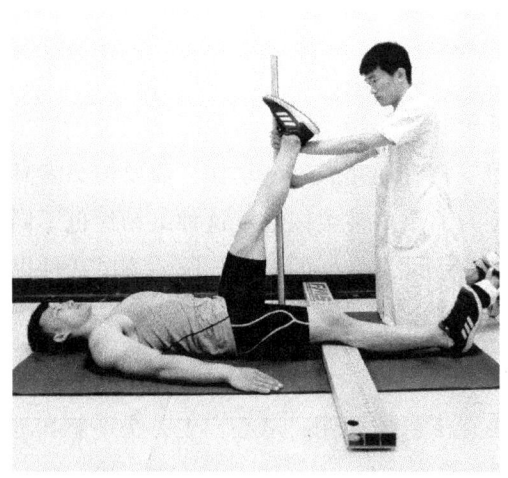

图 2-38　直腿主动上抬 2 分图

1 分：测试杆位于膝关节下方（图 2-39）。

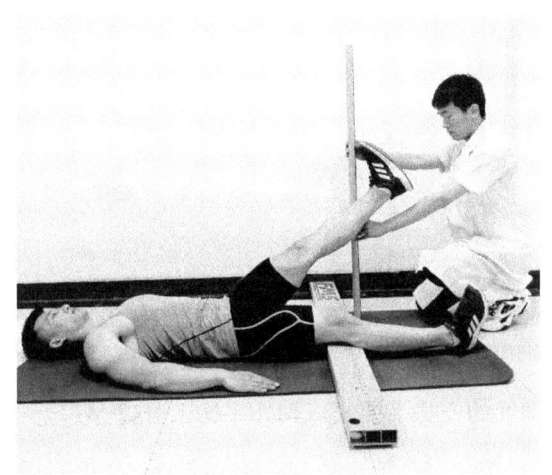

图 2-39　直腿主动上抬 1 分图

0 分：测试过程中身体任何部位出现疼痛。

排除性测试 2：伏地起身测试

即使得到 3 分，也应进行腰部伸展测试，在完成俯卧撑的撑起姿势时，可以测量脊柱的伸展性。在腰部伸展过程中，出现疼痛，则躯干稳定性测试成绩为 0 分。

6. 俯卧撑

通过俯卧撑可以评价上肢进行闭链运动时，前后两个维度上稳定脊柱的能力，以及在上肢进行对称动作时躯干在矢状面上的稳定性。若想较好完成这一动作，需要被测者在上肢进行对称性动作时躯干在矢状面上的对称稳定性。人体在完成很多动作时都需要躯干保持稳定以均衡地将力量从上肢传至下肢，或从下肢传到上肢，比如橄榄球比赛中的阻挡动作或篮球比赛中跳起抢篮板球时运用的动作。如果在做此类动作时，躯干不能保持足够的稳定性，力量就会在传递的过程中减弱，从而导致功能性表现下降，并加大受伤的可能性。

❖ **测试标准**

①被测者俯卧，双脚并拢，双手分开略宽于肩，躯干与膝均着地。

②男子的拇指与头顶在一条线上，女子的拇指与下颌在一条线上。

③从适当位置开始向上撑起，整个身体同时撑起。

❖ **评分标准**

3 分：在规定姿势下能很好地完成动作 1 次（图 2-40）。

图 2-40　俯卧撑 3 分图

2 分：在降低难度的姿势下能完成动作 1 次（图 2-41）。

图 2-41　俯卧撑 2 分图

1 分：在降低难度的姿势下也无法完成动作（图 2-42）。

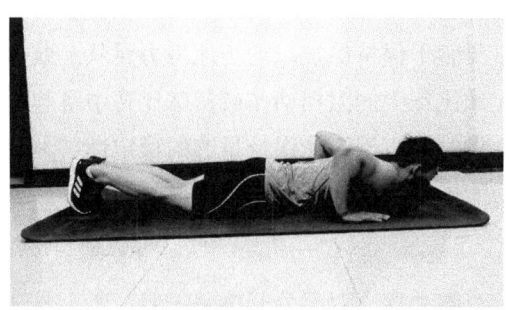

图 2-42　俯卧撑 1 分图

0 分：测试过程中身体任何部位出现疼痛。

排除性测试 3：跪姿伸展测试

即使测试得到 3 分，测试后还要进行腰部弯曲测试。为了检测脊柱的弯曲能力，被测者先四肢撑地，背部隆起，臀部触到脚后跟，且胸部与大腿接触，双手放于身体前方，做到最大限度的伸展，腿和脚趾绷直。如果出现疼痛，记为 0 分。

7. 旋转稳定性

被测者在进行这种测试时，要完成的动作比较复杂。它需要被测者有良好的神经肌肉协调能力，以及将力量从身体的某一部分转移到另一部分的能力。通过这一测试可以评价在上下肢同时进行运动时，躯干在多个维度上的稳定性。完成这一动作时（被测者上下肢同时进行对称动作时），被测者需要躯干在矢状面和水平面上的对称稳定性。很多功能性动作都需要躯干保持稳定以均衡地将力量从下肢传至上肢，或从上肢传至下肢，如跑步和橄榄球低姿爆发性动作、稳定或搬运重物。如果躯干在进行此类活动时不能保持足够的稳定性，力量就会在传递的过程中减弱，从而导致功能性表现下降，并加大外伤的可能性。

❋ **测试标准**

①被测者四肢撑地，一侧肩与躯干上方及髋关节分别成 90°，膝和躯干下方成 90°，踝关节保持跖屈。

②放置一块木板，要求双手和双膝都触及木板。

③被测者抬起一侧的手和腿，抬起侧的手、肘、膝应与木板呈一条直线，躯干与木板保持在同一水平面上。随后弯曲抬起侧的肩和膝，要求肘触及膝。

❋ **评分标准**

3 分：进行重复动作时躯干与木板保持平行；肘和膝接触时与木板在同一直线上（图 2-43）。

A. 旋转稳定性准备动作 3 分图　　　　　　B. 旋转稳定性 3 分图

图 2-43　旋转稳定动作 3 分图

2 分：能够以对角的形式正确完成动作（图 2-44）。

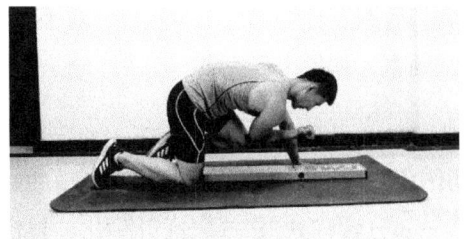

A. 旋转稳定性准备动作 2 分图　　　　　B. 旋转稳定性 2 分图

图 2-44　旋转稳定动作 2 分图

1 分：用对角的形式也无法完成动作（图 2-45）。

A. 旋转稳定性准备动作 1 分图　　　　　B. 旋转稳定性 1 分图

图 2-45　旋转稳定动作 1 分图

0 分：测试过程中身体任何部位出现疼痛。

测试者根据受测者完成这 7 个基本测试动作的质量进行量化评分。评分标准分为 0~3 分 4 个等级：3 分对应为能够按照要求完成动作；2 分对应为被测者可以完成动作，但是出现了动作代偿；1 分对应为不能完成动作；当测试过程中出现任何疼痛，测试对应的评分则为 0 分（疼痛排查动作时出现疼痛同样为 0 分）。基于左右侧的不对称将增加身体受伤概率这一现象的发现，7 个测试动作中有 5 个测试动作（跨栏步、直线弓步蹲、肩部灵活性、直腿抬高和旋转稳定性）需要进行身体左右两侧的测试，并且每个动作左右侧各对应一个得分，总分取两侧中较低的评分。7 个测试动作的总满分为 21 分。

（三）基于 FMS 的康复原则

在筛查结果出来后，有以下几个基本康复原则：

①必须首先评估和处理 0 分，动作筛查中产生疼痛，说明存在损伤问题，应

该采取相关措施进行评估和治疗。

②必须优先考虑不对称，因为不对称往往会导致损伤的风险增加。

③先考虑灵活性问题，如主动直膝抬腿和肩关节灵活性，因为灵活性不足，将无法保证足够的稳定性，还会影响相邻关节进行代偿性运动，容易导致局部负荷过大，引起损伤。

④稳定性差的问题，如：躯干旋转稳定性和俯卧撑差，在运动中，稳定性差的关节是薄弱环节，是运动损伤好发部位。

⑤最后是功能模式的重新塑造，直线弓步蹲、跨栏步、过顶深蹲。

⑥目标并不是为了获得满分 21 分，而是为了排除所有的不对称性，并使所有测试的得分不低于 2 分。

第二节 常见运动损伤的预防手段与方法

运动损伤的预防可从技术上分为一级预防、二级预防和三级预防。

一级预防的重点是提高健康水平，防止损伤发生。

二级预防的重点是早期诊断、早期正确治疗，阻止功能丧失（即治疗）。

三级预防的重点是减少或纠正存在的功能障碍，防止潜在疾病的发生（即康复）。

运动中及时提供损伤预防的建议是非常有价值的。人体合理的运动生物力学结构是预防损伤的最主要因素。除此之外，其他有助于预防损伤的重要因素是：准备活动；拉伸；合理安排训练；充分的恢复；心理；营养；运动保护器材；贴扎术；功能性训练。

一、准备活动（warm-up）

参加运动之前要做准备，不同种类的运动要有不同的准备活动。全面合理的准备活动必须由一般性和专项性两种类型组成。一般性的准备活动包括跳、慢跑、牵拉、抗阻力量练习法等。专项性特殊的准备活动应该包括即将从事的运动所涉及的人体运动。

准备活动时间应为 15～30 分钟。强度应依照项目而定。有些出汗但不感疲劳是主观测定强度的一个指标。准备活动的效果可持续 30 分钟，所以不应过早进行准备活动。

二、拉伸（stretching）

柔韧性是指关节在最大范围内活动的能力，是人的基本运动素质之一。良好的柔韧性可以保证人体的正常运动机能和生活质量，预防运动损伤发生或减轻损伤的程度，提升运动表现。

柔韧性好坏取决于关节的解剖结构、关节囊、韧带的松紧、热身、疾病改变等因素。由于年龄增加和锻炼缺乏的影响，会导致柔韧性逐渐下降。

拉伸法可分为静力性牵拉、冲击性牵拉及PNF牵拉三种类型。

（一）静力性牵拉

静力性牵拉练习是缓慢柔和的，持续时间为30~60秒，运动强度以感觉轻微疼痛，可耐受为度。图2-46为小腿三头肌静力性牵拉法：站立位，脚趾置于支持台面上，脚跟悬空，重心逐渐下降使足跟低于脚趾平面进行柔和牵拉。可以采用直膝和屈膝两种方式进行牵拉，直膝位牵拉时，对腓肠肌刺激较为明显，有利于预防腓肠肌拉伤；屈膝位牵拉时，对比目鱼肌刺激更为明显，有利于预防跟腱撕裂。

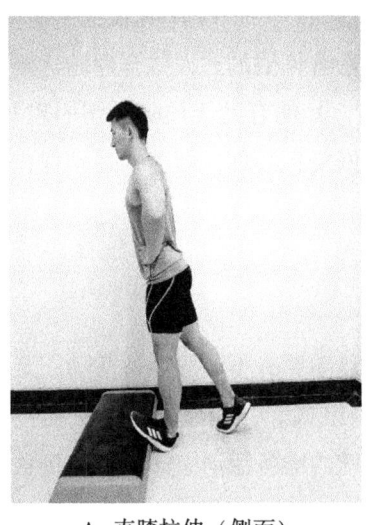 

A. 直膝拉伸（侧面）　　　　　　　　B. 直膝拉伸（背面）

图2-46　小腿三头肌静力性牵拉法

C. 屈膝拉伸（侧面）　　　　　　D. 屈膝拉伸（背面）

图 2-46（续）　小腿三头肌静力性牵拉法

（二）冲击性牵拉

冲击性牵拉法是利用冲击性动作牵拉肌肉韧带以提高柔韧性的一种方法。其缺点是由于冲击性动作，会引起神经肌肉的牵张反射，冲击力越大，牵张反射越强，通过部分抵消主动牵拉肌肉的力量，防止因为冲击力过大，肌肉、韧带被过度拉伸，导致拉伤，影响柔韧性锻炼效果。适当使用冲击性牵拉对于发展功能性动作有较大帮助，在体操、舞蹈、武术等训练中，经常会采用这种方法。

（三）PNF 牵拉

PNF（proprioceptive neuromuscular facilitation）牵拉意为"本体感觉神经肌肉促进法"，是通过刺激本体感受器，从而促进神经肌肉系统功能反应的一种方法。PNF 牵拉操作方法是：以图 2-47 腘绳肌牵拉法为例，被牵拉者仰卧，助手用一手握住其踝关节，一手固定膝，使膝伸直，髋关节屈曲到最大角度时持续 10 秒；然后被牵拉者尽全力做伸髋动作，助手给予阻力对抗，保持在该位置，做腘绳肌最大等长收缩，保持 6 秒；让被牵拉者放松肌肉，助手可将其下肢再次推到一个更大的角度，保持 30 秒。以上动作为一组，稍事休息后重复 3~5 组。

PNF 牵拉可以更好地发展身体柔韧性，其不足之处是需有人辅助，操作者应熟练掌握拉伸时姿势、体位并控制好力度。

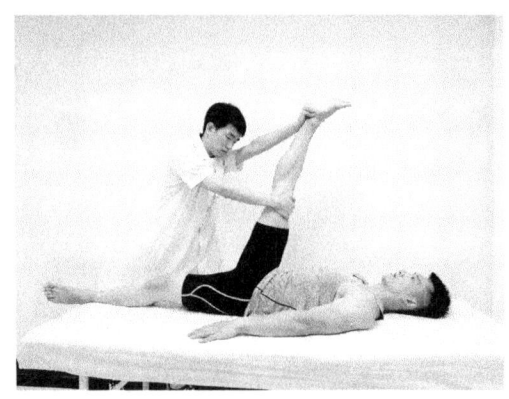

图 2-47 腘绳肌牵拉法

（四）牵拉的基本原则

①准备活动后做拉伸运动。

②运动前后拉伸肌肉。

③拉伸肌肉时要慢而柔和。

④肌肉拉伸到紧张但不感觉疼的位置（拉到疼时会引起肌纤维拉伤）。

三、合理安排训练

部分运动水平较高的学生可能会代表学校参加竞技比赛，而不恰当地安排训练是受伤的常见潜在因素，科学安排训练是预防损伤的基础，合理科学地安排测试也是预防损伤的基础。

在所有的运动项目中，不论是长期的还是短期的训练，周期性都是一个主要成分。一年的周期应分为准备期、赛前期、比赛期 3 个阶段。

①准备期。应发展有氧及无氧能力、力量及爆发力。这一时期如果疲劳，比赛成绩可能很差。

②赛前期。应从基本素质训练转向技术训练。

③比赛期。主要是保持良好状态，在比赛中创造最好成绩。

四、充分的恢复

恢复手段对于预防损伤及提高成绩具有益处。不及时采用恢复手段既会影响技术动作，也会产生运动疲劳。学生运动员、教练员应及时观测训练计划及身体状态，学生应该养成每天写训练日记的习惯，详细记录训练情况、睡眠、休息日及晨脉，如有晨脉连续增加，特别伴有成绩下降、疲劳无力，则应减量或停训1~2天。

训练计划应包括恢复，应有休息日、放松日、紧张周、轻松周。

放松恢复的方法包括：整理活动、温泉、按摩、营养补给、心理放松等。

五、心理

心理因素不仅控制着心血管系统、呼吸系统的功能，而且也会影响运动中和运动后的物质代谢，所以心理因素在恢复中发挥重要作用。

过度心理紧张，可以因肌肉紧张而影响技术动作，紧张的肌肉使主动肌和被动肌之间的协调失衡，加大损伤风险。

注意力不集中也是造成损伤的因素之一，注意力不集中可使学生的反应能力下降。

六、营养

营养不良可以增加损伤的危险性。糖供应不足，蛋白质、脂肪的分解增加。蛋白质影响肌肉，导致软组织损伤。

蛋白质供应不足可导致肌肉损伤的机理有多种：营养不良是大强度训练中肌肉拉伤的原因之一；不能及时补充水分可以使血液的黏稠性增加而造成肌肉扭伤；缺水可以影响关节液分泌，进而影响关节软骨。

七、运动保护器材

正确选择和使用运动保护器材对防止多种损伤的发生有重要作用。这不仅在直接接触和对抗的运动中如此（如足球）；在非直接接触的运动中也是如此（如网球），运动保护器材的维护要求应有相应的标准，包括如何维持其良好的状态及何时停止使用。使用破坏、损坏、不合适的器材，会增加损伤的危险性。

任何时候保护器材的选择和购买在学生的健康防护安全中，都是主要的决定因素。

八、贴扎术

运动中必要的保护和帮助可避免意外事故的发生，还可以增强学生的信心。贴扎术对保护学生和治疗运动损伤具有非常重要的作用。常用的有弹力绷带和贴布保护支持带。

（一）弹力绷带

弹力绷带具有弹力可延伸的特点使它适用于任何部位。弹力绷带还具有"活动性"优点。学生使用时，可进行各种活动而无任何限制。在需要限制出血和水肿时可用弹力绷带来加压，同时还可以保护软组织。粘性弹力绷带可以提供均匀、持久的压力。

弹力绷带的宽度和长度可依被包扎部位而有所不同。应注意的是，包扎绷带应避免褶皱、接缝及一切可能刺激皮肤的因素。

运用弹力绷带进行包扎时，应由优势手拿绷带，将绷带一端置于伤处另一手按住，优势手逐渐松开绷带进行缠绕。缠绕时应注意用力均匀。环形缠绕时，还需注意绷带常常需要从一手交换至另一手。

为取得最佳效果，缠绕时应用力均匀，缠绕固定，但不应过紧。过分或不均匀的压力均可能阻碍局部的正常血流。绷带包扎应注意以下事项。

①包扎局部应置于肌肉收缩和循环的最佳位置。

②用中等压力进行多圈数的包扎，要优于压力过大、圈数少的包扎。

③绷带的每一圈应盖住上一圈至少 1/2 以上的部分，以防运动时滑脱。

④包扎肢体时，应经常检查手指、脚趾看有无循环障碍。肢体出现异常的冰冷，指、趾青紫都是绷带压力过大的体征。

弹力绷带包扎一般都以环形包扎起始。如果可能最好从肢体远端如腕、踝关节开始，逐渐向上。包扎结束后，应用固定技术进行固定。

（二）运动贴布

运动贴布是一种有弹性的粘膏支持带，常用于运动防护中。

1. 运动贴布的作用

（1）损伤预防

贴布可限制关节的活动范围，保持关节的稳定性，防止韧带受伤或其他组织的松弛并给薄弱、松弛的关节、韧带以外力的支持，防止损伤。

（2）损伤后保护

贴布可限制肌肉、肌腱超常范围的活动，避免已伤组织再伤，有利于修复。

2. 运动贴布的使用

（1）贴扎前的准备

直接在皮肤表面使用运动贴布时应进行一些处理。运动中的汗液和沾染上的尘土会使贴布不能很好地黏附于皮肤上。因此使用贴布时，应先用肥皂和水将皮肤表面的尘土和油脂除去。同时可将毛发刮除，以防去除贴布时引起额外刺激。

将运动贴布直接黏附于体表可提供最大的支持力。但是，长时间使用运动贴布会刺激皮肤。为避免这个问题，很多人使用时在皮肤加上保护垫。常用的中等弹性物质有聚酯和聚氨酯泡沫塑料，它们都有多孔、极轻、极薄、具有弹性和能够紧密贴合于被包扎部位的特点。运动贴布下保护垫的使用不应超过一层。

（2）贴扎方法

合适的运动贴布宽度取决于被覆盖部位的面积。角度越小，运动贴布就应该越窄，以贴合被覆盖部位的轮廓，如：手指和脚趾通常使用 1.25 cm 或 2.5 cm 的贴布；踝关节使用 3.75 cm 的运动贴布；而皮肤面积较大处，如大腿和后背，使用 5~7.5 cm 的贴布。

应注意正确地使用支持贴布，否则将加重已有损伤或干扰机体的正常活动，引起损伤。

（3）注意事项

①如贴扎部位是关节，需将其固定在功能位。如果是肌肉组织，需松紧合适，使肌肉可正常活动。

②避免连续缠绕。围绕同一部位用贴布反复缠绕可能导致压迫。因此，建议一次只绕一圈，每一圈覆盖上一圈的二分之一圈。

③运动贴布贴于皮肤上后，应迅速将其抚平，勿出现褶皱。

④在需要最大支持力的部位，运动贴布应直接黏附于皮肤上。对于敏感皮肤，可使用皮肤膜。

⑤皮肤处于治疗引起的极热或极冷的状况下，以及有皮肤病或炎症者，禁止使用贴布。

(三) 不同部位的贴扎

1. 手及腕部

(1) 并指贴布固定：用于新鲜或陈旧的指间关节扭伤和侧副韧带断裂。将伤指与健指固定在一起，中间可垫少许棉花，以健指为支撑。注意两条贴布的位置不应妨碍各关节活动 (图2-48)。

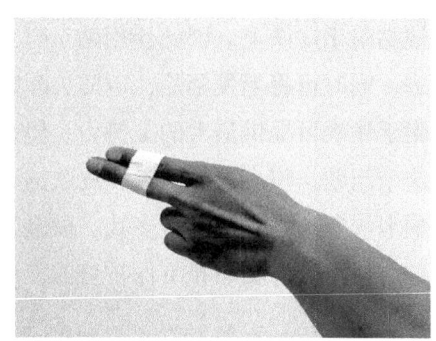

图 2-48　手指关节扭伤贴扎

(2) 拇指 "8" 字贴扎；用于拇指关节扭伤。支持带的缠绕方向应因韧带伤部的不同而不同，有的在掌侧，有的在背侧 (图2-49)。

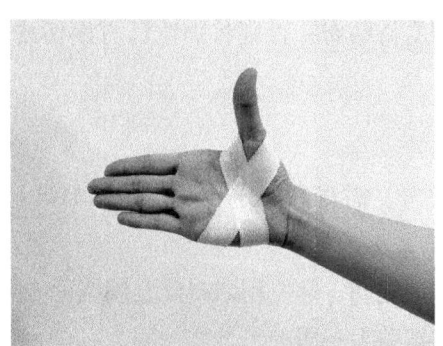

图 2-49　拇掌指关节扭伤贴扎

2. 膝关节保护支持带

膝关节韧带损伤的支持带：伤者膝关节微屈，用宽约 4 cm 的贴布按图 2-50 所示粘贴。膝关节前十字韧带损伤的支持带，要将两端纵向切开使成 X 形，将其交叉置于腘窝部，4个头向前交叉拉紧，分别固定于大腿的下端及小腿的上端。最后以弹力绷带裹缚。

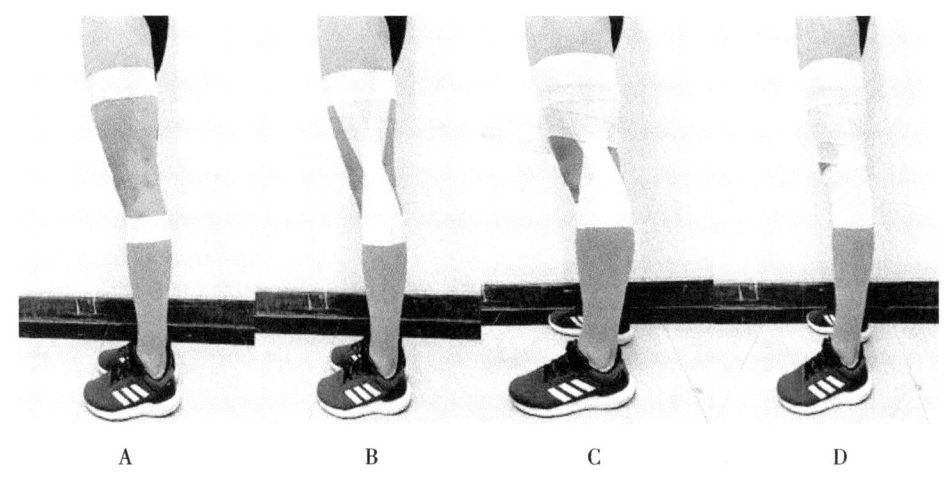

图 2-50　膝关节韧带损伤贴扎

3. 踝关节保护支持带

踝关节保护支持带用于创伤性关节炎（足球踝）、腱鞘炎及韧带损伤。

①侧副韧带损伤保护支持带：踝关节固定于微外翻位，在前足和踝上方先环形贴扎做锚点采用编篮式贴扎，固定踝关节（图 2-51）最外层可用"8"字包扎法结束。

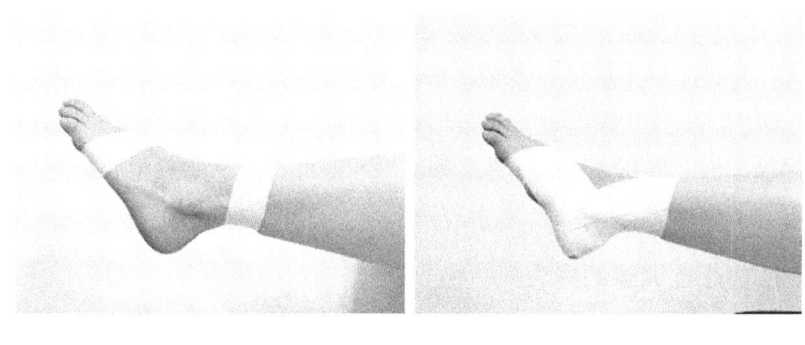

图 2-51　踝侧副韧带损伤贴扎

②足球踝保护支持带：在侧副韧带损伤保护支持带包扎方法基础上再采用

"8"字包扎法加上锁跟包扎（图2-52），有利于防止并限制踝的异常屈伸与内外翻活动。

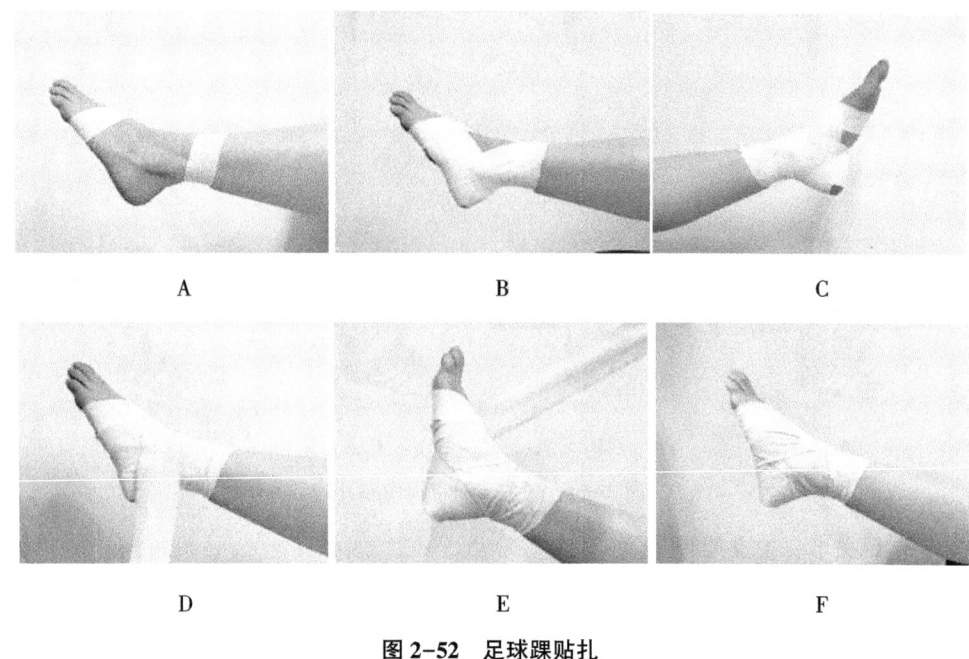

图 2-52 足球踝贴扎

此外，还有许多部位的支持带这里不再详述，可根据具体情况使用。

九、功能性训练

功能性训练来源于理疗和康复领域。理疗师在患者手术后，通过设计一些模仿患者在家中或工作中的练习，来对患者进行锻炼，以促进其尽快回到正常生活和工作岗位中去。现在，功能性训练的发展和演变，正从康复中心和健身房，逐渐向体育领域渗透。

（一）功能性训练的概念

功能性训练首先应用于康复领域，经过不断的发展后逐步演变为体育领域重要的训练方法。它是一种有目的训练，可以提高运动表现和改善日常生活质量，它在训练中不会孤立某一块肌肉，而是提高所有肌肉协调配合与控制的训练方法。同时，通过针对性的功能性练习动作可以避免和减少运动损伤。

（二）功能性训练的原则

1. 注重动作性原则

功能性训练着重强调的是人体做动作的过程中必须遵循正确的动作模式，保证动作达到一定的标准，这样才会使训练过程更加经济有效。也就是在训练过程中，更加强调动作的规范性和合理性。

2. 专项训练动作原则

功能性训练方法遵循的是专项动作训练原则，它将功能性力量运用到运动技巧的练习中，而不仅仅是在训练中安排单一技能动作的练习。在练习羽毛球或网球的正手击球技能时，可以通过左右手依次对墙抛球的练习来增强运动员的核心稳定性以及手臂力量，同时身体由下往上的动力链作用也得以发展。这种训练思路和方法同样适用于链球、标枪最后用力能力的提高中。

3. 系统化训练原则

它的训练流程是首先对被测者进行功能动作筛查（FMS）；再依据测试所得分数进行分析，主要目的是筛查运动员是否存在某些方面的损伤，或者找出训练者某些环节存在的缺陷，依据评估结果对运动员进行矫正训练；如果没有或者不存在身体薄弱环节，就要针对被测者的基本情况进行个性化的功能性训练方案设计，这是被测者在进行功能性训练之前必须进行的步骤，保证了训练方案的科学性和针对性。

4. 强调稳定性原则

稳定性在运动中是指通过较大的力量做支撑以保证其在完成动作时保持身体姿态稳定，做动作干净、利落，避免多余动作的出现，使之保持在某一个特定的位置上，以完成高质量的动作。功能性训练的重点是通过动力链传递力量使动作保持正确的轨迹，这一切都归功于身体稳定性的建立。在不稳定的条件下进行训练是功能性训练的特点之一，利用一些器械如悬吊、瑞士球等方式进行训练，即使人体深层小肌肉群得到有效刺激，也能够促进人体脊柱、髋关节等部位的稳定性，还可以加强身体核心区域稳定能力。这大大加强了力量的传递效率，有利于提高运动水平。

功能性训练是一种系统性练习，它的特点主要有：注重身体整体性练习，不强调单一方面而是注重多平面的训练；它认为优化肌肉功能最重要，重视身体姿势的控制，强调肌肉整体的平衡性，注重人体神经控制的训练。功能性训练的最终目标是提高机体整体性训练效果，练习与运动项目专项所需的身体素质有关联的动作。功能性训练就是通过全面的训练，从整体上提高身体运动系统的工作机能，以达到更好发挥竞技水平的训练方法体系。

（二）核心区稳定性训练

核心力量训练是功能性训练的重要组成部分，传统训练是功能性训练的基础，专项化的素质是功能训练的根本目的。

核心区由骨盆和脊柱及周围组织构成。核心区是完成各种动作的核心环节，是机体动力链的中枢。所有的肢体运动都是以核心区为轴心进行的。近期国外大量文献报道，核心区的稳定性和/或核心力量与运动技术、完成动作的质量、腰痛以及下肢的损伤高度相关。

1. 核心区的主要结构

核心区由骨盆、脊柱及周围的肌肉构成。

①竖脊肌：为脊柱后方的长肌，下起骶骨背面，上达枕骨后方，填于棘突与肋角之间的沟内。它以总腱起自骶骨背面、腰椎棘突、髂嵴后部和胸腰筋膜，向上分为3部分：外侧为髂肋肌，止于肋角；中间为最长肌，止于横突及其附近肋骨；内侧为棘肌，止于棘突。

②髂腰肌：位于腰椎两侧及髂窝内，由腰大肌和髂肌构成。腰大肌起自第12胸椎和1~5腰椎体侧面及横突，髂肌起自髂窝，两肌合并后经腹股沟深面止于股骨小转子。悬垂举腿和仰卧起坐是很好的训练方法。

③腹肌：位于胸廓下缘和骨盆之间，包括腹部前壁的腹直肌、腹外斜肌、腹内斜肌、腹横肌和腹部后壁的腰方肌。腹直肌位于腹部正中线两侧，起于耻骨上缘，止于5~7软肋和剑突。上固定时，骨盆后倾；下固定时，脊柱前屈或单侧收缩使脊柱向同侧屈。

④腹外斜肌、腹内斜肌：连接于下位肋骨和骨盆之间，同时收缩可以使骨盆后倾或脊柱前屈，单侧收缩使脊柱向同侧屈。腹横肌位于腹内斜肌的深面，主要功能是维持腹压。

⑤腰方肌：位于腹腔后壁脊柱两侧，连接2~5腰椎横突与12肋骨、l2胸椎体以及1~4腰椎横突之间，单侧收缩使脊柱向同侧屈，两侧同时收缩，12肋下

降，协助呼气，并参与维持腹压。

2. 核心区稳定性训练

核心区稳定性训练主要通过以下途径实现：核心区肌肉力量练习，核心区运动感觉及本体感受功能训练。

（1）核心肌群的力量训练（图2-53）

核心区由骨盆和脊柱及周围组织构成。核心区是传递力量、完成动作的枢纽。例如，举起一个重物时若事先紧缩臀部、腰部的肌群，会感觉到较轻松地举起重物。这说明在稳定的核心基础上身体可以发挥更大的力量，承受更多的负荷。在物理治疗界，对于腰部疼痛的患者都会给予腰椎、骨盆稳定性治疗，目的在于指导患者如何让脊椎保持一个不痛的姿势从事日常生活。此项治疗扩展应用于运动界便是核心训练，目的是通过加强腰椎及骨盆的稳定性，增加运动的表现能力。

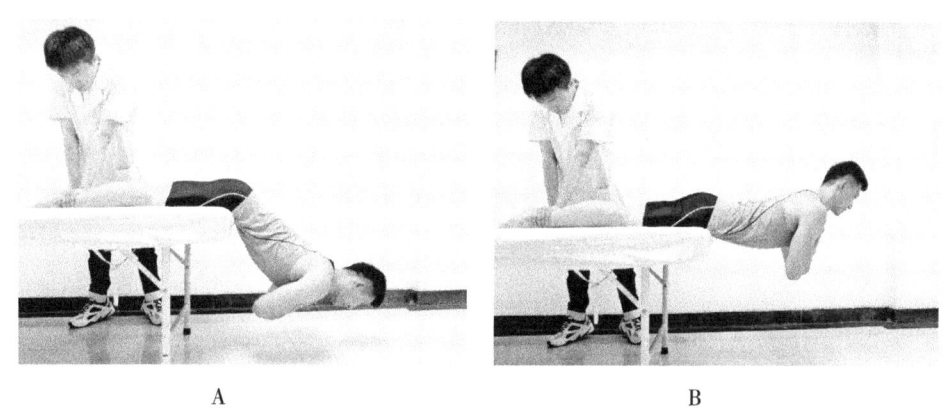

A B

图2-53　背部肌肉力量练习

例如，网球运动中要完成一个良好的正手挥臂击球，取决于是否有一个稳定的旋转基础，也就是稳固的核心。挥臂击球时，核心与下半身须平稳地将重心移转，且稳定移动的范围愈大所产生的力量愈多。因此，任何影响核心平稳移动的因素，如腹斜肌无力，髋关节外旋肌延展性差等都须加以调整与优化，使挥臂击球时将力量有效地从下半身经由核心移转至上半身。任何影响核心稳定性、移动范围及协调能力的因素，如腹斜肌群无力降低稳定性，髋关节外旋肌延展性差，限制移动范围，臀部肌无力影响击球时瞬间爆发力的启动等，都可能导致挥臂动作变形或身体失去重心，以至出现躯干自身或者上下肢的损伤。

核心肌群训练是逐步完成的，应先从基本的腰腹训练开始，然后配合上下肢体的活动做一些依赖躯干协调用力的动力链练习。

（2）核心区运动感觉及本体感受功能训练（图2-54，图2-55）

　　A　　　　　　　　　　B　　　　　　　　　　C

图2-54　健身球躯干稳定性训练

图2-55　S-E-T悬吊训练

人体本体感受能力训练（肌梭、腱梭），肌肉张力的自主调节和控制能力训练，主要通过一些平衡球、平衡板，以及特殊仪器设备训练来完成。训练可帮助在运动中迅速调节关节周围肌肉紧张度，使其动作更加协调，更快地从易受伤体位调整过来，从而避免损伤的发生。此训练既是伤后康复训练的重要内容，也是预防损伤发生的有效手段。

十、常见运动损伤的早期处理原则

1978 年，加布·米尔金（Gabe Mirkin）医生在所著的《运动医学》（*Sports Medicine Book*）中，首次提出了急性损伤的处理策略 "RICE" 原则：即由 R（rest，休息），I（ice，冰敷），C（compression，加压包扎），E（elevation，抬高患肢）四大部分组成。多年来，"RICE" 原则已成为急性闭合性软组织早期处理的经典方式。

运动医学界对于急性运动损伤的处置原则经历了以下几个阶段的变化：

1. RICE 原则（如上所述）：卡明斯基（Kaminski）认为冰敷，压迫，抬高患肢在踝关节扭伤治疗中仍有一定作用，但是冰敷可能并没有想象当中那么有效。而压迫和抬高患肢通过减少组织液渗出和下肢血流灌注，理论上可以减轻患肢水肿，患肢肿胀可延缓组织愈合。

2. PRICE 原则：P（protection，保护），R（rest，休息），I（ice，冰敷），C（compression，加压包扎），E（elevation，抬高患肢）。该原则是在 RICE 原则上增加了保护，相对于休息，更为积极地处理损伤，可以为进一步治疗创新条件。

3. POLICE 原则：P（protection，保护），OL（optimal loading，最佳负荷），I（ice，冰敷），C（compression，加压包扎），E（elevation，抬高患肢）。POLICE 原则带来全新的康复理念，将 PRICE 原则中的 R（休息）换成了 OL（最佳负荷）。因为有大量研究发现，单纯的休息或静养，一方面导致伤者体能明显下降；另一方面，由于缺少运动刺激，伤部血液循环减少，新陈代谢减慢，致痛物质难以排出，修复能力下降，甚至可引起肌肉萎缩。单纯休息对损伤恢复、功能重建都会带来明显的负面作用。而用合理的负荷刺激来代替休息是一种很好的解决方案，功能性康复有较好的力学疗法理论支持，力学负荷能提高全面的反应以促进组织结构的改变。该理念的提出，是现代康复理念的一种更新。可以这么说，"伤筋动骨一百天" 不等于 "一百天不动"。运动损伤康复训练的难点是找到在组织修复的过程中施加负荷和不施加负荷之间的平衡点。如果损伤后机械刺激过大，可能导致重新出血或者进一步的损伤。损伤早期需要保护脆弱的受伤组织，仍然是一个重要的原则。但是，过多地强调这一点可能会在急性处理时放弃负荷的刺激。最佳负荷意味着用一种平衡的、递增的康复方案来取代休息，这种康复越早进行效果越好。制订平衡、递增负荷的康复训练计划，并根据患者完成情况及时调整，采用进阶或退阶的运动康复锻炼方式来促进功能康复。有研究证实，通过平衡锻炼可以改善患者的本体感觉，减少后期患者再次损伤的概率。

4.POLICEMM：P（protection，保护），OL（optimal Loading，最佳负荷），I（ice，冰敷），C（compression，加压包扎），E（elevation，抬高患肢），M（modalities，理疗），M（medications，药物治疗）。该原则是在前面基础上增加了医疗建议，卡明斯基等人推荐，在伤后 48h 内不使用 NSAIDs 类药物（非甾体类消炎镇痛药物），因为这类药物可能在损伤早期抑制炎症反应的发生，从而对后期损伤组织愈合产生不利影响。

第三章

CHAPTER
03

学校常见运动创伤现场急救方法

本章提要：急救就是在运动损伤发生的现场对伤员进行紧急救援，以挽救生命、减少伤残、减轻病痛，为进一步救治创造条件。本章主要介绍了运动创伤的院外现场急救基本技术，包括急救检查、通气法、止血法、心肺复苏、绷带包扎法、骨折固定以及伤员搬运。通过本章的学习，学生和在校教师能够对运动创伤患者进行合理、有秩序的现场急救，从而快速解救伤员、稳定病情，使之免受进一步损伤，迅速安全地运送伤员至附近有条件的医院进行救治。

第一节　运动创伤急救检查

在事故现场，应对发生运动损伤伤员的病情进行初步检查，了解创伤的严重程度，这对指导抢救具有十分重要的意义。现场急救时，不可能依赖其他仪器的检查和检测对病情做出精确的判断，只能根据伤员当时的临床表现、生命体征的变化等情况，迅速对病情做出较为主观的评估，以便及时有效地指导现场急救。现场创伤急救的判断程序及内容、方法如下。

一、呼吸状况的初步判断

呼吸情况的判断包括：呼吸道是否通畅、是否有异物阻塞、胸廓完整性是否被破坏、胸腔生理功能和自主呼吸是否存在等。

（一）呼吸道通畅

头颅、颌面部创伤以及胸部创伤的重症伤员，常因分泌物、血块或异物等聚集于呼吸道，引起呼吸道阻塞，甚至窒息死亡。这种情况下，立即清除呼吸道阻塞物、保持呼吸道通畅是刻不容缓的急救措施。

①立即清除呼吸道阻塞物。发现气道有堵塞物梗阻，应及时分清堵塞物为何物，并采取相应救治措施。如为异物阻塞，可采用拍背法、指抠咽喉法或海姆立克急救法予以清除。如在医院，发现有呼吸道分泌物、血液阻塞，应用吸管吸尽；必要时可进行气管插管术或气管切开术以维持呼吸道通畅。

②保持呼吸道通畅。患者平躺，因舌根后坠有可能引起呼吸道阻塞，可用仰头抬颌法，让伤员头后仰、两手将其下颌抬起。

（二）呼吸运动

检查呼吸运动是评估呼吸功能的最直接、最可靠的方法，具体包括以下内容：

①两侧胸廓呼吸运动是否对称。患者遭受创伤后，胸廓完整性被破坏，如连枷胸，可出现反常呼吸（浮动胸壁）。此时，可用局部加压包扎法暂时固定胸壁。

②呼吸运动幅度是否正常。创伤后引起气胸或血胸，均可影响胸廓呼吸运动的幅度，应及时送往医院，采取相应救治措施。

二、活动性大出血

应根据创伤后出血部位及出血量，采取不同的止血法以及相应的救护措施。一般中等量（500 mL 以内）出血，对循环功能影响不明显者，可不做处理；大量出血导致休克者，须采取抗休克处理。

（一）失血量

成人血液总量约占自身体重的 8%（如：60 kg 体重的人体内血液量约为 4800 mL）。失血量可根据患者的意识、心率、呼吸、尿量、脉压和中心静脉压等情况加以估计。

一般状况下，失血量少，在 400 mL 以下，血容量轻度减少，可由组织液及脾脏贮存血进行补偿，循环血量在 1 小时内即得改善，故可无自觉症状。当出现头晕、心慌、冷汗、乏力、口干等症状时，表示急性失血在 400 mL 以上；如果有晕厥、四肢冰凉、尿少、烦躁时，表示出血量大，失血至少在 1200 mL 以上；若出血仍然继续，除晕厥外，尚有气短、无尿症状，估计急性失血可达 2000 mL 以上。

失血量与休克：当失血量达到 800 mL 时为轻度休克，主要症状为面色发白、脉搏增快，可达 100 次/分。当失血量在 800~1600 mL 时为中度休克，其主要症状为面色苍白、软弱无力、表情淡漠、脉搏达 100~120 次/分以上。当出血量达到 1600 mL 以上时为重度休克，其主要症状为面色苍白、大汗淋漓、呼吸急促、脉搏快而弱。

(二) 出血部位

在现场伤员尤其是昏迷患者的内出血，有时难以诊断。此时，应根据主要体征加以判断，如颅内出血可观察瞳孔变化，耳、鼻孔是否流血，眼球后血肿等情况。腹腔大出血可致腹部膨隆，有压痛、反跳痛，腹腔穿刺有血液等加以判断。

(三) 动态观察出血情况

活动性出血的初级评估有时比较困难，须连续、动态观察患者的血压、脉搏以及末梢循环等变化情况加以判断。

三、循环功能

创伤导致心肌挫裂、破裂或因大出血致血容量减少，影响心脏功能，应严密观察血压、脉搏等变化情况，仔细评估，并及时采取相应抢救措施。

(一) 血压

创伤后的收缩压至少应维持在 60~80 mmHg 以上水平。如果偏低，应及时查明原因并采取相应措施。

(二) 脉搏

可触摸桡动脉、颈动脉或股动脉搏动情况，从搏动是否有力、减弱或消失等，间接判断心脏功能。如果动脉搏动消失，应立即就地进行胸外心脏按压和人工呼吸。

(三) 组织灌注情况

创伤后通过触摸肢体，可通过肢体皮肤颜色和温度的改变，血管搏动等情况，来判断伤者组织灌注情况（循环功能）。具体检查方法是：

①触摸肢体创伤后循环功能障碍者，可出现面色苍白、四肢冰冷、出冷汗或感觉麻木等症状。

②血管搏动情况及再充盈时间。检查者轻压患者手指甲床，变白后松手。若2秒内甲床恢复粉色，说明组织灌注正常，反之则说明组织灌注不足或再充盈障碍。通过以上观察，一般可初步判断循环功能情况。

四、神志障碍

对神志改变情况的判断，主要通过观察瞳孔改变、有无偏瘫以及格拉斯哥评分法（GCS）等进行判断。

（一）瞳孔改变

创伤后通过观察瞳孔大小、对光反射等是否存在异常改变，可对颅脑损伤进行初步判断。病情恶化时，瞳孔大小改变是一种早期警兆，如颅脑损伤后单侧瞳孔扩大、对光反射消失，往往是颅内占位性病变或脑疝发生的危险征兆。

（二）肢体截瘫、偏瘫或抽动

截瘫和偏瘫对颅脑损伤定位诊断有重要意义，尤其伴有颅神经损伤时。如果颅脑伤后瞳孔扩大与偏瘫发生在同侧，说明脑干损伤。如果伤后出现广泛性肌肉抽动和纤维性收缩，随之迟缓性瘫痪，多为椎体束缺血性损伤或大脑脚受损。

（三）格拉斯哥昏迷评分（GCS 评分）

以睁眼、言语和运动反应等三类指标的 15 项检查结果，来判断创伤的严重程度，包括清醒水平、意识内容以及损伤平面等，以评估脑损伤的严重程度及预后，方法简便易行。

按表 3-1 将三类得分相加，即得到 GCS 评分，评判时选最好的反应计分，注意左侧与右侧的运动评分可能不同，用较高的分数进行评分。正常人的昏迷指数是满分 15 分，最低分为 3 分，分数越低表示伤情越重。如：轻度昏迷（13～14 分）；中度昏迷（9～12 分）；重度昏迷（3～8 分）。

表 3-1　格拉斯哥昏迷评分（GCS）

	1	2	3	4	5	6
睁眼	无睁眼	疼痛刺激睁眼	语言吩咐睁眼	自发睁眼		
语言	无发音	只能发音	只能说出（不适当）单词	言语错乱	正常交谈	
运动	无反应	异常伸展（去脑状态）	异常屈曲（去皮层状态）	对疼痛刺激屈曲反应	对疼痛刺激定位反应	按吩咐动作

五、"CRASH PLAN"查体法

（一）检查目的

对创伤患者进行快速评估时，采用"CRASH PLAN"查体法，可以更全面、更迅速发现创伤，尤其是一些不易被发现的创伤，以防遗漏。

①及时发现对伤员威胁最大的创伤。

②注意检查不易发现的隐性损伤。

③对多发伤员可初步指导治疗。

④为防止漏诊和误诊提供可靠线索和依据。

（二）"CRASH PLAN"检查法的程序及内容

首先检查生命体征：神志（呼叫、压眶反射）、瞳孔（对光反射）、脉搏（颈动脉波动）、心率、呼吸、血压。然后按"CRASH PLAN"字母顺序开始检查：

①C（cardiac，心脏）：损伤导致心肌挫裂伤、破裂或因大出血致血容量减少，影响心脏功能，应严密观察血压、脉搏等变化情况，仔细评估，并及时采取相应抢救措施。组织灌注情况可通过触摸肢体，检查肢体皮肤颜色和温度的改变，血管搏动等情况，来判断伤者组织灌注情况（循环功能）。

②R（respiratory，呼吸）：判断呼吸道是否通畅、是否有异物阻塞、胸廓完整性是否被破坏、胸腔生理功能和自主呼吸是否存在等。

③A（abdomen，腹部）：检查腹部疼痛部位、性质、是否有压痛、反跳痛、包块、波动感等。

④S（spine，脊柱）：有无后突、侧弯及错位畸形，有无大小便障碍，有无

下肢运动及感觉障碍。

⑤H（head，头颅）：神智、瞳孔、眼底情况，有无颅高压。

⑥P（pelvis，骨盆）：骨盆挤压、分离试验，有无畸形。

⑦L（limb，四肢）：四肢有无畸形、脱位、弹性固定、有无压痛，关节可否活动。

⑧A（arteries，动脉）：检查动脉搏动频率、节律、力量等。

⑨N（nervous，神经）：了解是否存在运动或感觉神经损伤。

第二节　通气法

一些严重的创伤，患者可能出现气道阻塞（颌面、颈部损伤）、昏迷（溺水）等情况。伤者的鼻咽腔和气管如被泥土、血块或呕吐物等堵塞，或者昏迷后舌根后坠均可引起窒息，如果不及时抢救，可能导致伤员死亡。遇此情况应迅速处理，需立即设法重建气道，恢复通气。

气道阻塞的伤员常伴有呼吸急促、呼吸时有异常声音（痰鸣、鼾声、咯咯声等）、不能正常说话、面色及口唇发绀、脉搏细快、吸气时出现三凹征（锁骨上凹、胸骨上凹、肋间凹陷）等表现，结合受伤史和受伤部位可迅速做出判断。

气道阻塞应争分夺秒进行抢救，果断地用简单、快速、有效的方法开放气道，尽快恢复呼吸道的通畅。

（一）将移位组织复位

因舌根后坠引起昏迷者，应用手或纱布将舌体拉出，解除舌根压迫气道。

（二）清除口腔、咽喉异物

用手指或器械夹出异物，也可令患者侧卧，用空心拳在其背部肩胛间猛击4~5次，使异物松动后取出或排出。

（三）调整气管位置

①颌上提法：用拇指插入患者口腔，将下颌上提。

②托下颌角法：术者将下颌角向前托起。

③颈后仰法：使患者下颌尖与耳垂的连线与地面垂直。

据测定，以颌上提法效果最佳，托下颌角次之。

第三节　止血法

创伤一般都会出血，特别是较大的动、静脉损伤，会引起大出血。如果抢救不及时或处理不当，伤员可因出血过多，出现失血性休克及心跳骤停而危及生命。所以，对创伤出血，首先要有效地进行止血，然后再进行其他急救处理。

毛细血管和较小的静脉出血，一般出血缓慢，可外用止血散，再用纱布、绷带包扎伤口，即可止血。较大的静脉或动脉血管损伤出血，出血量较大，可采用加压包扎法或止血带止血法。紧急情况下可临时采用指压法以减少出血。

一、指压止血法

指压止血法是指当较大的动脉出血后，用拇指压住出血的血管上方（近心端），使血管被压闭住，中断血液。

其基本操作方法为：在伤口的上方（即近心端），找到搏动的血管，用手指或手掌把血管压在局部骨骼上，紧急时可隔着衣服压迫，使之止血。此法为应急措施，对较大血管出血需压迫 20 分钟才能止血。此方法适用于四肢及头部的大出血急救，但这毕竟是减少伤员失血挽救生命的临时应急措施，不宜长时间使用，同时也不便于伤员的搬运和转运。所以，在使用指压法的同时，应积极寻找器材，准备更换其他止血方法，并转送到条件较好的医院进行救治。常用的指压止血法有以下几种。

（一）头面部

①颜面部出血（颞浅动脉）：一侧颜面部出血，用食指或拇指压迫同侧面动脉搏处。面动脉在下颌骨下缘，下颌角前方约 3 cm 处（图 3-1）。

②头顶部出血（面动脉）：在下颌骨咀嚼肌的前方，触到面动脉的搏动处，将面动脉压在下颌骨上，可止住同侧面部下半部分出血（图 3-2）。

③头面部出血（颈动脉）：在胸锁乳突肌内侧触到颈动脉搏动处，将颈动脉压向后方的颈椎横突上，可止住同侧头面部出血。但压迫该处止血时，时间不宜过长，而且只能单侧指压，不能双侧动脉同时压迫，以免引起脑缺血。

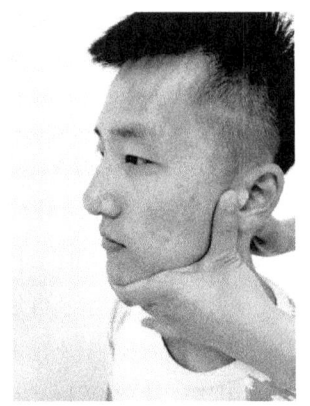

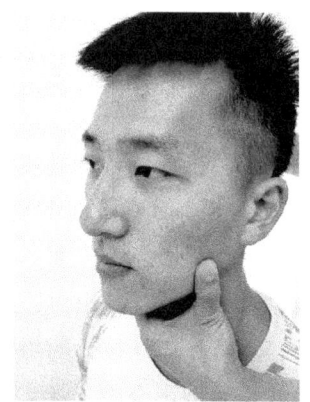

图 3-1　颞浅动脉　　　　　　　　图 3-2　面动脉

（二）肩部出血

锁骨下动脉压迫止血法：在锁骨上窝触到锁骨下动脉搏动，将锁骨下动脉压在第一肋骨上，可止住肩部和腋窝部出血（图 3-3）。

（三）上肢出血

肱动脉压迫止血法：手、前臂、上臂中下段的动脉出血，在上臂中、上段内侧触到肱动脉的搏动，用拇指或四指并拢将肱动脉压在肱骨上即可止血（图 3-4）。

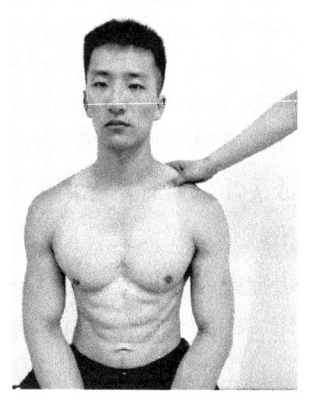

图 3-3　锁骨下动脉

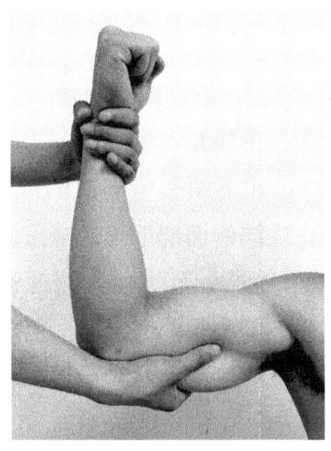

图 3-4　肱动脉

（四）手部出血

①尺、桡动脉压迫止血法：互救时，两手拇指分别压迫手胸襟横纹捎处，内外（尺、桡动脉）各有一搏动点，即可达到止血目的（图3-5）。

②指动脉压迫法：由于指动脉走行于手指的两侧，故手指出血时，应捏住指跟的两侧而止血。

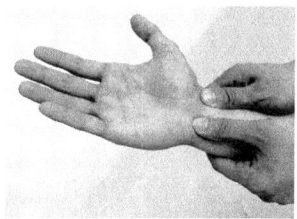

图3-5　尺、桡动脉

（五）下肢出血

股动脉压迫止血法：足部、小腿、大腿动脉出血，在腹股沟中点偏下方触到股动脉，用双手拇指或拳将股动脉压在股骨上即可止血（图3-6）。

（六）足部出血

用两手指或拇指分别压迫足背中部近踝关节处的足背动脉和足跟内侧与内踝之间的胫后动脉（图3-7）。

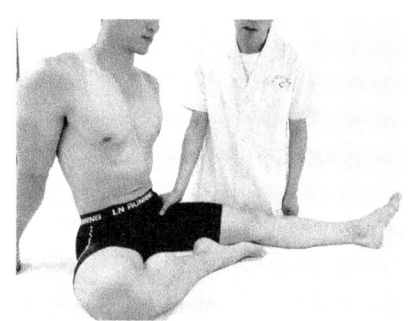

图3-6　股动脉

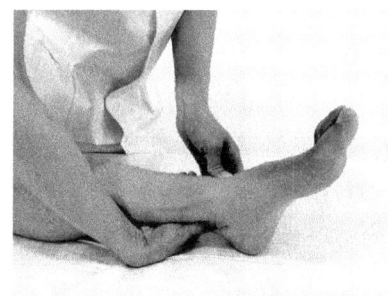

图3-7　胫前、胫后动脉

注意事项：一般小动脉和静脉出血可用加压包扎止血法。较大的动脉出血，应用止血带止血。在紧急情况下，可先用压迫法止血，然后再根据出血情况，改用其他止血法。

二、加压包扎止血法

加压包扎止血法适用于小动脉以及静脉或毛细血管的出血。但伤口内有碎骨片时，禁用此法，以免加重损伤。

（一）静脉出血

用干净的纱布或毛巾、布块折叠成比伤口稍大的压垫盖住伤口，再用绷带或折成条状的布带或三角巾紧紧包扎，其松紧度以能达到止血目的为宜。加压包扎止血法多用于静脉出血和毛细血管出血；如伤口在肘窝、腋窝、腹股沟时，可在关节窝处加压垫后，屈曲肢体，用绷带固定，称为加垫屈肢止血法，适用于前臂，小腿等部位的出血，但有骨折或疑似骨折或关节脱位时，不宜使用此法。

（二）小静脉出血或毛细血管出血

①毛细血管出血：毛细血管出血的表现是，血液从创面或创口四周渗出，出血量少、色红，找不到明显的出血点，危险性不大。这种出血常能自动停止，处理时可用生理盐水清理创口，再用碘伏消毒伤口周围皮肤，然后在伤口盖上消毒纱布或干净的手帕、布片，进行局部压迫止血。

②小静脉出血：小静脉出血的表现是，暗红色的血液缓慢不断地从伤口流出，由于局部血管收缩，血流逐渐减慢，这种出血的危险性也不大。止血方法与毛细血管出血基本相同。还可同时采取加压包扎、抬高患肢等方法以减少出血、加速止血。

③骨髓出血止血法：骨髓出血的表现是，血液颜色暗红，可伴有骨折碎片，血中浮有脂肪油滴，骨髓出血可用敷料或干净的手帕等填塞止血。

三、止血带止血法

常用的止血带有橡皮条止血带与气压止血带两种，此法适用于四肢动脉、静脉出血，但使用止血带止血时，要严格掌握使用方法和注意事项。止血带缚上时间过长，不但会引起肢体疼痛，还可能因肢体缺血性坏死致残，严重者可危及生命。

（一）操作方法

选择弹性好的橡皮管、橡皮带或气压止血带，确定绑缚止血带的部位，上肢缚于上臂上 1/3 处，下肢缚于大腿中上 1/3 处。上止血带时，先将患肢抬高，尽量使静脉血回流，在绑止血带的部位先用软敷料或毛巾、衣服等垫好，若橡皮管止血带止血，将止血带用手按住一头，拉长另一头缠绕肢体两周，在肢体外侧打结固定，利用止血带的弹性压迫血管，达到止血的目的（图 3-8）。若用气压止血带，缚上后则充气，直至有效止血。

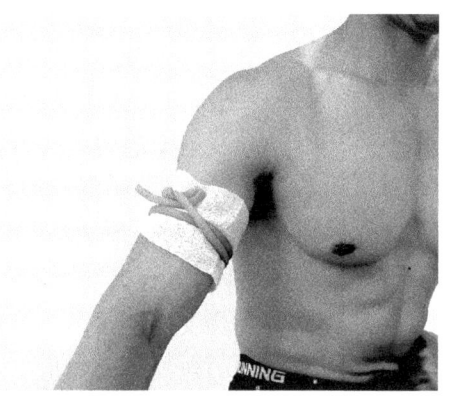

图 3-8　橡皮管止血

（二）注意事项

使用止血带，如果太松就达不到止血目的，但也不是越紧越好，否则可能会导致皮肤、神经、血管损伤，以出血停止为度，需要注意以下原则。

①先抬高患肢 2~3 分钟，以增加回心血量，然后上止血带。

②止血带必须佩戴醒目标志，注明上止血带的时间。

③止血带持续时间为：上肢 1~2 小时，下肢为 2~3 小时，超过上述时间应每 0.5~1 小时松开止血带 5 分钟，以暂时恢复血运，防止肢体缺血坏死。若出血停止，则不必重复使用，需再上止血带时，宜稍向近端移动。绑缚前覆盖无菌敷料于伤口上，压迫伤口以免渗血。

④尽可能不用线、绳等材料作止血带。在创伤现场，若无止血带，可用三角巾、绷带、布条等代替止血带临时使用。

⑤松止血带前应加强抗休克治疗。解松止血带之前，先做好清创术的准备，以便迅速、彻底止血。对失血较多的伤员应予以输液、输血，以防发生休克、酸中毒等并发症。对严重的挤压伤和远端肢体严重缺血者，止血带要忌用或慎用。

⑥若止血带远端肢体已坏死，在截肢完成前不得松开止血带。

第四节　心肺复苏术

我国院外心肺骤停患者的复苏成功率不到 2%，某些发达国家/地区心肺骤停者复苏成功率可高达 26%。影响心肺复苏成功率的因素有很多，最重要原因之一是"第一目击者"是否掌握基本的心肺复苏术。所以，有必要、有义务向公众普及急救知识，作为医疗常识让他们熟知 CPR（心肺复苏术）。

CPR 是针对心跳、呼吸停止的危重急症患者所采取的关键抢救措施，即胸外按压形成暂时的人工循环并诱发心脏的自主搏动，采用人工呼吸代替自主呼吸，快速电除颤转复心室颤动，以及尽早使用血管活性药物来重新恢复自主循环的急救技术。一般将其分为三个阶段：初期复苏、后期复苏和复苏后处理。心肺复苏的目的是：开放气道、重建呼吸和循环。

现场心肺复苏术，主要指基础生命支持。美国心脏病学会颁布的 CPR 指南原则上每 5 年修订一次，2020 年版指南建议成人、儿童和婴儿（不包括新生儿）的 CPR 的顺序仍延续 2015 年版的 C-A-B（胸外按压、开放气道、人工呼吸），而非更早之前的 A-B-C（开放气道、人工呼吸、胸外按压），理由是患者在心脏停搏后可有 1~2 次自发性气喘，心血管和肺内尚有氧合血液，体内亦有存留的氧，此时，立即实施心脏按压，可使心脑得到血供。因此，应分秒必争地进行心脏按压，恢复心脑血供，按压时，胸廓弹性回缩也有助于肺通气。这种"CAB"顺序的前提是：患者心跳停止前没有明显的缺氧，但对于大多数需 CPR 患者，应首先保持气道通畅，人工呼吸和人工循环同时进行。

如果不止一人在急救现场，可同时开始救援行动。推荐以下步骤行动抢救。

一、检查反应

非医护人员，只需检查患者的生命体征，包括意识、呼吸和对外界刺激的反应，而不需要检查脉搏即可实施复苏术。医护人员在实施心肺复苏前可检查脉搏。

二、非专业救援者的行动步骤

如果不止一人在急救现场，可同时开始救援行动。一名或多名训练有素的救援者在患者身边开始 CPR，另一名旁观者立即联系急救反应系统，如果有条件，应迅速找到自动体外除颤器。如果仅一名救援者在场，则推荐按以下步骤进行抢救。

（一）对无反应的成人患者的救援步骤

①单独的非专业救援者，应立即联系急救反应系统并取 AED（如果可拿到），然后返回患者身边开始 CPR，可使用 AED。

②打开气道，检查有无正常呼吸。如果未发现正常呼吸，应给予 2 次人工呼吸。

③给予人工呼吸后，立即开始 30 次胸部按压和 2 次通气，如果有呼吸，可使用 AED。根据 2020 年版指南中的新证据表明，在非心脏骤停时接受胸部按压的患者受到伤害的风险很低。非专业救援人员无法准确地确定受害者是否有脉搏，对没有脉搏的患者，停止心肺复苏的风险超过了不必要的胸部按压造成的伤害。

（二）对无反应的婴儿或儿童患者的救援步骤

①打开气道检查呼吸，如果没有呼吸，应给予 2 次人工呼吸使胸部起伏。

②在离开患者拨打电话或取儿童 AED 前，给予 5 个周期 CPR（每个周期包含 30 次胸部按压和 2 次呼吸）。

三、心肺复苏术

心脏跳动停止者，如在 4 分钟内实施初步的 CPR，在 8 分钟内由专业人员进一步抢救，死而复生的可能性最大，因此，在心肺复苏中，时间就是生命，速度是关键。初步的 CPR 按 C-A-B 进行，即 C：胸外按压；A：开放气道；B：口对口人工呼吸。

（一）人工循环

建立有效的人工循环，最迅速、有效的是胸外按压法。

1. 胸外按压法的操作要点

①体位：即患者体位，患者应仰卧于硬板床或地上。

②部位：即按压部位，操作者位于患者一侧，以一手掌根部置于患者胸骨中下 1/3 交界处（或剑突上二横指宽距离），手掌与胸骨纵轴平行以免按压肋骨，另一手掌压在该手背上。

③姿势：即操作者身体姿势，操作者肘关节伸直，借助双臂和躯体重量向脊

柱方向垂直下压。不能采取过快的弹跳或冲击式的按压，开始的一两次用力可略小，以探索患者胸部的弹性，忌用力过猛，以免发生肋骨骨折、血气胸和肝脾破裂等并发症。

④深度：2020 年版指南首次规定了按压深度的上限，即胸外心脏按压时，5 cm≤按压深度<6 cm（即按压深度至少 5 cm，但不得超过 6 cm）。新版指南认为，按压深度超过 6 cm 容易出现并发症。指南也指出，大多数胸外按压不是过深，而是过浅。包括小于 1 岁的婴儿至青春期开始的所有儿童，按压深度为胸部前后径的三分之一，大约为婴儿 4 cm，儿童 5 cm。青少年的按压深度应与成人的按压深度保持一致，即 5 cm≤按压深度<6 cm。按压后放松胸骨，便于心脏舒张，但手不能离开按压部位，待胸骨回复到原来位置后再次下压，如此反复进行。

⑤频率：胸外按压频率为 100~120 次/分。如果按压频率过快（>140 次/分），则导致按压幅度不足。

2. 胸外按压的并发症

若按压时操作不当，可发生肋骨骨折，折断的肋骨骨折端可能会刺伤心、肺、气管以及腹腔脏器，或直接造成脏器破裂，从而导致气胸、血胸，肝、脾、胃、膈肌破裂，脂肪栓塞等。需要注意的是：院外急救中，即使在按压过程中出现肋骨骨折，也需要继续进行按压，这样患者才有复苏的可能。

（二）保持气道通畅

关键是开放气道，如口腔或咽部有异物（呼吸道分泌物、呕吐物、假牙、其他异物）导致气道的部分或完全梗阻，可用手取出。如果有舌根后坠，解除的方法是：将一手置于患者头后方，将头颈部轻轻上举使头后仰，提起下颌，使舌根部前移。

（三）人工呼吸

目的是保证机体的供应氧气和排出二氧化碳。当呼吸道通畅后，立即施行人工通气，应采用口对口人工呼吸，以免延误抢救时机。正常人呼出气的含氧量浓度为 16%~18%，如患者肺脏正常，口对口人工呼吸的吹入气量是正常潮气量的两倍，这种气体足以用于复苏。口对口人工呼吸的操作要点为如下。

①将患者置于仰卧位，头后仰，迅速松解衣领及裤带，以免妨碍呼吸动作，急救者一手按住额部，另一手抬起颈部。

②如患者牙关紧闭或下颌松弛，将抬颈之手来支持下颌并使口部微张，以便于吹气。

③急救者一手的拇指和食指捏住病人鼻孔，然后深吸一口气，以嘴唇密封住患者的口部，用力吹气，直至病人胸部隆起为止。

④当患者胸部隆起后停止吹气，放开紧捏的鼻孔，同时将口唇移开，使患者被动呼气。

⑤当患者呼气结束即行第二次吹气，吹气时间约占呼吸周期的 1/3，吹气频率为 8~10 次/分。若仅一个人实施复苏术，则每按压心脏 30 次后，迅速大力吹两口气，若两人实施复苏术，则每按压心脏 5 次，吹气 1 次。

（四）注意事项

①口对口吹气量不宜过大，一般不超过 1200 mL，胸廓稍起伏即可。吹气过程要注意观察患（伤）者气道是否通畅，胸廓是否被吹起。减少吹气时间，可以尽快恢复中断的胸外按压。

②胸外按压术只能在患者心脏停止跳动时才施行。

③口对口吹气和胸外按压应同时进行，严格按吹气和按压的比例操作，吹气和按压的次数过多和过少均会影响到复苏的成败。

④胸外按压的位置必须准确，力度要适宜，否则可能引起肋骨骨折，气胸或血胸等；按压的力度过轻，则不足以推动血液循环。

（五）除颤和自动体外除颤器（AED）的应用

AED 为基础生命支持的一部分，早期除颤对心脏骤停患者的生存至关重要。越早实施成功率越高，施救人员争取在目击发生心脏骤停的最初 5 分钟内给予电除颤，这是因为：心脏骤停最常见的初始心律为室颤，治疗室颤最有效的措施为电除颤，除颤的成功率随时间延长而锐减，室颤在几分钟内有转化为心室停搏的倾向。2020 年版指南中特别强调早期除颤和 CPR 的有机结合。

AED 有诸多优点，仪器轻巧，自重仅 3 kg 左右，通过声音和视觉提示来指导救援者，术者只需要接受很简单的训练便能操作，使尽早除颤成为可能。AED 面板仅 3 个按钮：绿色为电源开关按钮、黄色为分析按钮、红色为电击按钮。

1. 整合使用 CPR 和 AED 的新推荐

对室颤性心脏骤停，救援者应快速实施 CPR 和使用 AED。为了使患者获得最大的生存机会，在最初阶段应完成三种动作：①通知医疗急救系统（EMS）或医疗急救反应系统。②实施 CPR。③使用 AED。当有两名或更多救援者在场时，CPR 和通知 EMS 系统应同时进行。

（1）先除颤（AED）还是先 CPR

2020 年最新指南中指出，应在患者倒下后 3 分钟内给予电击。任何救援者目击了院外心脏骤停，在现场配置 AED 时，应从胸外按压开始心肺复苏，并尽快使用 AED。如果有 2~3 名施救者在场，应进行心肺复苏，同时拿到除颤器。如果 EMS 急救人员未到心脏骤停发生地时，在检查心律和尝试除颤前先给予 5 个周期的 CPR。1 个周期的 CPR 包括 30 次胸外按压和两次人工呼吸。当按压频率为 100 次/分时，5 个周期的 CPR 大约需时两分钟。

（2）1 次电击方案或 3 次电击方案

在 2010 年的指南中，对 2005 年的内容并未更改，与 3 次电击方案相比，单次电击除颤方案可提高存活率。

2. AED 的使用

AED 是一种操作简便的医疗器械，它通过声音和视觉提示来指导专业和业余救援者对室颤性心脏骤停患者安全除颤。AED 拥有微处理器，可分析体表心电图信号的多种特征，包括：频次、幅度、斜率、波形，在临床和试验研究中已被广泛应用，其在心律分析方面尤为精确。

（1）AED 除颤的操作步骤

①打开除颤仪电源。
②将除颤电极片放在胸部适当位置。
③连接除颤电极片导线至接口。
④等待 AED 检测患者身体情况并开始充电。
⑤保证无任何人与患者有接触后，用拇指按下放电开关，此时可见患者有全身骨骼肌收缩。
⑥结束后，立即继续 CPR 复苏操作，并观察患者情况。

（2）电极的放置

救援者应按照传统的胸部—心尖（前侧位）位置放置电极片在患者裸露的胸部。当常规放置电极片的位置有埋藏式医疗设备时，电极片的位置应远离该设备至少 1 英寸（2.5 cm）。如果患者植入性心律转复除颤器（ICD）正在除颤（如患者的肌肉收缩类似体外除颤），在使用 AED 前允许 ICD 除颤 30~60 秒以完成治疗周期。不要把 AED 电极直接放在一些经皮的药物贴片上，因为它们会阻碍能量传递至心脏，并可引起皮肤小的灼伤。如果无反应的患者躺在水中或患者胸部有水或出汗很多，在贴电极和除颤前将患者从水中拖出，快速擦干

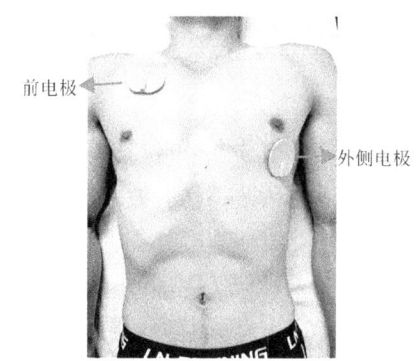

图 3-9　AED 电极位置

胸部。患者躺在雪或冰中可使用 AEDs，大多数患者只需脱去衣物露出胸部，不需其他特殊准备，胸部多毛者需剃毛以保证电极片粘在胸壁。标准位置如图 3-9：前电极放置于胸骨上端右缘即在右锁骨下缘，另一电极放置于左乳头外的左腋前线处，紧急情况下多使用标准位置。后前位置：外侧电极放置于心后区或左肩胛与脊柱间。

（3）儿童使用 AED

心脏骤停在儿童中较少发生，室颤见于 5%~15% 的儿科和青春期患者，快速除颤可改善预后。婴儿和儿童有效除颤的最低剂量和安全除颤的上限尚不清楚，但大于 4 J/kg（最高 9 J/kg）的能量能在儿童和年幼动物模型有效除颤，不造成明显的不良后果。应注意每次无论成功与否都应进行 CPR。

（六）心肺复苏有效指标

在急救中判断复苏是否有效，可从以下 5 个方面综合考虑。

①面色（口唇）：复苏有效时，面色由紫绀转为红润；如面色变为灰白，则说明复苏无效。

②出现自主呼吸：自主呼吸出现，并不意味着马上可以停止人工呼吸，如果自主呼吸微弱，仍应坚持做人工呼吸。

③瞳孔：复苏有效时，可见瞳孔由大变小，并有对光反射；如瞳孔由小变大、固定，则说明复苏无效。

④神志：复苏有效时，可见患者有眼球活动，甚至手脚开始活动，有一定的意识。

⑤脉搏：复苏有效时，可触摸到患者脉搏或心脏逐渐恢复搏动；如无法感应

到脉搏或心脏搏动，则说明复苏无效。

（七）现场抢救人员停止心肺复苏的条件

①威胁抢救人员自身安全。

②呼吸和循环已有效恢复。

③已有医师接手并开始抢救，或有其他人员接替急救。

④心肺复苏持续 30 分钟以上，仍无心脏搏动及自主呼吸，出现瞳孔散大、固定、对光反射消失、角膜反射消失，将患者头向两侧转动，眼球原来位置不变等，现场又无进一步救治和送治条件，可考虑终止复苏。

第五节　绷带包扎法

在急救时，对开放性伤口或创面应及时进行妥善的包扎，对伤口进行正确地包扎是救护中的重要环节。包扎不仅能达到压迫止血的目的，而且能保护伤口、减少感染、减轻疼痛、固定敷料、有利于伤员的搬运和转送。相反，错误的包扎可导致出血增加、加重感染、造成新的伤害、遗留后遗症等不良后果。

最常使用的包扎材料是绷带，也可就地取材，使用清洁的毛巾、内衣或其他的布类。进行包扎时动作要求轻巧、迅速、松紧适宜，敷料要包住伤口，严密牢固。包扎完毕，应检查远端肢体血循环是否正常，若完全阻断，应予以放松，重新包扎。

一、包扎前的注意事项

在外伤急救现场，不能只顾包扎表面看得到的伤口而忽略其他内在的损伤。同样是肢体上的伤口，是否合并骨折，其包扎的方法就有所不同，有骨折时，包扎应考虑到骨折部位的正确固定；躯体外伤出血合并内部脏器的损伤，如肝破裂、腹腔内出血、血胸等，则应优先考虑内脏损伤的救治，不能在表面伤口的包扎上耽误时间。头部外伤出血合并颅脑损伤，不能简单地包扎止血，还需要加强监护。对于头部受撞击的患者，即使自觉良好，至少也需观察 24 小时，如出现头胀、头痛加重，甚至恶心、呕吐，则表明存在颅内损伤，需要紧急送医院救治。

因此，在对伤者明显可见的伤口进行包扎时，一定要了解有没有其他部位的损伤，特别要注意是否存在比较隐蔽的内脏损伤。

二、包扎时的注意事项

①不能用污水冲洗伤口，接触伤口的敷料应尽量使用消毒敷料，不要用手接触伤口。如果没有消毒敷料，应选用较干净的毛巾、布片等包扎伤口，包扎的范围应超过伤口边缘 5~10 cm。

清洁伤口前，先使患者于适当位置，以便救护人员操作。如周围皮肤太脏并杂有泥土等，应先用清水洗净，然后再用碘伏或 75% 医用酒精消毒创面周围的皮肤。消毒伤面周围的皮肤要由内往外，即由伤口边缘开始，逐渐向周围扩大消毒区，这样越靠近伤口处越清洁。应注意，酒精刺激性较强，不可直接涂抹在伤口上。伤口要用棉球蘸生理盐水轻轻擦洗。

伤口清洁后，可根据情况做不同处理。如系黏膜处小的伤口，可涂上红汞或紫药水，但是创面较大时，不要涂撒上述药物。

②伤口表面的异物（泥沙块、木屑、衣服碎片等），可酌情取出，深而小又不易取出的异物切勿勉强取出，以免把细菌带入伤口或增加出血。如果有刺入体腔或血管附近的异物，现场不必处理，切不可轻率地拔出，以免损伤血管或内脏，引起危险。

③一些特殊的严重损伤，如内脏脱出时，不应送回，以免引起严重的感染或发生其他意外。原则上可用消毒的大纱布或干净的布包好，然后将用酒精擦拭或煮沸消毒后的碗或小盆扣在上面，用绷带或三角巾包好。

④包扎时动作要轻柔，必要时应将衣服剪开，以便于操作。包扎的松紧度要适宜，避免过松或过紧，不要在伤口处打结。

⑤医护人员常备急救包、三角巾、四头巾等材料，现场急救时无上述材料也可采用其他材料，比如消毒纱布块、绷带等，或者就地取材使用清洁的毛巾、内衣或其他的布类。

三、包扎方法

(一) 绷带包扎法

绷带包扎法是最常用的一种包扎方法，取材、携带、操作都很方便且容易掌握。

1. 环形包扎法

环绕肢体数圈包扎，每圈需重叠。用于粗细均匀的小范围伤部，如颈部、手腕、额部等部位，也常用在绷带包扎法的开始（图3-10A）。

2. 螺旋形包扎法

按环形包扎固定后，再斜向上环绕，后圈压住前圈的一半或1/3。用于肢体粗细变化不大的部位，如上臂、足部等（图3-10B）。

3. 反折包扎法

此法与螺旋法大致类似，但每圈需要反折一次，反折时以一拇指压在回返处，另一手将绷带反折向下，可将肢体包绕拉紧。此法用于肢体粗细不等的部位，如小腿、前臂等（图3-10C）。

4. "8"字包扎法

先环绕肢体关节远端数圈以固定始端，再跨越关节一圈向上，一圈向下，每圈在中间和前圈相交，两圈在关节的屈侧交叉，形成"8"字形，根据需要把前圈覆盖一半。用于关节部位的包扎，如肘、膝关节等（图3-10D）。

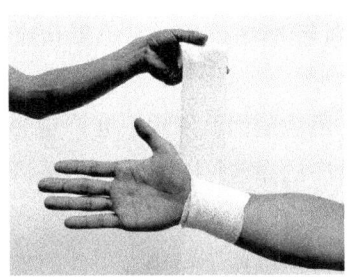

A. 环形包扎法

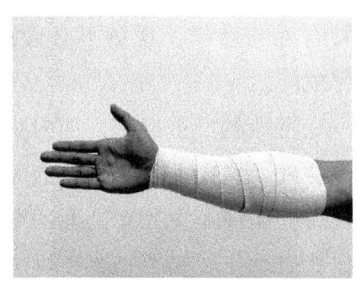

B. 螺旋形包扎法

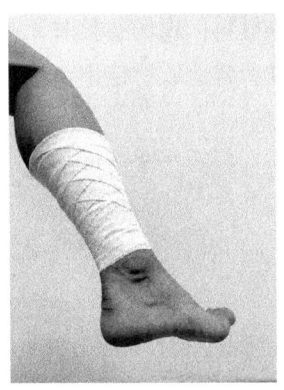

C. 反折包扎法

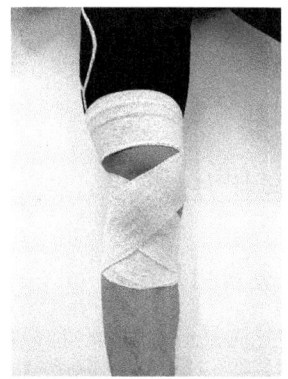

D. "8"字包扎法

图3-10　绷带包扎法

（二）其他包扎法

①体腔脏器膨出包扎法：在急救现场，若遇腹部开放性损伤，腹腔脏器膨出，不能将污染的脏器纳入腹腔内，可用碗盖住膨出脏器，再用绷带进行包扎。

②衣服包扎法：在无包扎材料的急救现场，可将衣或裤撕成带状、三角状或多头状，然后按上述方法进行包扎。

③头部毛巾包扎法：用于头面部伤口，包扎时将毛巾一边横放于头额，前缘两端反折向枕后部打结，后缘两端拉向颌下打结。

④异物刺入体内包扎法：包括刀子、匕首、钢筋、铁棍以及其他锐利器物因意外刺入体内。如：刺入胸背部，易伤及心脏、肺、大血管；刺入腹部，易伤及肝、脾等器官；刺入头部，易伤及脑组织。异物刺入体内后，切忌拔出异物再包扎，因为这些异物可能刺中重要器官或血管，如果把异物拔出，会造成出血不止。

第六节　骨折固定

在现场救护中，对怀疑有骨折的伤员必须做可靠的临时固定，其目的是减轻伤员的疼痛、预防疼痛性休克、限制骨折端的活动，以免出现继发性的损伤。

临时固定的范围应包括骨折上、下两个关节。对开放性骨折要按救护顺序，先止血、包扎，然后再固定骨折肢体。用于固定的器材有：木夹板、绷带、三角巾、棉垫等，在无固定器材的情况下，可就地取材，采用树枝、竹竿、木棍、纸板、雨伞、腰带、衣服、书卷等代替。固定时，木夹板与肢体间要加衬垫（棉垫、毛巾、布片等软物），以防皮肤受压损伤；包扎四肢时，要露出指（趾）端，以便观察血循环。固定后，如出现指（趾）苍白、青紫、肢体发凉、疼痛或麻木时，表明血循环不良，要立即查明原因，如系包扎过紧，应放松缚带后重新固定。

一、骨折的判断

①疼痛剧烈：尤其在骨折处有明显疼痛和压痛。

②肿胀：骨折断端可刺伤周围神经、血管、软组织及骨髓腔内出血，造成局部血肿。

③畸形：骨折可造成受伤部位的形状改变，如肢体短缩、成角、旋转或假关节活动等。

④骨摩擦音：骨折断端互相摩擦所发生的声音，但不可为了听骨摩擦音而反复移动骨折断端。

⑤功能障碍：骨折后原有的运动功能受到影响甚至完全丧失。

二、骨折固定法

（一）颈椎骨折

使伤者的头颈与躯干保持在正常生理位置。用棉布、衣物等将伤者颈部、头部两侧垫好，防止左右摆动。用担架放置头至臀下，然后用绷带或布带将额部、肩和上胸、臀固定于担架上，使之稳固。

（二）前臂骨折

让伤员屈肘90°，拇指向上，夹板置于前臂掌侧与背侧，背侧夹板稍长，应超过肘关节至腕关节的长度，然后用绷带于两端固定牢靠，再用三角巾将前臂悬吊于胸前，呈功能位（图3-11）。

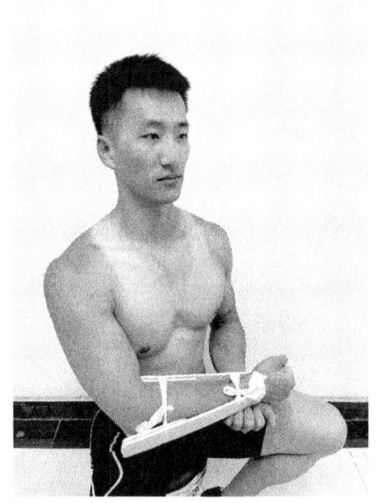 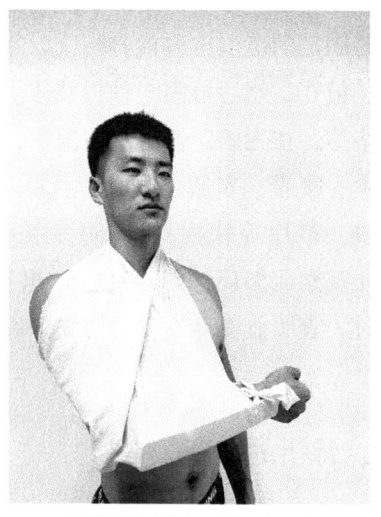

A. 前臂骨折临时固定法　　　　B. 前臂骨折大悬臂绷带固定法

图3-11　前臂骨折固定法

（三）上臂骨折

肱骨骨折，将夹板置于伤臂的内外侧，并在骨折部位上下两端固定，将肘关节屈曲90°，使前臂呈中立位，再用三角巾将上肢悬吊，固定于胸前（图3-12）。若现场没有夹板，可先用一块三角巾悬吊上肢，再用另一块三角巾折叠成宽带将上臂固定于胸廓上。上肢骨折如无固定器材，可将患者上臂、前臂用皮带、布带固定于躯干上，或将伤员伤侧衣襟角剪一小口，向外上反折，托起前臂扣于第一或第二纽扣上。

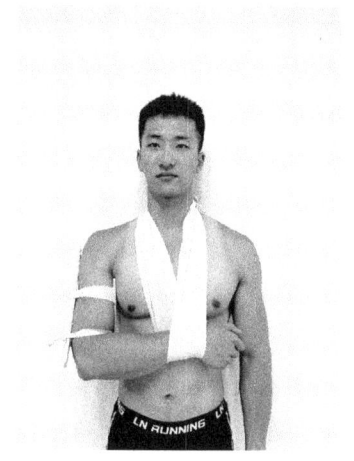

图3-12　上臂骨折临时固定法

（四）锁骨骨折

如为一侧锁骨骨折，用三角巾把患侧前臂悬兜在胸前，限制上肢活动即可。如为双侧锁骨骨折，可在伤员背后放一"T"形夹板，然后在两肩及腰部分别用绷带包扎固定。若无夹板，可用毛巾或敷料垫于两腋前下方，将三角巾折叠成带状，两端分别绕两肩呈"8"字形，拉紧三角巾的两头在背后打结，尽量使两肩后伸（图3-13）。

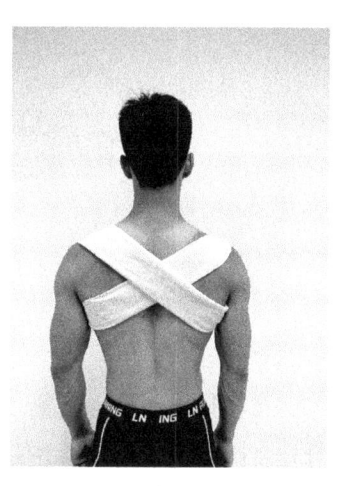

图3-13　锁骨骨折"8"
字固定法

（五）肋骨骨折

对肋骨骨折伤员，尤其是多根或多段肋骨骨折者，须用多头带固定。如现场无多头带，可将衣裤临时剪成多头带。固定时，先在骨折部盖上大棉垫，然后使伤员呼气后屏息，再将多头带在健侧胸部打结。

（六）大腿骨折

取一长夹板放在伤腿的外侧，长度自足跟至腰部或腋窝部，另取一稍短的夹板置于伤腿内侧，长度自足跟至大腿根部，然后用绷带或三角巾分段固定夹板（图3-14）。

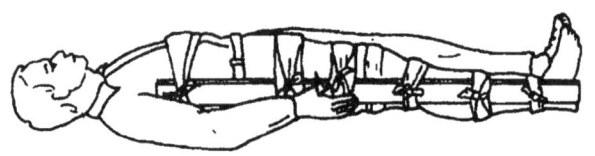

图 3-14　股骨骨折固定法

（七）小腿骨折

取长短相等的夹板（从足跟至大腿）两块，分别放在伤腿的内外侧，然后用绷带或布条分段扎牢。紧急情况下无夹板时，可将伤员两下肢并拢，两脚对齐，然后将健侧肢体与伤肢分段绑扎固定在一起，注意在关节和两小腿之间的空隙处要垫以纱布或其他软织物，以防包扎后骨折部弯曲（图 3-15）。

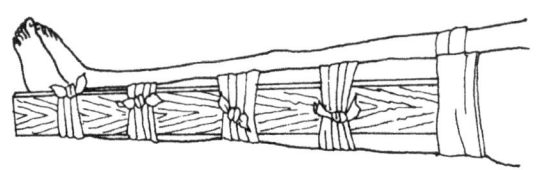

图 3-15　胫腓骨骨折固定法

（八）脊柱骨折

脊柱骨折和脱位是常见的伤害之一，常常使骨和脊髓伤情比较严重而复杂，脊柱骨折多由于各种暴力使颈椎、胸椎、腰椎、尾椎骨折或错位，可引起脊髓损伤，易致残，甚至危及生命，需要及时、正确地进行急救处理。脊柱骨折固定时，要先将伤员俯卧于硬板上，不要移位。必要时，可用绷带将伤员固定于木板上（图 3-16）。

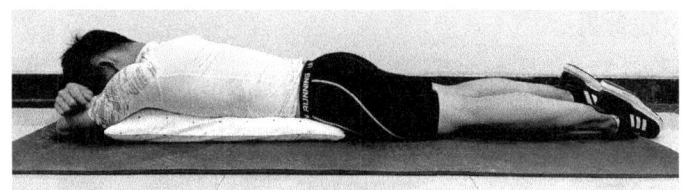

图 3-16　脊柱骨折固定法

三、注意事项

①如有伤口和出血，在骨折固定之前，应先止血、包扎，若伤员已发生休克，应先进行抗休克处理，按照"先救命，后治伤"的原则进行。

②在处理开放性骨折时，不可将外露的骨折断端送回伤口，以防造成严重感染。

③夹板的大小应与骨折肢体相适应，其长度必须超过骨折肢体的上下两个关节。固定时除了要在骨折部位上下处绑扎固定外，还要固定上下两关节。

④夹板不可与皮肤直接接触，在夹板与皮肤之间应垫棉垫或其他物品，尤其在骨突出部位和悬空部位应放置厚棉垫，防止局部受压或固定不牢靠。

⑤固定应松紧适度，以免因固定不牢而起不到应有的作用，或者因固定过紧而影响局部血液循环。肢体骨折固定时，一定要将指（趾）端露出，以便随时观察末梢血液循环情况，如发现指（趾）端苍白、浮肿、青紫或伤员自觉肢端发冷、麻木、疼痛，则提示肢体血运不良，应松开固定物，重新固定，若症状无缓解需要及时就近就医。

⑥固定过程中应尽量避免不必要的搬动，尤其不可强制伤员进行各种难以完成的活动，以免加重损伤。

第七节　搬运法

现场搬运伤员的基本要求是：及时、迅速、安全地将伤员搬至安全地带，防止二次损伤。现场搬运多为徒手搬运，也可用一些专用搬运工具或临时制作的简易搬运工具，但不要因寻找搬运工具而贻误抢救时机，搬运的方法包括徒手搬运和器械搬运。

一、患者评估

①患者病情、活动、沟通、理解及合作能力、心理状态：病情危重时，先抢救生命，待病情稳定后再行搬运。

②受伤部位、程度、原因、环境：脊柱骨折的患者应避免使用软担架、单人背/抱或双人抬等方式搬运，以防止脊柱的进一步损伤。开放性外伤患者应先进

行止血、包扎、固定。

③搬运距离和搬运者能力：路途较远、病情较重的患者选择担架搬运法。生命体征不稳定者不宜长途搬运。

二、搬运工具

徒手搬运是指不需要任何工具，徒手进行搬运伤员。器械搬运是指借助器械来搬运伤员，常用的器械有：帆布担架、铲式担架、四轮担架等。现场抢救时也可就地制作或利用一些简易器材，如用椅子、门板、毯子、绳子等。

三、搬运方法

(一) 徒手搬运

徒手搬运适用于转运路程较近、病情较轻的伤员。对于病情较重的伤员，不宜采用此法搬运。但是，处于比较危险的环境中，如火灾救护、危楼可能发生坍塌等情况下，一般还是先采取徒手搬运，让伤员脱离危险环境。徒手搬运法有下列3种。

1. 单人搬运

①扶持法：救护者站在伤员一侧，让伤员手臂揽住救护者的肩颈，救护者一只手牵伤员的手腕，另一只手扶持伤员的腰部，使其身体略靠着救护者，扶持伤员行走。此法适用于病情较轻，能够站立行走的伤员。

②抱持法：救护人员将伤员抱起，一只手托患者背部，另一只手托大腿，伤员若有知觉，可让其一只手抱住救护者的颈部。

③背负法：救护者站在伤员前面，呈同一方向，微弯背部，将伤员背起，胸部创伤者不宜采用此法。如伤员卧于地上，不能站立，则救护人员可躺在伤员一侧，一只手紧握伤员手腕，另一只手抱其腿，用力翻身，使其负于救护者背上，而后慢慢站起（图3-17）。

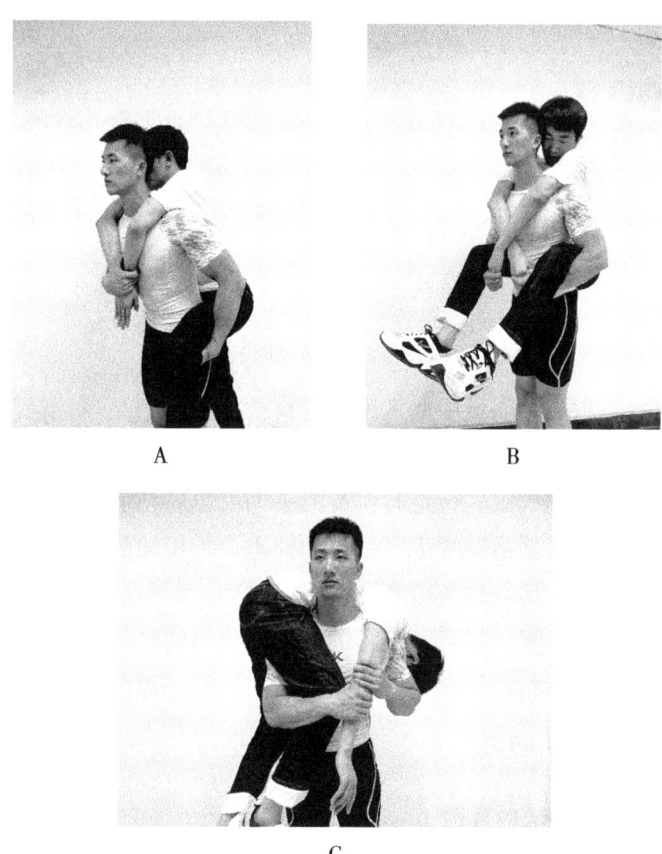

图 3-17 单人搬运法（背负法）

2. 双人搬运法

①椅托式：一个人以右膝、另一个人以左膝跪地，各以一只手伸入伤员大腿之下互相紧握托住臀部，另一只手扶持伤员背部。

②拉车式：一个人站在伤员头侧，两手插到患者腋前，将其抱在怀内，另一个人站在其足部，跨在伤员两腿中间，两个人步调一致慢慢抬起，同步前行。

③平抱或平抬法：两人并排将伤员平抱，亦可一前一后、一左一右将伤员平抬。

3. 三人或多人搬运法

数名救护人员站在伤员同侧，分别将伤员颈部、背部、臀部、膝关节、踝关节等部位水平托起。若搬运人员在四个人或四个人以上，可在伤员两侧对面站立将伤员托起。

4. 注意事项

①搬运过程中注意保持患者呼吸道通畅。

②严密观察患者呼吸、心跳和意识变化，发生心跳、呼吸停止应就地进行心肺复苏，抢救生命。

③胸部创伤者不宜采用背负法。

(二) 担架搬运

担架是院前急救搬运伤员中最常用的工具，担架结构简单、轻便耐用。使用时先将担架展开，放置在伤员旁边，搬运人员互相配合，将伤员水平托起，轻轻地放在担架上，并适当固定。行走时伤员的头朝后，脚朝前，以便于搬运途中后面抬担架的人随时观察伤员的呼吸、面色和神志。抬担架的人步调必须一致、平稳，前面的人出左脚，后面的人出右脚，防止摆动、颠簸而增加伤员痛苦，搬运中尽可能使担架保持水平。需特别注意的是：在狭窄的楼梯里搬运伤员时，尤其是在拐弯处，要注意保持担架平衡，防止伤员从担架上摔落。

(三) 特殊伤员的搬运

1. 腹部内脏脱出伤员的搬运

脱出的内脏严禁送回腹腔，防止引起腹腔的严重感染。可用大小适当的碗扣住脱出内脏，或者取伤员的腰带做成略大于脱出内脏的环，围住脱出内脏，然后用三角巾包扎固定。包扎后取仰卧位，令伤员双腿屈曲，腹肌放松，防止内脏继续脱出，并注意腹部保温（图3-18A）。

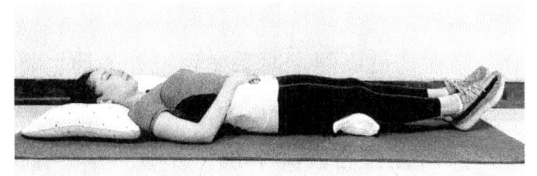

图 3-18A 腹部损伤搬运

2. 昏迷伤员的搬运

使伤员侧卧或俯卧于担架上，头偏向一侧，以防止呼吸道分泌物阻塞呼吸

（图 3-18B）。

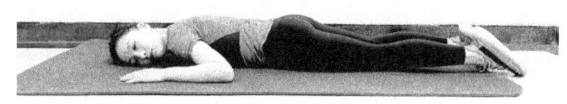

图 3-18B　昏迷伤员搬运

3. 脊柱损伤伤员的搬运

对脊柱损伤的伤员在固定骨折或搬运时要防止脊柱弯曲或扭转。因此，不能用普通软担架搬运，要用铲式担架，严禁用一个人抬胸、另一个人抬腿的拉车式搬运。需 3~4 个人进行搬运，首先要有专人牵引、固定头部，然后一个人托肩，一个人拖臀，一个人托下肢，动作一致，将伤员抬放到硬板担架上，搬运时必须保持伤员的头、肩、臀和下肢处于正常生理位置，以免脊柱过度弯曲或扭转，而造成脊髓损伤、下肢瘫痪的严重后果（图 3-18C）。

对颈椎骨折者颈下必须垫一小垫，使头部与身体成直线位置。颈两侧用沙袋固定或用颈托（临时颈托也可），肩部略垫高，防止头部左右扭转和前屈、后伸。

对胸、腰椎骨折者可将其抬到或翻到铲式担架上，使伤员俯卧位，胸上部应稍垫高并要取出伤员口袋内的硬东西，然后用 3~4 根布带（三角巾）把伤员固定在担架上。

图 3-18C　脊柱损伤搬运

4. 骨盆损伤伤员的搬运

将骨盆用三角巾或大块布做环形包扎、运送时让伤员仰卧于门板或硬质担架上，膝微屈，腘窝下部加垫（图 3-18D）。

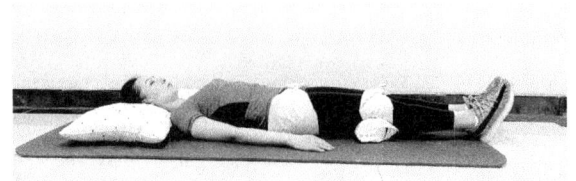

图 3-18D　骨盆损伤搬运

5. 颅脑损伤伤员的搬运

颅脑损伤，包括脑膨出，搬运时伤员应向健侧卧位或稳定侧卧位，以保持呼吸道畅通，头部两侧应用衣卷固定，防止摇动并迅速送往医院。

6. 颌面损伤伤员的搬运

伤员应采取健侧卧位或俯卧位，便于口内血液和分泌物外流，保持呼吸道的通畅，以防止窒息。若伴有颈椎伤时，应按颈椎伤处理。

第四章
CHAPTER
04

学校常见运动损伤的治疗与康复方法

本章提要： 运动损伤是在运动过程中发生率较高的一类损伤。本章主要介绍了学校常见的运动损伤，如肩、肘、腕、颈、腰、大小腿等部位的常见运动损伤。通过本章的学习，使读者了解常见运动损伤的诊断要点和治疗方法，掌握基本的急救、治疗和运动康复手段，有利于提高广大体育爱好者正确处理急性损伤，帮助其在伤后尽快重返运动，促进身体健康。

第一节　肩部常见运动损伤

肩关节由肩胛骨的关节盂和肱骨头构成，属球窝关节。肱骨头较大，关节盂面积较小，肩关节囊薄而松弛，前下方肌肉较少，相对薄弱，肩关节在大范围用力活动过程中，容易出现各种急慢性损伤。下面简要介绍一些肩部常见运动损伤的防治。

一、肩袖损伤

肩袖损伤是指由于外伤或者长期劳损等原因导致肩袖肌腱的损伤，可表现为疼痛、肿胀、活动受限、肌肉萎缩、继发性关节挛缩等。肩袖损伤是常见的肩关节退行性病变，致残率较高，占所有肩痛患者的 40%～60%，常见于肩关节负荷较大或经常需要超过正常生理活动范围的运动，如羽毛球、网球、棒球、仰泳、举重、投掷等项目运动员及体力劳动者。

肩袖包括肩胛下肌、冈上肌、冈下肌和小圆肌，可使肩关节进行屈伸、收展、内外旋和环转运动，肩袖对维持肩关节的稳定和运动有着极其重要的作用。由于急性损伤、退变等因素可引起肩袖损伤。

（一）损伤机理

①慢性损伤：运动时，肱骨反复、急剧转动时，冈上肌肌腱在肩峰与喙肩韧带处摩擦，因肌腱磨损可引起肌腱炎。

②急性损伤：负重转肩或跌倒时上肢外展位撑地时，可发生肩袖急性损伤。

（二）临床表现和检查

肩关节外展上举、内旋、外旋及抗阻运动时疼痛、不适，肱骨大结节处压痛明显。随着疾病的进展，患者可出现肩关节功能障碍、肌肉萎缩等症状。

❖ 特殊检查

疼痛弧试验：肩外展上举在 60°~120° 范围时疼痛明显加重，称为疼痛弧试验阳性（图4-1）。

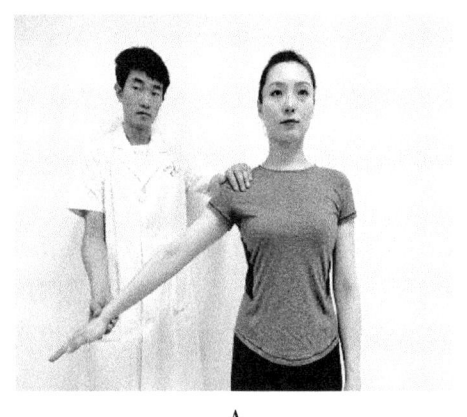 

A   B

图4-1 疼痛弧试验

空罐试验：患者肩关节外展 90°，内收 30°，肘关节完全伸直，握拳拇指朝上，然后前臂旋前（拇指朝下，犹如将罐口翻转朝下倒空），术者在患者前臂远端施加向下的压力，同时令其用力对抗上抬，如果出现肩部疼痛则为阳性，表示冈上肌肌腱病变（图4-2）。

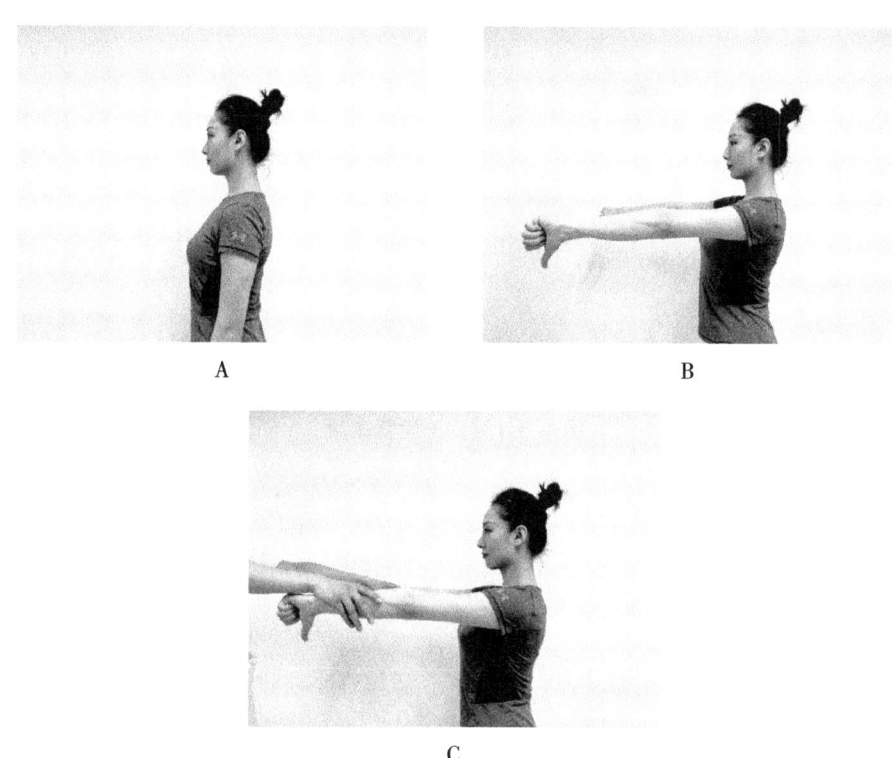

图 4-2　空罐试验

垂臂试验：患者坐着或直立，将手臂在冠状面外展 90°，然后在水平面上内收 45°，然后缓慢放下手臂。如果引起剧烈疼痛或患者不能控制患肢垂放为阳性，表示肩袖肌肉撕裂或严重肌腱病变（图 4-3）。

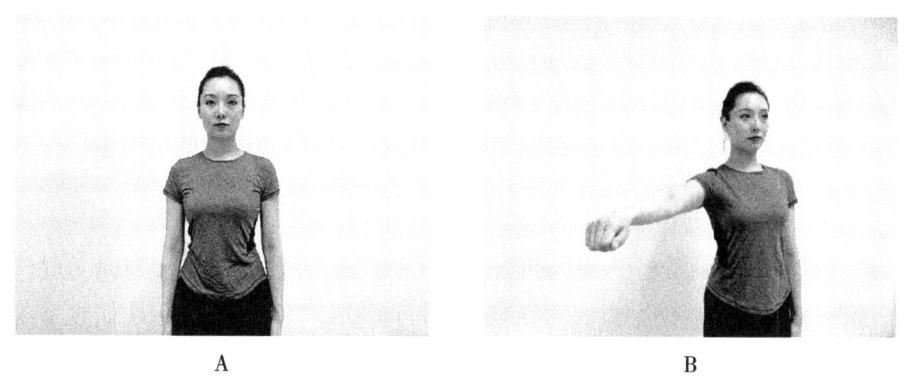

图 4-3　垂臂试验

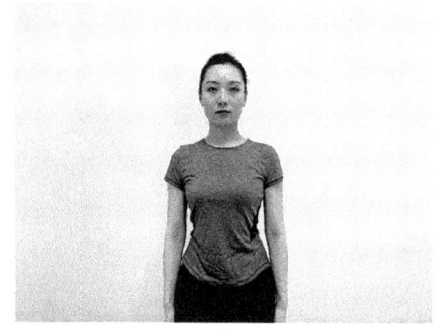

C   D

图 4-3（续）　垂臂试验

（三）治疗

①局部休息、制动、避免过度使用肩关节。

②局部注射疗法。

③按摩、针灸：可用揉、捏、搓、滚、运拉等手法进行按摩。针灸可选用肩髃、肩髎、肩井、肩内陵、阿是、曲池等穴位，也可用手指点按穴位。

④物理治疗、功能锻炼。

⑤手术疗法：保守治疗无效时，可考虑做手术将滑囊及肩峰部分切除。

⑥预防：改正技术动作、形成正确的动作模式、运动前做好充分准备活动，运动后注意放松、增强肩部肌肉力量、柔韧性和稳定性。

二、肱二头肌长头肌腱炎

肱二头肌长头肌腱炎是由于肩关节长期过度负荷或超生理活动范围运动，肌腱反复磨损出现炎症，出现疼痛，活动受限、退变、粘连、增生等症状。多发于吊环、单杠、抓举、羽毛球、排球、投掷、标枪等项目的运动员。

（一）损伤机理

肱二头肌长头肌腱起于肩胛骨盂上结节，穿过肩关节腔，在经过结节间沟时腱周围被结节间滑液鞘包裹。长时间肩关节过度活动，可造成肱二头肌长头腱磨损，或因突然牵拉而损伤，如持物平举突然过度后伸，肩关节外展外旋位可使该肌腱突然受到牵扯而致伤。

（二）临床表现和检查

多数起病缓慢，疼痛渐起，患者局部疼痛并向三角肌下发散，结节间沟处压痛，可有轻度摩擦感及捻发音，关节活动明显受限，夜间加剧，肩部活动后加重，休息后好转。

❖ **特殊检查**

Yergason 试验：患者坐位，前臂屈肘 90° 置于体侧，前臂旋前。术者握住患者手腕上方，在患者主动旋后时对抗。如果有肱二头肌肌腱炎/肌腱病变，则肱二头肌肌腱部位疼痛（图 4-4）。

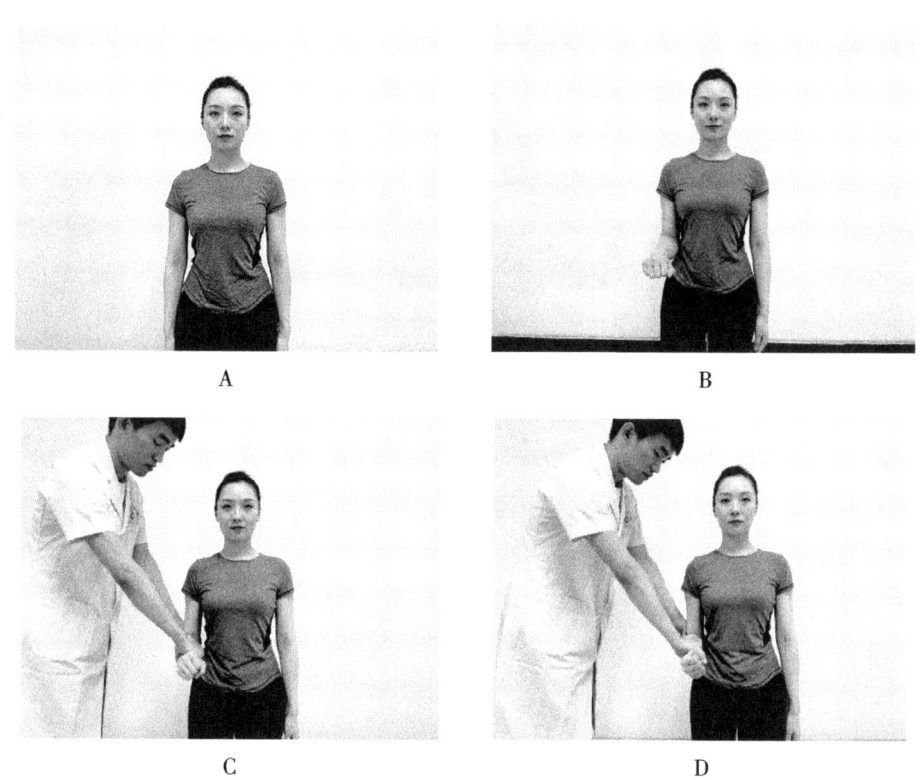

图 4-4　Yergason 试验

Speed 试验：患者肩关节前屈 50°，肘关节伸直，前臂旋后。对前臂施加向下的压力，同时对抗阻力上抬手臂，如果肱二头肌部位疼痛，说明患者存在肱二头肌肌腱炎（图 4-5）。

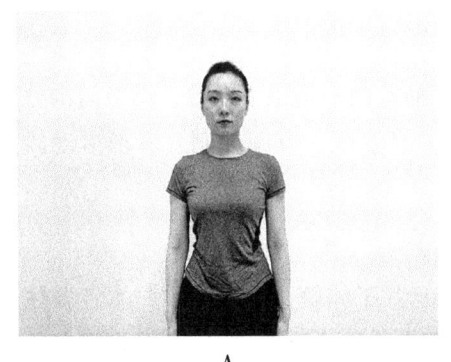
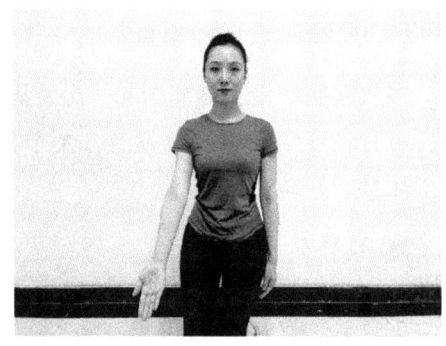

A   B

C

图 4-5　Speed 试验

（三）治疗

①局部制动、休息、避免过度使用肩关节，可用三角巾将前臂悬吊于胸前。

②局部注射疗法，多数患者疗效显著。

③按摩：采用揉、拿、捏、滚、抖、运拉等手法，促进功能恢复。

④局部理疗。

⑤服用消炎止痛药物，可减轻疼痛。

⑥康复训练：疼痛缓解后，即可进行康复训练。以肩关节各方向拉伸练习和力量锻炼为主。

A. 钟摆运动：弯腰使患肢放松下垂，肩部可做多方向摆动，一日数次。

B. 爬墙运动：患手顺墙向上活动，逐渐恢复肩部外展和上举。

C. 滑车带臂上举法：两手分别拉住装在墙上的滑轮绳子两端，上下来回滑动，以恢复肩部外展活动。

⑦手术疗法：疼痛严重、关节活动明显受限，经半年以上非手术治疗无效者，可考虑手术治疗。

⑧预防：改正技术动作、形成正确的动作模式、运动前做好充分准备活动，运动后注意放松、增强肩部肌肉力量、柔韧性和稳定性。

第二节　肘部常见运动损伤

肘关节由肱骨、桡骨、尺骨组成，包括肱尺、肱桡、尺桡3个关节，关节功能有屈伸和旋转。在运动中，由于过度用力、反复应力刺激可引起肱骨外上髁处、伸肌总肌腱起点附近的慢性损伤性炎症，总称为肱骨外上髁炎，受累结构仅包括骨膜、肌腱、关节滑膜等。因早年发现网球运动员易发生此种损伤，故又称网球肘。

（一）损伤机理

一般认为，网球肘是由于肱骨外上髁伸肌总腱的过度用力使用、反复的应力刺激积累导致的劳损，引起肘部肌肉或肌腱损伤。如乒乓球、网球、羽毛球等运动，反复使用"反拍""下旋"快速击球时，伸腕肌主动收缩，被动牵拉，均可致伤。

（二）临床表现和检查

在握手、转动门把、系鞋带等简单握、拉、拧、抓物等运动时出现无力或伴有疼痛，疼痛发生在肘关节外上髁及其附近1~2 cm处，局部压痛，以肱骨外上髁前下联合腱处压痛最常见。X片早期无异常改变，晚期可出现增生。超声和磁共振成像（MRI）可以详细确认炎症区域。

❖ **特殊检查**

抗阻伸腕试验：手腕在进行抗阻伸展运动时发生疼痛，为抗阻伸腕试验阳性（图4-6）。

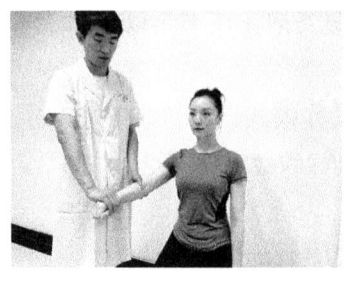 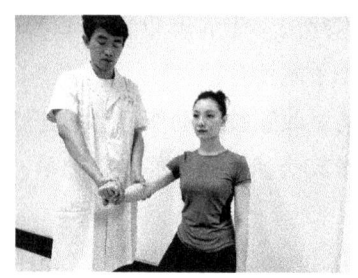

A　　　　　　　　　　　B

图 4-6　抗阻伸腕试验

Mill's 试验：屈肘屈腕，再进行前臂旋前伸肘动作，如果肱骨外上髁处出现疼痛，为 Mill's 试验阳性（图 4-7）。

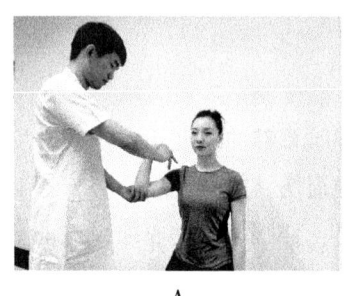 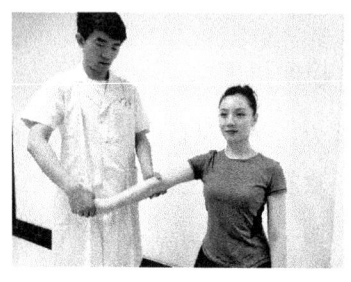

A　　　　　　　　　　　B

图 4-7　Mill's 试验

（三）治疗

①局部休息，疼痛严重应避免重复受伤动作。活动时可以使用肌贴或肘关节加压带（图 4-8、图 4-9）。

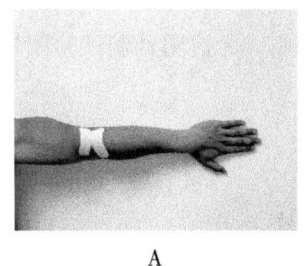 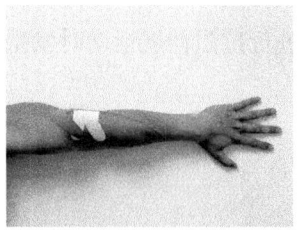 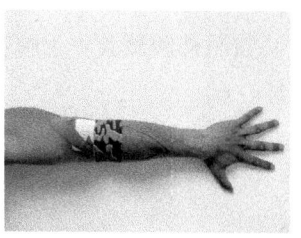

A　　　　　　　　B　　　　　　　　C

图 4-8　网球肘贴扎

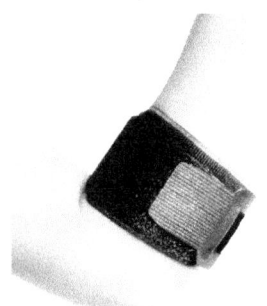

图4-9　肘关节加压带

②冰敷：使用冰袋或者用毛巾包裹冰块，冷敷疼痛的区域至麻木即可，避免时间过长引起冻伤。

③药物：可以口服止痛药（布洛芬，也可以用三七片，元胡止痛片等中成药）；还可外敷膏药治疗。

④局部注射：可用局部麻药和激素，做痛点注射。

⑤中医疗法：可采用按摩、针灸、火罐、刮痧等。按摩可以采用揉、按、理筋、顺筋、牵拉等手法，切忌粗暴强拉，以免造成继发性损伤。对一些病程较长的陈旧性损伤患者，可以采用针灸用散刺放血法结合火罐、刮痧或拍打疗法。治疗及休息期间避免患肢劳累。

⑥理疗：可以选择超声波、微波、超短波、离子导入、电疗、热疗、冲击波等物理治疗。

⑦功能锻炼：

A. 静力练习：坐或站，患侧手持一重物。先直臂平端重物至水平位，后缓慢屈肘至直角，静力保持该姿势。5~10分/组，5组/天。

B. 抗阻分指：分开拇指和小指，将橡皮筋撑开，然后慢慢回到起始位，10次/组，4组/天。

C. 牵拉伸腕肌：伸直患肘，屈腕，用另一只手抓患手掌指关节处，屈腕至最大角度，使前臂伸肌有明显的拉伸感，保持10~15秒/次，重复5次/组，3组/天。

D. 抗阻伸腕：把前臂支持在膝盖上或者桌椅边沿，手握哑铃，手心朝下，抬起手腕后慢慢放下，重复15次/组，3组/天。

E. 抓球：可使用网球、橡胶圈、握力器，用力抓握挤压15次/组，3组/天。

所有锻炼以不疼为度。

⑧预防：为防止网球肘发生，主要依靠平时的保健，早期发现有症状者，最好运动时在前臂戴上弹力绷带或护肘，缓解肘部肌肉的压力，运动后应放松肘和前臂，并及时进行治疗。运动爱好者还可以尝试以下方法。

A. 平时加强前臂力量练习，尤其是旋转和手背伸练习，加强力量和柔韧性训练，增强肘部肌肉力量和稳定性。

B. 网球或羽毛球爱好者，适当降低球拍穿线磅数，较松的磅数可以吸收更多的冲力和震动。

C. 咨询专业人士，球拍选择是否适合。

D. 打球时的技术动作应规范、合理。

E. 运动前应该做充分的准备活动，运动后做好整理恢复工作，如：及时进行拉伸（静态拉伸为主）、按摩、放松等。

F. 劳逸结合：在工作和生活中要注意及时休息，尽量避免肘部局部负荷过大，最大限度地减少劳损，预防网球肘。

第三节　腕部常见运动损伤

腕关节是由桡骨、尺骨、8 块腕骨、三角纤维软骨复合体（TFCC）等组成的，包括：下尺桡关节、桡腕关节、腕中关节。桡尺关节主要功能是前臂进行旋前/旋后运动。下面对三角纤维软骨复合体损伤、腕管综合征予以介绍。

一、三角纤维软骨复合体损伤

三角纤维软骨复合体（TFCC）损伤是指由于急性创伤或劳损等原因导致的 TFCC 出现撕裂，引起手腕尺侧疼痛、弹响、活动受限等症状。

TFCC 是手腕关节尺侧的一个复合体结构，由掌侧及背侧的桡尺韧带、尺月韧带、尺三角韧带、尺侧副韧带、尺侧伸腕肌腱腱鞘及软骨盘等组成。软骨盘是一块三角形纤维软骨，其尖部附着于尺骨茎突基底小窝，底部附着于桡骨远端的尺骨切迹边缘。纤维软骨盘周围血液供给良好，中央部分缺乏血供，依靠关节液提供营养。TFCC 是下尺桡关节的主要稳定结构，软骨盘和腕掌背侧韧带一起限制前臂过度旋转，维持远端尺桡关节的稳定，防止尺桡骨分离及前后移位，稳定尺侧的腕骨。此外，还有将尺侧腕骨所受的压力转移到尺骨远端的功能。

（一）损伤机理

①手腕过度伸展、扭转时手腕尺侧遭受外力，可撕裂与桡骨远端乙状切迹相连接处，导致 TFCC 损伤。尺侧腕骨与尺骨头的反复撞击，可造成软骨盘劳损，严重者会发生下尺桡关节部软骨损伤、滑膜炎、韧带撕裂等。如：羽毛球运动员压腕发力击球（腕屈曲内收）等，都可能造成腕部 TFCC 受伤。

②摔倒时用手撑地，或手腕在支撑位用力旋转时，尺桡骨之间的韧带会变得紧绷，如果此时手腕尺偏，会增加尺侧结构的压力，使下尺桡关节发生异常活动而致伤。

③手腕尺侧远端骨折、桡骨远端骨折或下尺桡关节脱位等，都有可能会造成 TFCC 的伤害。

（二）临床表现和检查

尺骨小头远端背侧或尺侧间隙疼痛、压痛，腕背伸支撑及尺偏旋转运动可使疼痛加重；损伤初期局部有肿胀、活动受限、握力减弱、转动腕部时有响声，并发下尺桡关节脱位时，尺骨小头隆起，前后推动有松动感；腕关节活动度可因疼痛而受限。MRI 对水平的腕三角软骨盘损伤可以确诊，但对 TFCC 周边分离较难发现。关节镜检查可以精确评估 TFCC 撕裂的大小、位置以及稳定度。

❖ *特殊检查*

Sharpey's 试验：患者坐姿椅子上，手臂放在桌子上（中立位，拳眼朝上），术者一只手稳定上尺桡关节，另一只手握住手腕，然后嘱患者进行前臂的旋前旋后的动作，如果出现疼痛或咔嚓声为阳性（图4-10）。

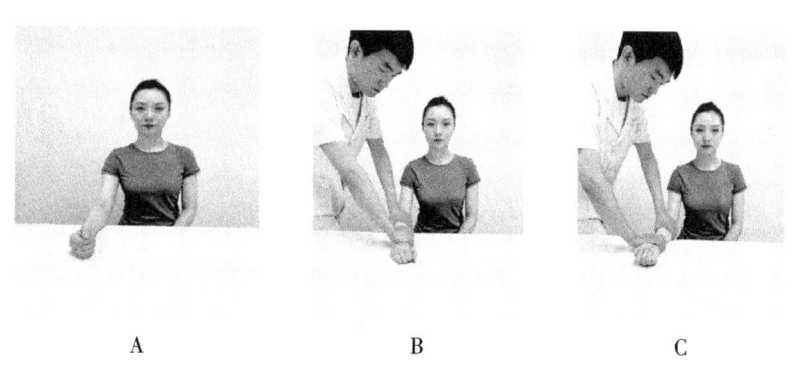

A　　　　　　　　B　　　　　　　　C

图 4-10　Sharpey's 试验

TFCC Load 试验：患者坐位，术者一只手握住患者前臂，另一只手握住患者手部，然后沿着中轴施加力量并将手腕向尺侧偏移，同时将手腕向背侧和掌侧移动或旋转前臂，如果引起 TFCC 处疼痛感，有"喀""啪"声则为阳性（图 4-11）。

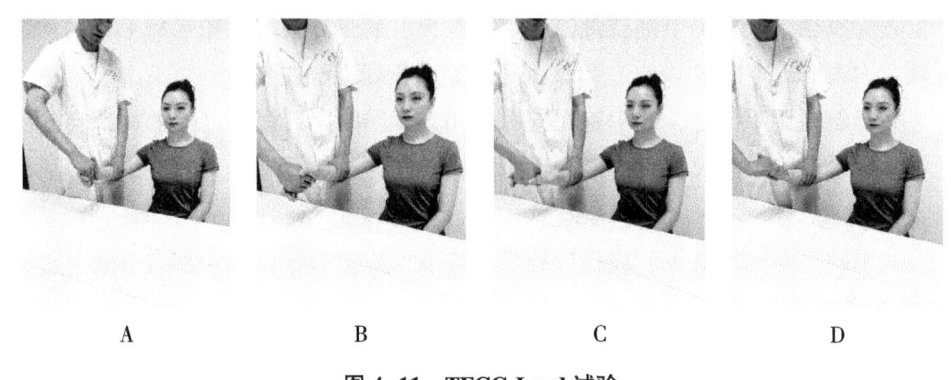

| A | B | C | D |

图 4-11　TFCC Load 试验

（三）治疗

1. 保守治疗

（1）急性期（24~72 小时）

按照 POLICE 原则处理。将手腕固定在中立位 2~3 周，使用夹板固定或佩戴手腕护具，停止运动和训练，禁止做前臂旋转动作；局部冷敷 15~20 分钟，如果疼痛不减轻且局部温度高，间隔 2 小时后可以再次冰敷，每天可冰敷 2~4 次。72 小时后，可以尝试冷、热敷交替处理，2~3 次/天，15~20 分钟/次；可以使用非甾体抗炎药物；早期痛点注射疗法及关节内给药也有较好的疗效。

（2）慢性期（2~3 周以后）

主要以功能康复训练为主，配合理疗、按摩。早期的肌力训练可以促进患者伤后的肌力恢复。

等长肌力训练：可以刺激肌肉及早恢复原有的功能，早期以抓握弹力球作为训练内容，3 组/次，保持 10 秒。4 周后可以在无痛情况下拿小哑铃进行屈伸、桡偏与尺偏等肌力训练，10~20 次/组，2~3 组/天。6 周后开始本体感觉训练，双手缓慢地旋转、滚动置于桌面上的篮球或足球。

关节活动度练习：早期关节活动可以避免关节粘连的情形发生，切记要在无痛的范围内进行练习。4周后可以针对腕部屈曲与伸展进行被动伸展练习，10～30 秒/组，2～3 组/天。

2. 手术治疗

长期保守治疗无效者，可行软骨盘切除术。

3. 预防

加强腕部肌力，特别是屈肌，可以在手腕旋前伸展动作时给手腕提供更大的支撑力，从而预防 TFCC 损伤。运动爱好者注意改善技术动作和发力，如羽毛球杀球时以前臂旋转结合屈指发力为主，不可强行压腕。

二、腕管综合征

腕管综合征又称"鼠标手"，是正中神经在腕关节受到卡压所致的疾病，也是最常见的周围神经卡压疾病之一。腕管是位于手腕部一个狭长的隧道状结构，在这个管状结构的底部和两侧由手的腕骨组成，腕管的顶部覆盖着强韧的腕横韧带。正中神经由前臂通过腕管进入手部，控制大拇指、食指、中指和无名指的掌侧感觉，同时也控制大鱼际肌和小鱼际肌。

（一）损伤机理

随着手机、电脑的普及，腕管综合征发病率升高，女多于男，男女患病率比大致为 1:3。发生原因可能是：手部过度使用导致劳损，或因腕部骨折、脱位、扭伤等原因，引起腕横韧带增厚，腕管内肌腱肿胀、滑膜淤血、水肿，进而引起组织变性、增生，使腕管空间缩小，压迫正中神经，引起手指麻木、无力等一系列症状。其他如：遗传、激素变化、年龄、慢性病（糖尿病、风湿性关节炎、甲状腺功能失调）等原因，也有可能导致腕管综合征。大部分腕管症候群患者并非单一的原因所致。

（二）临床表现和检查

发病初期，无明显症状。逐渐出现手指精细动作，如扣纽扣等变得笨拙无力、困难。桡侧三个半手指麻木或刺痛，甚至有触电样感觉，夜间情况变得严重，常常痛醒。沿着手臂至肩部可有疼痛，感觉异常。冬季手指发凉、发绀、活动不灵敏，拇指外展肌力差。严重者甚至出现患侧手部大、小鱼际肌肉萎缩，皮肤发亮，指甲增厚，患指溃疡等神经营养障碍症状。

❖ **特殊检查**

Tinel's 试验：用手指敲击患侧腕管，如果出现疼痛、麻木等症状，则为阳性（图 4-12）。

注意，诊断腕管综合征时，要排除月骨脱位或位移等可能卡压到正中神经的情况。

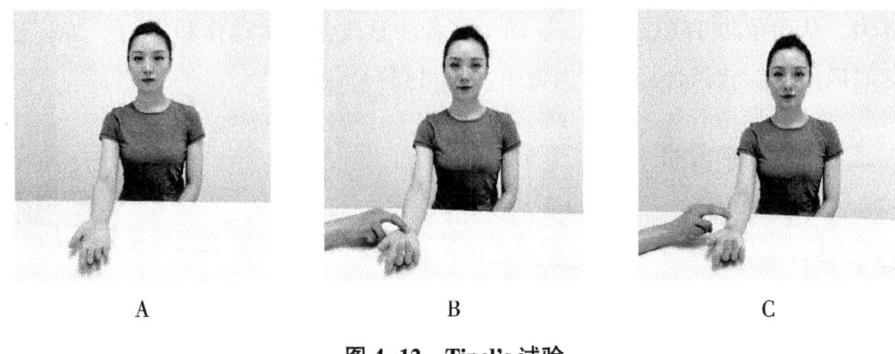

图 4-12　Tinel's 试验

Phalen's Maneuver 试验：屈曲腕关节 90°保持 1 分钟，若腕部出现疼痛，则为阳性（图 4-13）。

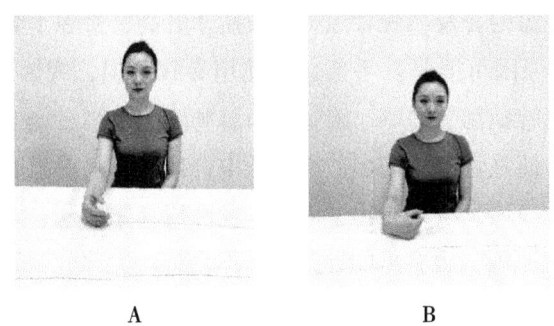

图 4-13　Phalen's Maneuver 试验

（三）治疗

1. 按摩

早期可以进行手法治疗，以按摩前臂肌肉和伸展腕管屈肌支持带为主。可采用推、拿、揉、捏、拔、点按、运拉等手法。

2. 理疗

针灸、局部注射等治疗。

3. 康复训练

①五指相触，10 次/组，3 组/天。

②拇指内收，10 次/组，3 组/天。

③手指弯曲，10 次/组，3 组/天。

④手腕后伸，10 次/组，3 组/天。

⑤双手合十，保持 10~30 秒/次，3 次/天。

⑥四指逐一屈曲练习，重复 3 组。

⑦正中神经滑动，练习过程中不应出现麻木或刺痛感，重复 10 次。

4. 手术治疗

长期保守治疗无效者，可采取手术切开屈肌支持带。

5. 预防

加强腕部肌力和柔韧性练习。长时间使用电脑时，最好是符合人体工程学特点的鼠标垫，以减少手腕长时间受压。勿长时间使手腕支撑或受压。运动或劳作后及时拉伸、按摩放松手腕。

第四节　颈部常见运动损伤

颈椎共有 7 节，需要多个节段联合运动才能完成旋转、侧弯动作。由于颈部解剖结构复杂，活动范围大，肌肉相对薄弱，稳定性相对较差，因此，颈部容易发生各种急慢性损伤。

一、落枕

落枕是由于睡姿不良或受凉等原因导致颈部肌肉出现疼痛、僵硬、活动受限的病症。落枕一般数日可自愈，重者疼痛明显，可向头部及上肢放射，延续数周不愈。

（一）损伤机理

本症多由于睡眠时枕头过高、过低、姿势不良等因素，使一侧颈肌在较长时间内处于过度拉伸状态，可导致颈部肌肉痉挛。部分患者可因睡眠时肩部暴露，受凉而发生颈部疼痛。

（二）临床表现和检查

一般表现为起床后感觉颈后部、肩背部疼痛不适，以一侧多见，疼痛可向同侧肩部及上臂扩散，颈项活动受限，局部有明显压痛、肌肉痉挛、僵硬，触之有"条索感"。如有外伤史，应拍摄 X 片以排除骨折、脱位及颈椎病。

（三）治疗

治疗落枕的方法很多，针灸、药物、热敷等均有良好的效果，尤以按摩理筋法为佳。

1. 按摩

可用揉、捏、滚、按、理筋、叩击等手法按摩，可点按阿是穴、风池、肩井，承浆、风府等穴位，以患者感觉有明显酸胀和疼痛感（以患者可耐受为度），可迅速使痉挛的颈肌松弛而止痛。或者点按落枕、肩井、对侧合谷、后溪穴，同时配合颈部活动，动作宜缓，不可用力过猛。对于颈椎棘突有偏歪者，排除骨折、脱位或肿瘤等疾病后，可以应用扳法，通常对于外伤型落枕更为有效。行扳法前要明确诊断，以免造成不必要的伤害。

2. 针灸疗法

针灸治疗本病可采用针刺、电针、耳穴压丸等方法。选阿是、风门、肩井等穴位。

3. 物理疗法

可用热敷、红外线灯照射等，均可起到止痛作用，使用时需要注意防止烫伤。

4、运动康复疗法

①颈项屈伸：坐位，挺起胸部，头先向下低，以下颌骨挨着胸部为止，然后向上仰头，眼向上看。屈/伸到位后，停 3 秒，重复 20 次。

②左/右侧偏：坐位，两臂自然下垂，头先向左偏，然后再向右偏，停 3 秒，重复 20 次。

③前伸后缩：坐位，两臂自然下垂，胸部挺起，头部水平向前伸，然后向后平移，到最大位置时，停 3 秒，连续 20 次。

④伸缩颈部：坐位，胸部挺起，先将颈部尽量向上伸长，再将颈部尽量向下收缩，连续伸缩 20 次。

⑤旋转颈部：坐位，身体不动，先向左旋转颈部 90°，再向右旋转颈部 90°，连做 20 次。

5. 预防

枕头高度不可过高或过低，以适度为宜，保持颈椎曲度处于正常生理曲度。注意颈肩部保暖，勿受凉。勿长时间低头，歪头，注意保持良好的姿势。

二、颈椎病

颈椎病是由于颈椎长期劳损、骨质增生或椎间盘脱出等，致使颈椎脊髓、神经根或椎动脉受压，出现一系列功能障碍的临床综合征。

（一）损伤机理

正常的颈椎曲度存在一定的生理性前凸，由于各种原因导致颈椎被拉直或反弓，出现肌力失衡和姿势异常，是以退行性病理改变为基础的一种疾患。长时间疲劳性固定姿势低头工作、学习、阅读、坐卧睡眠姿势不良、损伤、疾病等多种因素，均可导致颈椎生理曲度改变，发生退行性改变，挤压、刺激神经、血管和软组织，导致颈椎病的发生。

（二）临床表现和检查

颈椎病的临床症状较为复杂，主要表现有：颈背疼痛、颈背区压痛、叩痛，上肢无力、手指发麻、下肢乏力、行走困难、头晕、恶心、呕吐，甚至出现视物模糊、心动过速、吞咽困难等。颈椎病的临床症状与病变部位、组织受累程度及个体差异有一定关系。通过 X 线检查可观察颈椎曲度、椎间隙宽窄、骨位、骨质增生、钙化等情况；CT 对于颈椎病的诊断及鉴别诊断具有一定的价值，可诊断椎间盘突出症、后纵韧带骨化、椎管狭窄、脊髓肿瘤等。

❖ **特殊检查**

前屈旋颈试验：令患者颈部前屈，嘱其向左/右旋转活动。如颈椎处出现疼痛，表明颈椎小关节有退行性变（图4-14）。

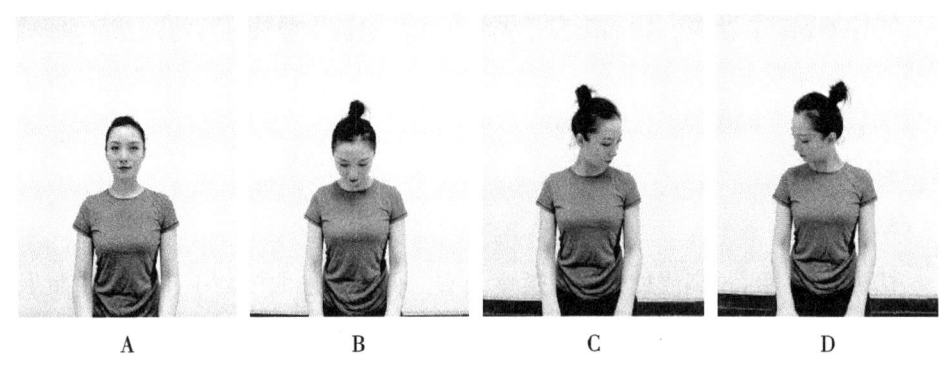

A   B   C   D

图4-14 前屈旋颈试验

臂丛牵拉试验：患者低头，术者一只手扶患者头颈部，另一只手握腕部，对向牵拉，患者感到颈肩及上肢部出现放射痛或麻木，则为试验阳性（图4-15）。

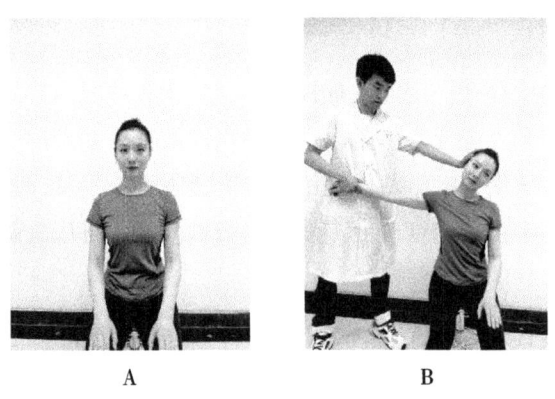

A   B

图4-15 臂丛牵拉试验

椎间孔挤压试验（压顶试验）：令患者头偏向患侧，术者左手掌放于患者头顶部，右手握拳轻叩左手背，如果患者出现疼痛向弯曲侧的上肢放射，即为阳性，说明颈神经根受压。疼痛和感觉异常的皮区分布可提示受损神经根的节段。根性疼痛严重患者，术者用双手重叠放于头顶向下加压，即可诱发或加剧症状（图4-16）。

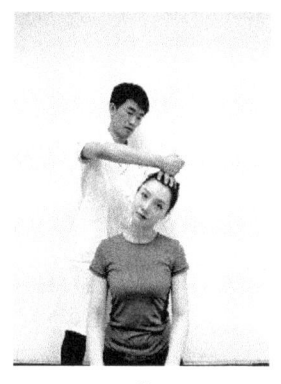

A　　　　　　　　　B　　　　　　　　　C

图 4-16　椎间孔挤压试验

牵引试验：术者一只手托于患者下颏，另一只手扶其枕部，然后慢慢地抬升患者头部，抬头或牵引时疼痛缓解或减轻为阳性，表示神经根在颈部受到挤压。如果在牵引试验中，患者上臂外展，其肩部的症状会进一步减轻，则可明确该患者不是肩关节的病变（图 4-17）。

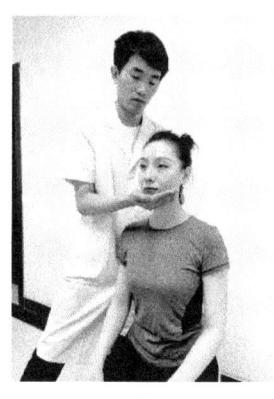

A　　　　　　　　　　　　B

图 4-17　牵引试验

压肩试验：术者将患者的头部向一侧弯曲，同时向对侧的肩部施加向下的压力。如果出现疼痛加重，提示压迫侧的神经根受到刺激、压迫或椎间孔受到侵犯（如骨赘形成）或者牵张侧神经根根袖处的硬脊膜和邻近的关节囊周围形成粘连，活动性降低（图 4-18）。

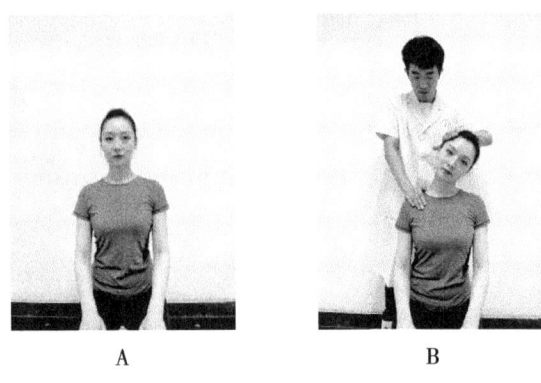

A   B

图 4-18　压肩试验

（三）颈椎病分型

颈椎病为较为常见病，主要分以下 6 型：神经根型颈椎病、脊髓型颈椎病、椎动脉型颈椎病、交感神经型颈椎病、颈型颈椎病、混合型颈椎病。

1. 神经根型颈椎病

具有较典型的根性症状（麻木、疼痛），且范围与颈脊神经所支配的区域相一致。压头试验阳性、臂丛牵拉试验阳性。X 片侧位可见颈椎曲度变直或反弓改变，椎间隙变窄，可有骨刺形成，项韧带钙化等改变。CT 或 MRI 可清晰地显示后骨刺、椎管腔大小、神经根、脊髓及各层软组织的形状，对诊断价值更大。

2. 脊髓型颈椎病

脊髓型颈椎病是可以引起四肢瘫的严重疾病，约占颈椎病的 15%～18%，患者多在 35~60 岁，发病较慢，常有颈部转侧不利、肌肉发硬，颈后伸时可出现上/下肢麻木，看手机、电脑过久疲劳时症状更为明显。上肢时麻时痛和无力。少数累及交感神经，可伴有头痛、头晕、半身出汗等症状；或出现下肢发麻、发沉症状，然后出现行走困难，走态不稳，走路时有踩棉花感，可出现肢体感觉减退或消失、肌肉萎缩、大小便失禁等。颈后伸、侧弯受限，患区颈棘突或旁肌肉压痛，单侧或双侧下肢肌张力增高，早期膝反射、跟腱反射亢进，上肢肱二头肌、肱三头肌腱反射亢进。躯干可在第 2 肋以下不同平面出现知觉减退，浅反射。如：腹壁反射、提睾反射多消失或减弱。晚期膝、踝反射及肛门反射减弱或消失，甚至出现肛门括约肌松弛、深部感觉消失，以至完全性瘫痪。X 片上显示椎体后缘骨质增生、关节移位和椎管狭窄。颈椎曲度变小、椎间孔变小、小关节重叠、项韧带钙化、颈椎矢状径减小至 10 mm（正常 16~17 mm），病灶常在颈椎 4、5、6、7 多个间隙或椎管形成间盘突出，后方骨刺形成，后纵韧带钙化、黄韧带骨化，导致脊髓压迫损伤。CT 或 MRI 检查可进一步确定椎间关节移位及脊髓受损的程度，显示定性、定位、定量的临床价值。

3. 椎动脉型颈椎病

椎动脉型颈椎病多见于 45 岁以上中老年人，病程缓慢，无明显外伤史。通常认为，椎动脉型颈椎病是由于椎间盘髓核变性，引起纤维环弹性改变而出现节段失稳病变，随后椎间关节与棘突间韧带出现松弛，颈椎间隙缩短，椎动脉就可能在上下挤压、推拉的多角度刺激下变形，导致血流量减少，交感神经功能异常，继而出现症状。主要表现为：不同程度、时轻时重的头痛、眩晕、颈痛、视力障碍、耳鸣、恶心、呕吐，或下肢突然无力猝倒，但意识、视力和听力及讲话正常，能自主站起来继续活动。本病是椎动脉痉挛或硬化，过度伸展或急促转头颈时，血流阻滞，脑供血不足所致。部分久病可出现定向和记忆障碍，面部五官、肢体感觉异常等症状。多伴有交感神经症状。X 片检查可见钩椎关节骨刺、增生，椎间隙变窄，椎间孔缩小，有时可见椎骨移位及颈曲异常。CT 或 MRI 检查可见椎动脉孔变细等异常影像，脑血流图检查可显示椎动脉供血不足。

除椎间孔压缩试验和臂丛牵拉试验可出现阳性外，其他特殊检查还有：

椎动脉试验：患者仰卧位，术者将患者的头后仰、颈部侧屈，然后术者向侧屈相同的方向旋转患者的颈部并且保持近 30 秒。如果对侧的动脉受影响，就会出现相应的症状。如果有头晕和眼球震颤症状发生，表明椎动脉受到压迫。进行上段颈椎的检查时，术者卡住患者的下颌，后伸、侧屈和旋转患者的头颈部（图 4-19）。

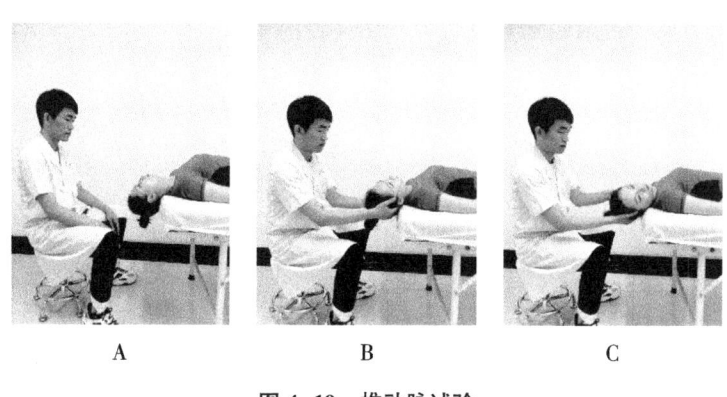

A　　　　　　　　B　　　　　　　　C

图 4-19　椎动脉试验

Hautant's 试验：该试验包括两部分，用以鉴别由血供障碍导致的头晕与眩晕。患者取坐位双臂上举至 90°，闭上双眼。检查患者双臂是否有上举角度减少，如果患者双臂移动，为非血管源性病因（图 4-20A、B）。然后，要求患者保持上肢姿势，闭上双眼，颈部后伸、侧屈、旋转，每一位置均要求保持 10~30 秒，如果出现双臂的摆动，即为大脑的血供障碍导致的功能障碍（图 4-20C、D、E）。

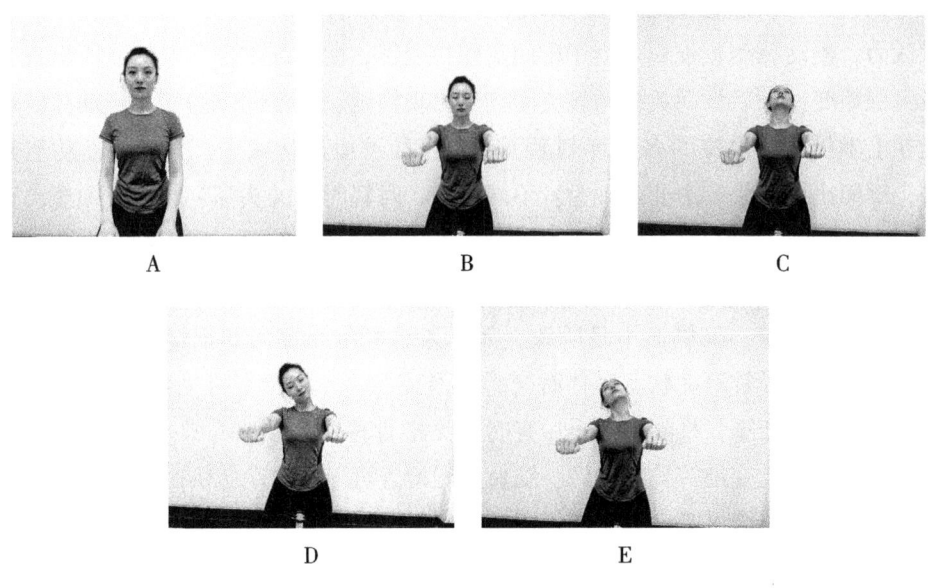

图 4-20　Hautant's 试验

Barre 试验：患者直立位，保持双臂伸直上举至 90°，掌心向上，并闭上双眼，维持这个姿势 10~30 秒。如果患者手臂慢慢落下并且前臂自发地旋前，将被视为阳性结果，表示脑部血供减少（图 4-21）。

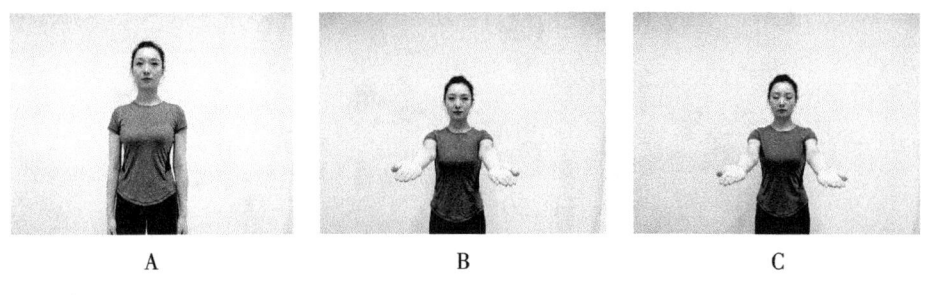

图 4-21　Barre 试验

Underburg 试验：患者直立位，保持双臂伸直上举至 90°，前臂旋后，掌心向上。患者闭上双眼，头部后伸，先向一侧旋转，再向对侧旋转，重复该项检查。如果出现双臂下沉、失去平衡或手掌翻向下则为阳性，提示大脑的血供减少（图 4-22）。

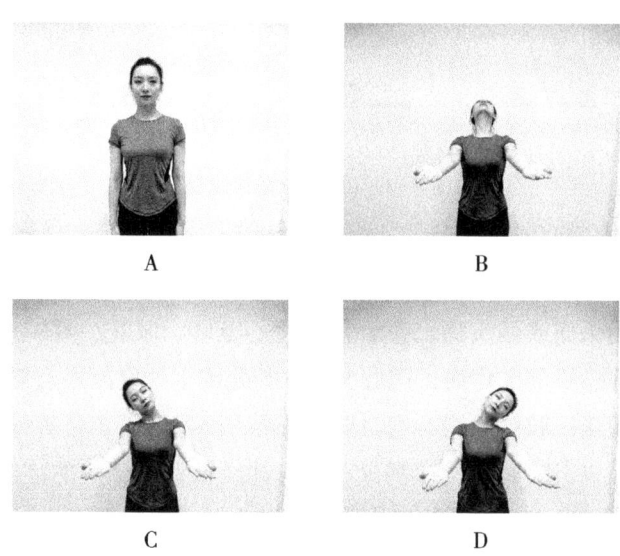

A　　　　　　　　　　　　B

C　　　　　　　　　　　　D

图 4-22　Underburg 试验

颈性眩晕试验：患者坐位，术者固定其头部，然后以较快的速度向左或向右旋转患者头部，在旋转至最大限度时固定患者的头部 10～30 秒，在此期间，患者肩部应保持静止不动。然后将其头部放至中立位，以较快的速度向左旋转患者肩部并维持 10～30 秒，然后转向右侧并维持 10～30 秒，在此期间应保持头部面向正前方。如果在两种状况下均出现眩晕，问题就源于椎动脉，因为在这两种状况下都可因椎动脉"扭曲"，导致血流减少（图 4-23）。

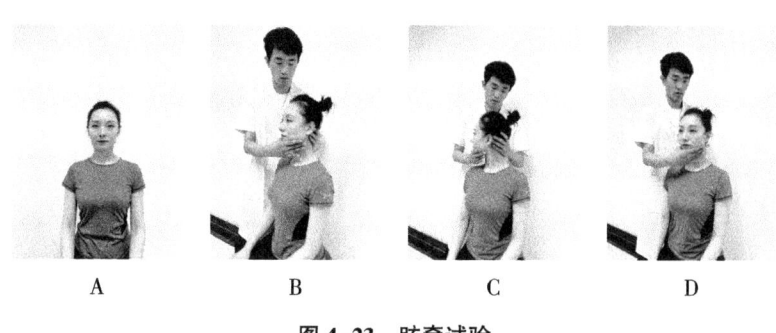

A　　　　　　B　　　　　　C　　　　　　D

图 4-23　眩牵试验

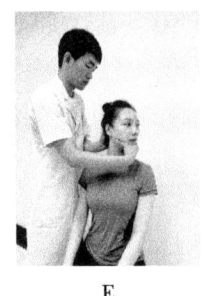  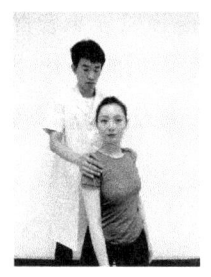

E   F   G

图 4-23（续）　　眩牵试验

4. 交感神经型颈椎病

临床表现为头痛或偏头痛、头晕常伴恶心呕吐、眼花、耳鸣、半边脸发麻、手麻、心动过速、心前区疼痛，四肢、躯干一处或多处发凉或有刺痛感，继之出现皮肤红和触摸痛，肢体两侧不均匀出汗，听力、发音不正常等一系列交感神经症状，交感神经兴奋症状多、抑制少。常有神经根型颈椎病的症状和阳性体征。X 片颈椎有失稳或退变。椎动脉造影阴性。眩牵试验可出现阳性。

5. 颈型颈椎病

颈型颈椎病也称局部型颈椎病，是由于颈椎长期受到劳损、骨质疏松、椎间盘脱出等引起的一系列综合征，具有头、肩、颈、臂的疼痛及相应的压痛点。颈型颈椎病在临床上极为常见，是最早期的颈椎病，主要症状有：颈部肌肉痉挛、疼痛、活动受限等，严重者头偏向一侧即可引起疼痛加剧，有时疼痛会向枕顶或肩背部放射，有压痛点，转头时疼痛加重，有时伴有头昏、心动过速、耳鸣等症状。X 线片上显示颈椎曲度改变；MRI 成像显示椎间盘变性或后突征。压头试验和臂丛神经牵拉试验阴性。

6. 混合型颈椎病

两种以上类型颈椎病症同时存在，如脊髓型与神经根型、神经根型和椎动脉型或者三种类型以上混合。

（四）治疗

1. 药物治疗

可使用止痛剂、镇静剂、维生素等，对症状的缓解有一定的效果。硫酸氨基葡萄糖和硫酸软骨素进行支持治疗，可以显著减轻椎间盘退行性疾病导致的疼痛，同时改善脊柱功能。

2. 牵引治疗

牵引是治疗颈椎病的方法之一，对牵引的角度和受力方向有严格要求。因此，使用牵引疗法治疗颈椎病时一定要慎重，建议在医生指导下进行。

3. 按摩

按摩是颈椎病较为有效的治疗措施。它的治疗作用是能缓解颈肩肌群的紧张及痉挛，恢复颈椎活动，松解神经根及软组织粘连来缓解症状。

①牵引松解颈椎各间隙：患者取坐位，颈部及全身放松。术者站在患者后方，胸前部紧贴患者枕后部，双肘屈曲，前臂按压在患者肩上部，双手托扶患者双侧下颌骨下缘，均匀、缓慢地顺势用力将头颅向正上方托起，牵引拉伸颈椎各间隙。

②按压矫正颈椎后凸：患者取坐位，术者站在患者前方，按摩印堂穴 3~5 次，推眉弓至太阳穴并按压太阳穴。用手指从第 7 颈椎棘突与横突之间两侧起始，向上以揉、捏、提、压、推、拔等手法按压，在压痛点、筋膜紧张区域，可适当加强按摩的力度，在颈椎生理曲线不良处可行扳法、动态关节松动术等，以矫正颈椎及软组织错位。操作时忌用暴力推拉扭旋头颅，以免引起脊髓损伤。

③理顺颈部软组织：患者取坐位，术者站立在患者背后，左手掌包绕固定左侧颈部，嘱患者头颈水平向左侧旋转 60°~80°，暴露患者右侧颈部胸锁乳突肌、前、中、后斜角肌等肌肉，术者右手指尖按压右侧颈部各条肌肉，沿僵硬的肌肉走向均匀地向下推压滑动至颈胸交界处，同时，患者头颈向右旋转恢复到正视前方。然后用同样的手法理顺患者颈部左侧僵硬的软组织。

④舒筋通络：患者坐位，术者站立在患者背后，双手拇指从患者肩胛骨内上角开始，向上按摩颈椎两侧肌肉直至颈枕结合部风池穴为止；然后向下沿着脊柱两侧肌肉至双大腿外侧，点压殷门穴位、揉按血海穴。按摩可以减轻或消除神经受压，缓解疼痛症状。

4. 理疗

在颈椎病的治疗中，急性期理疗可采用离子透入、超声波、间动电流等；疼痛减轻后用超声波、碘离子透入、感应电、热疗等，以改善血液循环，缓解肌肉痉挛，消除肿胀，减轻症状。

5. 手术治疗

有神经根或脊髓严重压迫者，必要时可手术治疗。

6. 康复锻炼

经治疗颈椎病症状缓解后，可采用运动疗法以巩固疗效，促进症状的进一步消除，预防疾病复发。颈椎病的发生与颈椎的稳定性和神经肌肉对颈椎位置关系的控制失调有关。因此，运动康复就要针对这两个问题，设计颈椎稳定性训练计划，有意识地对颈部肌群进行柔韧性、灵活性和力量练习，通过肌肉能力的增强，实现颈椎稳定，消除颈椎病的症状。

颈椎的稳定肌群主要是深部的颈长肌、多裂肌、颈伸肌以及肩胛稳定肌群。其次是颈椎浅层的肌肉，包括胸锁乳突肌、头夹肌、头半棘肌等。康复训练分别从颈部肌肉的柔韧性、灵活性和稳定性练习入手，最后实现脊柱稳定的目的。下面介绍一些常用的颈部运动康复锻炼方法。

①颈部旋转：坐位，屈肘，头慢慢向一侧转动至最大幅度，保持2秒，还原；慢慢向另一侧转动，还原，重复6~8次。

②抗阻侧屈：坐位，屈肘，手掌贴在同侧脸部，头向一侧屈，用手掌对抗，坚持2~3秒，放松，重复6~8次。左右交替。

③抗阻旋转：坐位，屈肘，手掌贴在同侧脸部，头向一侧旋转，用手掌对抗，坚持2~3秒，放松，重复6~8次。左右交替。

④抗阻后伸：坐位，屈肘，双手手指交叉置于枕后，头用力向后伸，与双手对抗，坚持2~3秒，放松，重复6~8次。

⑤抗阻前屈：坐位，屈肘，双手抵在额头，头向前屈，用手对抗，坚持2~3秒，放松，重复6~8次。

⑥靠墙点头：背和头靠墙，收下颌，头轻轻地向下点，但头的后侧不离开墙面，还原，重复6~8次。

⑦头部侧倾：坐位，一手放在同侧颈部，头向同侧倾斜，手不动；还原，重复6~8次，左右交替。

⑧头部后伸：坐位，双手交叉置于颈后，支撑颈部，头向后仰，还原，重复6~8次。

⑨头部转动：坐位，一手放在同侧颈部，头向同侧转动，手不动；还原，重

复6~8次，左右交替。

⑩高位伸展：坐位，屈肘，双手放在颈后，指尖放在颈部上端。头向后仰，手指向内上用力，重复6~8次。

⑪侧向扭转：坐位，屈肘，双手放在颈后，指尖放在颈部上端。头向一侧旋转，手指向内上用力，然后还原，重复6~8次，左右交替。

⑫助力按压：坐位，取一条毛巾置于颈后，双手握住毛巾两端，拉紧毛巾，以毛巾为支点，向后伸展颈部，感受毛巾边沿按压下椎骨的运动，还原，重复6~8次。

⑬侧面助力按压：坐位，取一条毛巾置于颈后，双手握住毛巾两端，拉紧毛巾，以毛巾边沿为支点，向一侧倾斜颈部，坚持，还原。向另一侧倾斜颈部，坚持，还原，重复。注意运动受阻的部位。

⑭颈部助力倾斜：坐位，取一条毛巾置于颈后，双手握住毛巾两端，拉紧毛巾，以毛巾边沿为支点，向一侧旋转颈部，坚持，还原。向另一侧旋转颈部，坚持，还原。重复6~8次。注意运动受阻的部位。

⑮仰卧抬头：仰卧，屈膝，头下垫枕。头向上抬，下颌向胸前收，尽力弯曲后坚持1~2秒，然后颈部慢慢伸直，头放回地板，重复6~8次。随着肌肉力量加强，可逐渐延长坚持时间到5秒。

⑯侧卧抬头：侧卧于床，头稍抬起，不要前后移动，保持1~2秒，然后头轻轻放下，重复6~8次。随着肌肉力量加强，可逐渐延长坚持时间到5秒。

⑰仰卧转头：屈膝仰卧，头枕薄枕上，肩部不离开床面，抬头转向一侧，坚持1~2秒，将头转回中间位置。再尽力向另一侧旋转，坚持1~2秒。将头转回到中间位置，轻轻把头放回枕上（还原）。随着肌肉力量加强，可逐渐延长坚持时间到5秒。

7. 预防

勿长时间低头使用手机、电脑、看书等，注意用眼和身体姿势对于预防颈椎病有重要作用。平时可练习颈部和后上背部的肌力、通过拉伸提高活动度。

第五节　腰部常见运动损伤

腰椎椎体体积较大，共有5块，腰椎的关节突又称椎间关节或小关节，是由相邻位椎骨的上、下关节突构成的关节，腰部椎间关节破坏，可引起腰椎不稳和腰痛。腰部椎体间有 5 个椎间盘，椎间由纤维环、髓核、透明软骨终板等组成。椎间盘通过固定相邻的椎体稳定脊柱并维持其排列，允许椎骨间的相互运动，同时吸收加载到脊柱上的载荷和能量。腰椎间盘与其周围组织（如脊神经）有紧密联系，椎间盘突出或退行性病变可继发周围组织的病理变化，引起腰腿痛。腰部由于其解剖和功能的特殊性，可发生多种急慢性损伤。

一、急性腰扭伤

急性腰扭伤是腰部肌肉、筋膜、韧带等软组织因外力作用突然受到过度牵拉而引起的急性损伤。急性腰扭伤好发于青壮年，多发于下腰部，损伤可涉及肌肉、韧带、椎小关节、关节囊、腰骶关节及骶髂关节等，可表现为腰部疼痛、体位改变受限、损伤部位压痛等。

（一）损伤机理

1. 腰肌拉伤

当弯腰提起重物或久蹲突然站起，腰部肌肉强力收缩可引起腰部肌肉或筋膜的撕裂，损伤多发生在骶棘肌和腰背筋膜的附着处。急性腰扭伤处理不当可继发关节囊、韧带和椎体关节的病变，导致长期慢性腰痛。

2. 韧带撕裂

腰部韧带处于紧张状态时，通过外力作用进一步加大脊柱活动幅度，超过韧带承受能力范围可造成韧带撕裂。腰的屈曲性外力易损伤棘上、棘间韧带，肩部回旋或躯干强力旋转可引起横突间和髂腰韧带的损伤。

3. 腰骶关节扭伤

腰骶关节是躯干活动的关键部位，经常在负重状态下活动，当腰骶部负重时进行过度的屈伸或旋转运动，可造成急性腰骶关节扭伤。

4. 骶髂关节扭伤

骶髂关节是脊柱与下肢的连接部位，其活动范围很小；当受到超过其生理承担能力的扭转暴力时，可造成骶髂关节损伤，严重者可发生脱位。

5. 椎间小关节紊乱

人体站立时，椎间两侧的小关节和椎间盘呈三角承重状态，脊柱前屈时椎间盘负重较大，脊柱后伸时两侧小关节负重较大；脊柱旋转时，一侧小关节张开，另一侧小关节变窄。当腰部突然过度前屈和向一侧旋转的瞬间，滑膜等软组织可进入到开大的小关节间隙内引起嵌顿或关节囊撕裂，导致小关节紊乱、绞索或半脱位等。

（二）临床表现和检查

1. 腰肌拉伤

受伤时常有腰部撕裂感，腰部剧烈疼痛，不能伸直，可出现强迫体位；腰部活动受限，腰肌痉挛或僵硬，可有局部轻度肿胀，在腰骶下方，髂后上棘、髂嵴后缘和腰 3~4 横突等处可有明显压痛。部分伤者可伴有下肢牵扯痛、直腿抬高试验阳性，但直腿抬高加强试验阴性。

2. 韧带撕裂

腰部肌肉紧张，棘突或棘尖肿胀、压痛，腰前屈活动疼痛加重，活动受限，屈膝屈髋试验阳性，在髂嵴后部与第 5 腰椎间三角区处可有深部压痛。

屈膝屈髋试验：患者仰卧，双腿靠拢，嘱其尽量屈髋及膝关节，术者两手推膝使髋、膝关节尽量屈曲，使臀部离开床面，腰部被动前屈，若腰骶部发生疼痛，即为阳性。若进行单侧髋膝屈曲试验，患者一侧下肢伸直，术者用同样方法，使另一侧髋、膝关节尽量屈曲，则腰骶关节和骶髂关节可随之运动，若有疼痛即为阳性。表示可能有腰椎椎间关节、腰骶关节或者骶髂关节等病变，但腰椎间盘突出症患者该试验阴性（图 4-24）。

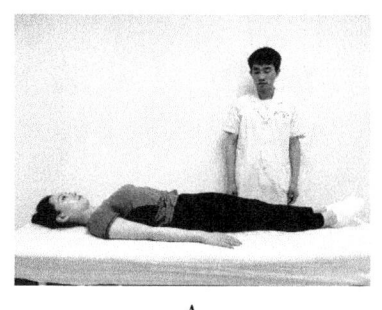
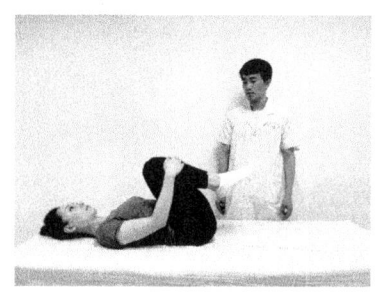

A B

图 4-24 屈膝屈髋试验

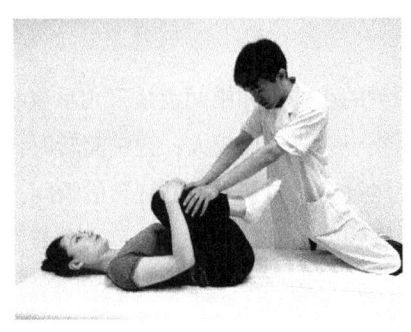

C

图 4-24   屈膝屈髋试验

3. 腰骶关节扭伤

伤后腰骶部剧痛，腰部不能伸直，步态迟缓，咳嗽或打喷嚏时腰痛加重，腰肌紧张僵硬导致腰部前倾或偏向一侧，导致腰 5 和骶 1 处有明显压痛、叩痛，屈膝屈髋试验阳性。

4. 骶髂关节扭伤

伤后一侧腰部和骶髂部疼痛，不敢转身或行走；腰肌和臀肌紧张痉挛、腰部僵直或侧弯，骶髂关节处肿胀压痛。特殊检查如：骨盆旋转试验、"4" 字试验、床边试验、伸髋试验等可出现阳性。

骨盆旋转试验：患者坐于椅上，术者面对患者，以两大腿内侧夹住患者双膝稳定骨盆，再用两手分别扶住其双肩，将躯干做左右旋转活动，骶髂关节处疼痛为阳性。（图 4-25）

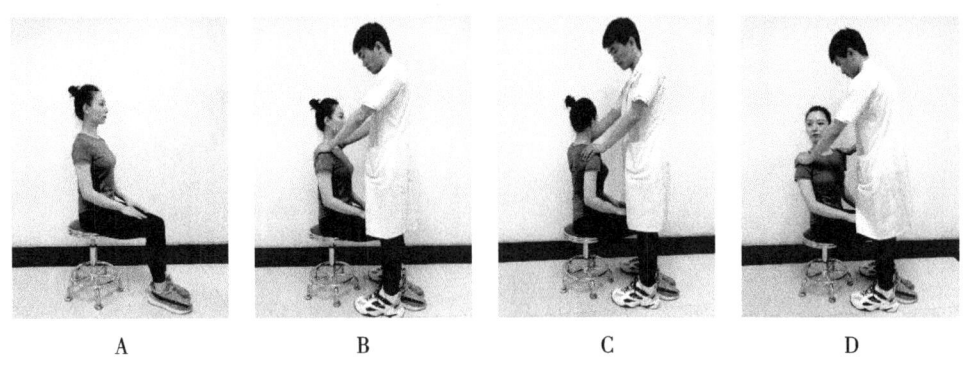

A   B   C   D

图 4-25   骨盆旋转试验

"4"字试验：患者仰卧，患肢屈髋屈膝并外展外旋，将外踝置于对侧大腿上，两腿交叉呈"4"字形状，术者一只手固定骨盆，另一手只置于膝内侧向下压，若骶髂关节痛为阳性。提示骶髂关节有病变，如劳损、类似风湿性关节炎、结核致密性骨炎等（图4-26）。

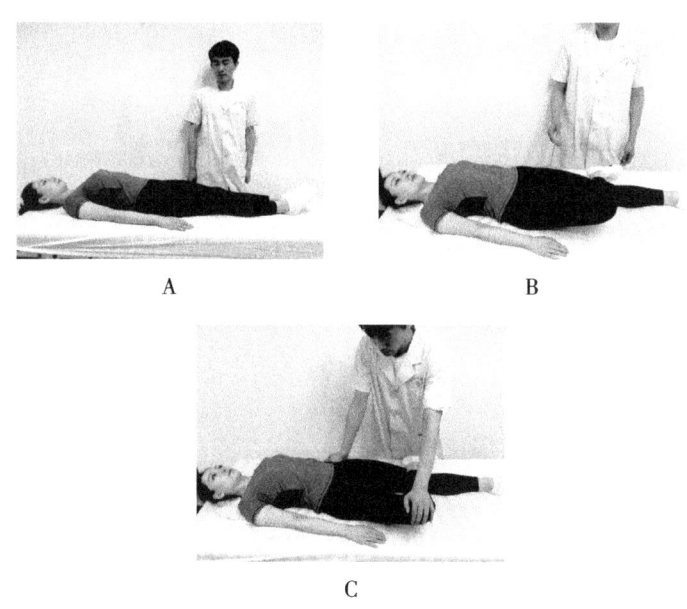

图4-26　"4"字试验

床边试验：患者仰卧，屈健侧髋、膝关节，让患者抱住。患侧大腿垂于床沿外。术者一只手按健膝，另一只手压患膝，出现骶髂关节疼痛为阳性，说明骶髂关节有病变（图4-27）。

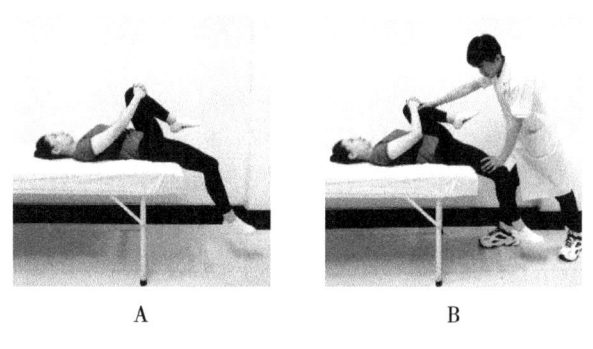

图4-27　床边试验

伸髋试验：患者俯卧，术者一只手压住患侧骶部，另一只手握住患侧踝部将患侧膝关节屈90°后向上提起，使髋关节过伸，此时必扭动骶髂关节，如出现疼痛为阳性，提示骶髂关节有病变（图4-28）。

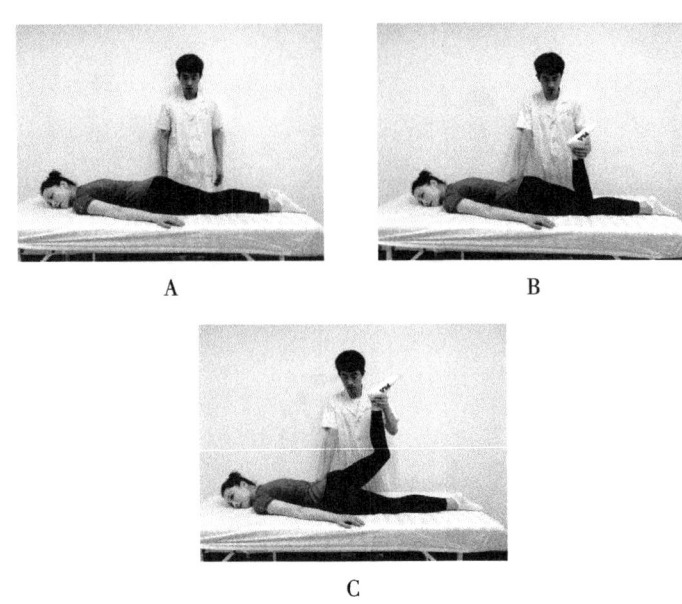

A   B

C

图4-28　伸髋试验

5. 椎间小关节紊乱

伤后下腰部剧烈疼痛、腰肌和臀肌痉挛、腰部僵直，可出现脊柱侧弯或棘突偏歪；X线检查可见腰椎前凸消失，椎间隙左右宽窄不等。

（三）治疗

①卧床休息：卧床休息不仅可以解除腰肌痉挛、减轻疼痛，而且有利于损伤组织的修复。

②按摩、针灸和理疗：按摩可采用理筋、扳法、点按穴位等；也可针刺后溪、腰痛、扭伤等穴位，留针结合运动治疗，可取得明显疗效。

③局部药物注射疗法：如痛点封闭、水针或中药注射。

④内服或外敷中药。

⑤手术治疗：经较长时间保守治疗无效或出现棘间韧带断裂的伤员，可以采用韧带重建术或脊柱融合术等。

⑥预防：运动前注意充分做好准备活动，在负重提拉、搬抬运重物时，需要注意保持腰背部平直，屈髋屈膝，通过伸髋发力为主，勿弯腰发力。

二、腰部劳损

腰部劳损通常是指腰肌劳损、棘上和棘间韧带劳损、腰骶关节炎、骶髂关节炎、腰背筋膜炎、第三腰椎横突综合征等的统称。其共同特点是：无明显的外伤史、无明显的器质性病变，腰痛虽不严重，但迁延不愈，对日常生活、工作和运动有一定影响。

（一）损伤机理

1. 腰肌劳损、棘上和棘间韧带劳损

经常反复、持续地牵拉、挤压腰部，如：频繁的脊柱背伸练习可能使棘间韧带挤压和撞击，反复的弯腰练习或劳作可使棘上、棘间韧带持续受到牵拉，或因腰部急性损伤未能充分康复等，均可使腰部肌肉、韧带等组织结构出现变性、退变，当这些病变累积超出了腰部的代偿能力时，就会引起腰部劳损症状发作。

2. 第三腰椎横突综合征

第三腰椎横突较其他腰椎的横突长，其上所附着的韧带、肌肉、筋膜所承受的拉力也大。在急性损伤处理不当或劳损引起横突周围瘢痕粘连、增生，筋膜和肌腱挛缩等病理改变时，可使穿过肌筋膜的神经血管束受到"卡压"而产生症状。

3. 腰骶髂关节炎和腰背筋膜炎

当劳损、风寒湿热、感染等因素作用于机体后，可引起腰背、骶髂和腰骶部位的筋膜、韧带等组织发生纤维变性、粘连，肌肉痉挛等变化，这些局部的异常改变，可引起腰部慢性疼痛。

（二）临床表现和检查

1. 腰肌劳损、棘上和棘间韧带劳损

腰部疼痛，休息时减轻，活动时加重；腰肌劳损常在棘突两旁棘肌处有压痛，棘间和棘上韧带劳损在棘间或棘上韧带处有压痛。

2. 第三腰椎横突综合征

腰、臀部疼痛，疼痛可涉及股后、小腿、内收肌或下腹部。患侧第三腰椎横突尖明显压痛，臀中肌后缘明显压痛，晚期时患侧臀肌萎缩。

3. 腰骶关节炎、骶髂关节炎

症状和体征与急性腰骶关节扭伤和骶髂关节扭伤类似，只是程度明显为轻。

4. 腰背筋膜炎

腰部疼痛、皮肤麻木、局限性压痛，臀部痛点压痛可放射至坐骨神经，肌肉可有轻度萎缩，有时可触到肌筋膜内的结节，重压时有酸胀感。

（三）治疗

①按摩：采用揉、按压、推、叩击、扳、拔、点按穴位等手法。

②针灸：可取华佗夹脊穴，电针治疗。

③火罐：可以用排罐法或走罐法。

④理疗：理疗可以温热磁场治疗仪、热疗等。

⑤康复锻炼

A. 卷腹：屈髋屈膝，双手置于胸前，抬起上身，使肩胛骨离开床面，腹肌收紧，保持 2 秒，腰部贴紧床面，重复 30~60 次/组，3~5 组/天。若完成动作有困难，可降低难度并减少次数。

B. 腹式呼吸：仰卧放松，呼气时，腹部收缩；吸气时鼓起腹部，用鼻呼吸而不用口呼吸，要求缓慢深长（深吸气 5~10 秒，屏息 5 秒，然后慢呼气 5~10 秒。每次练习 5~15 分钟）。

C. 坐位摸足：坐于椅子上，屈髋，双上肢在双腿内侧触摸脚尖 3~5 秒，尽力拉伸腰部，10 次/组，重复 3~5 组/天。

D. 俯卧两头起：俯卧，上肢置于体侧，两下肢和上背部同时向上抬起至最大限度，坚持 3~5 秒，20 次/组，重复 3~5 组/天。

E. 猫式：手膝跪撑，骨盆后倾，收腹、弓腰至最大限度，坚持 2 秒，再骨盆前倾使腰曲度加大到最大角度，保持 2 秒，10 次/组，重复 3~5 组/天。

F. 坐位转腰：坐位，保持骨盆不动，身体向左/右旋转至最大角度，保持 2~5 秒，再练习对侧，重复 10 次/组，3~5 组/天。

（四）预防

针对引起腰部劳损的原因予以纠正，平时注意姿势教育，勿长时间以不良姿势站、坐、卧等。勿长时间进行弯腰劳动或工作。平时加强腰背肌力量、柔韧性和稳定性锻炼。

三、腰椎间盘突出症

腰椎间盘突出症是指因椎间盘变性、纤维环破裂、髓核突出而刺激或压迫神经根、马尾神经所表现出的一种综合病症，也是日常生活中腰腿痛常见的原因之一。

（一）损伤机理

最常见的原因是搬动或抬举重物、扭转腰部、长时间弯腰后突然直腰、摔倒时臀部着地等，或因用力不当或过度扭转导致腰部损伤，引起腰椎间盘纤维环破裂，突出的髓核压迫神经根，引起疼痛，发生腰椎间盘突出症。

（二）临床表现和检查

腰扭伤即刻或数小时内发生腰痛，轻者尚可耐受，重者卧床不起，数日或数周后感到腿痛，上段腰椎间盘突出可有股神经区痛，下段腰椎间盘突出可有坐骨神经区痛；坐骨神经痛最初在单侧，咳嗽、打喷嚏、排便时疼痛加重。严重的腰椎间盘突出可出现双足麻痹和大小便困难。腰椎间盘突出症患者多数存在腰椎曲度减少，甚至后弓。急性期因保护性肌肉痉挛，腰椎各方向的活动都受限；慢性期和复发时，前屈和向患侧弯曲运动受限。腰椎间盘突出部位局部压痛伴放射痛；压迫坐骨神经时，可有放射性神经痛。X 片可见腰椎侧偏，患侧间隙增宽，腰椎前凸减小或消失，可出现后凸，髓核突出的间隙后方较宽。

❖ **特殊检查**

直腿抬高试验：患者仰卧，术者一只手握住患侧足跟，另一只手保持膝关节伸直，抬高患肢至患者疼痛，并记录其角度，正常时为 70°～90°。在 30°～70°出现坐骨神经的放射性疼为阳性，表明坐骨神经受压（图 4-29）。

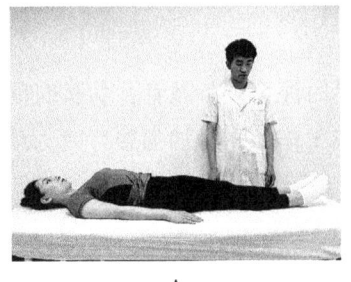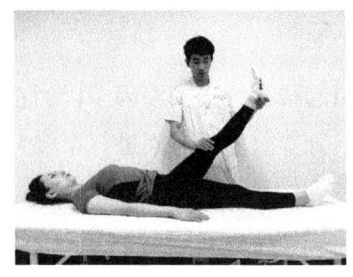

A   B

图 4-29 直腿抬高试验

直腿抬高加强试验：在直腿抬高试验阳性时，缓慢放低患肢高度，待放射性痛消失后再将踝关节被动屈曲，如再度出现放射性疼痛，即为阳性，表明坐骨神经受压（图 4-30）。

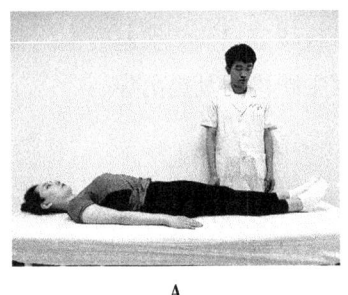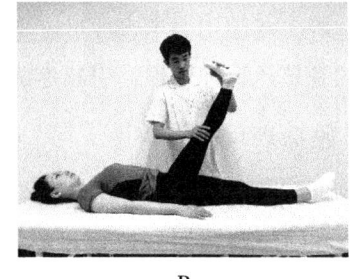

A   B

图 4-30 直腿抬高加强试验

股神经牵拉试验：患者俯卧、屈膝，术者将其小腿上提或尽力屈膝，出现大腿前侧放射性疼痛者为阳性，见于股神经受压，多为高位椎间盘突出症（图 4-31）。

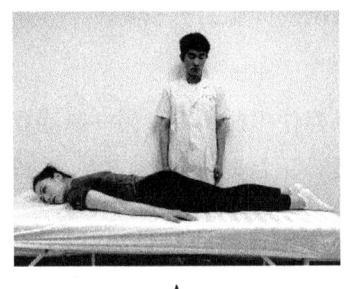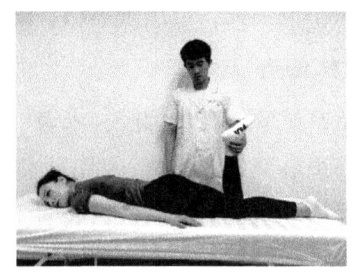

A   B

图 4-31 股神经牵拉试验

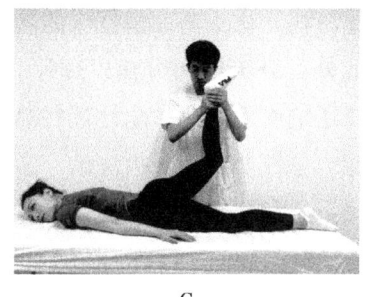

C

图 4-31（续）　股神经牵拉试验

屈颈试验：患者仰卧，术者一只手按其胸前，另一只手置其枕后，屈其颈部，若出现腰部及患肢后侧放射性疼痛则为阳性，提示坐骨神经受压（图 4-32）。

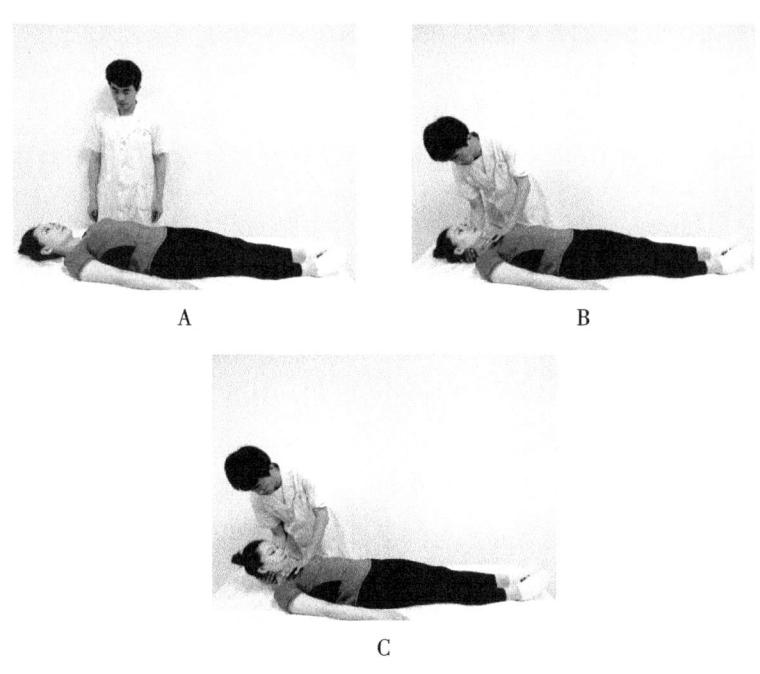

A

B

C

图 4-32　屈颈试验

（三）治疗

1. 急性治疗

急性期卧硬板床休息 1~3 周，平卧时，建议在腰部、膝后部垫薄枕；侧卧时建议在腰侧部、小腿间垫薄枕。枕头薄厚根据床的软硬调整，以保证脊柱在卧位时处于正常生理曲线。此外，卧床期间可辅以理疗、轻手法按摩、药物治疗、功能锻炼。牵引能否使髓核还纳尚无定论。急性症状消退后可起床活动，应常规进行康复锻炼增强背肌功能。急性期采用侧扳法治疗常有成功效果，但手法不当也可发生马尾神经麻痹，足下垂和括约肌功能障碍，应谨慎使用。

2. 化学溶核法

单纯腰椎间盘突出症患者，在椎间盘内注射药物溶解髓核。

3. 手术

中央型突出、多阶段突出或经保守治疗两个疗程以上无效者，反复发作，严重影响生活质量者，可手术切除突出的椎间盘。

4. 腰椎间盘突出症的康复锻炼

（1）非手术治疗的康复训练

①直抬腿：仰卧，两腿伸直轮流抬起，动作轻松稍快，以不引起疼痛为宜，连做 8~10 次。

②团身：仰卧、屈膝、大腿贴腹，两手抱膝、腰背贴床，使腰背部肌肉放松，然后分开两手，两腿伸直，连做 3~5 次。

③卷腹：屈髋屈膝，双手置于胸前，抬起上半身躯干，使肩胛骨离开床面，腹肌收紧，保持 2 秒，腰部贴紧床面，重复 30~60 次/组，3~5 组/天。若完成动作有困难，可降低难度并减少次数。

④倒走：可以让腰部和脊柱保持挺拔，减小腰椎曲度。

⑤爬行：练习时，注意保持腰背部平直，动作要缓慢。

⑥逆腹式呼吸：仰卧放松，吸气时腹部收缩，呼气时鼓起腹部。用鼻呼吸而不用口呼吸，要求缓慢深长（深吸气 5~10 秒，屏息 5 秒，然后慢呼气 5~10 秒。每次练习 5~15 分钟）。

⑦仰卧压床：仰卧在床上，屈膝屈髋，腰部用力向下压紧床面，坚持 6 秒，再回到起始位置，练习 20 次/组，1~3 组/天。可以把手垫在腰下方，腰部用力压紧手掌，体会腰部发力的感觉，腹部放松。

⑧单腿臀桥：一腿屈髋屈膝，另一腿伸直放平。以屈曲的下肢为支撑点，抬起腰背部和伸直侧的腿，在空中停留 2 秒，放下，重复练习 20 次，做 1~3 组。

⑨仰卧抬腿：仰卧，双手抱头，上身微微抬起，感受腹肌用力，一腿屈髋屈膝，另一条腿伸直，抬高至45°左右，空中停留两秒，放下，重复练习20次，做1~3组，换另一侧。注意：双手置于头后，不可用力牵拉颈部屈曲，要靠腹肌的力量使上背抬离地面。

⑩仰卧空中蹬车：仰卧，双手抱头，上身微微抬起，感受腹肌用力，双下肢抬起，像骑自行车一样下肢轮流踏蹬，屈膝时尽量靠近胸部，腰部要紧贴床面，全程背部、腿部不着地。15~20次/组，休息30秒，练习2~3组/天。

（2）术后院内康复训练

①脚拇趾抗阻背伸：仰卧，术者将右手拇指放在患者脚趾上，让患者脚趾尽力上翘（背伸），对抗阻力，重复10次/组，2组/天。

②踝泵：仰卧位，脚用力往上勾（背伸）到极点，然后尽力绷脚尖（跖屈），坚持3~5秒，再重复，10次/组，3~5组/天。

③直腿抬高：仰卧，勾脚尖，慢慢直腿抬高到有酸痛不适感时，坚持3~5秒，慢慢放下，10次/组，重复3~5组/天。

④俯卧抬腿：俯卧，身体自然放松，双下肢伸直，先抬健侧下肢至最高点，保持3~5秒，慢慢放下，再抬患侧下肢至最高点，保持3~5秒，慢慢放下，如此交替，10次/组，重复3~5组/天。

（3）术后院外康复训练

①五点支撑：仰卧，两下肢伸直，以足跟、双肘和头为支撑点，用力将腰臀部抬起至最高点，坚持3~5秒，慢慢放下，10次/组，重复3~5组，上、下午各锻炼一次。

②臀桥：仰卧位，屈膝屈髋，双足踏于床上，两手自然放松置于体侧，以头、双足为支点，用力将臀部抬起至髋关节中立位，保持腰背平直，坚持5~10秒，慢慢放下，10次/组，重复3~5组/天。

③坐位摸足：坐于椅子上，屈髋，双上肢在双腿内侧触摸脚尖3~5秒，尽力拉伸腰部，10次/组，重复3~5组/天。

④坐位体前屈：坐位，双下肢伸直与上半身成90°，然后两上肢伸直向前尽力触摸脚尖3~5秒，重复10次/天。

⑤靠墙下蹲：背靠墙站立，两手叉腰，双脚离开墙壁约2脚距离，分开与肩同宽。然后靠墙下滑到可承受的位置，停顿3~5秒，再站起，20次/组，重复

3~5 组/天。

⑥直背屈髋：直立，双手叉腰，屈髋至最大程度，保持腰背平直，停顿 3~5 秒，回到直立位，20 次/组，重复 3~5 组/天。

⑦俯卧两头起：俯卧，上肢置于体侧，两下肢和上背部同时向上抬起至最大程度，坚持 3~5 秒，20 次/组，重复 3~5 组/天。

⑧猫式：手膝跪撑，骨盆后倾，收腹、弓腰至最大限度，坚持两秒，再骨盆前倾使腰曲度加大到最大角度，保持 2 秒，10 次/组，重复 3~5 组/天。

⑨体侧屈：直立，双手叉腰，向左/右侧弯，重复 20 次/组，3~5 组/天。

⑩腰部旋转：直立，双手叉腰，向左/右旋转，重复 20 次/组，3~5 组/天。

（4）康复锻炼注意事项

①训练一定要规范、标准、足量运动。可任选几个动作作为个性化运动处方进行锻炼。感觉不舒服的动作立即停止并放弃。如果感到有效，建议至少锻炼4~6周。

②禁止弯腰搬运重物。

③禁止弯腰后转身（如泼水动作）。

④禁止突然过度弯腰或直腰。

（5）康复锻炼原则

①无痛原则：任何动作不能出现疼痛。

②循序渐进原则：在保证安全的前提下，按照规范完成标准动作。逐步增加训练强度。

③训练有序原则：首先激活脊柱稳定肌群，然后锻炼运动肌群。

④适量原则：锻炼要量力而行，不可过量，感到疲劳就要休息。此外，需要注意动作姿态和动作控制，保证质量。

5. 预防

平时注意腰背部肌肉力量和柔韧性锻炼。运动前充分热身，运动后及时通过拉伸和按摩促进恢复，运动中注意动作模式正确，日常生活中注意养成良好的坐、站、卧姿势，勿保持同一姿势时间过长。

四、梨状肌综合征

梨状肌综合征是由于梨状肌受损出现炎症、肿胀、充血，压迫坐骨神经引起的周围神经卡压性疾病。主要临床表现为疼痛、臀部肿物、活动受限，可导致畸形等并发症。

（一）损伤机理

髋关节过度内旋、外旋或外展，均可导致梨状肌拉伤，由于坐骨神经与梨状肌的关系密切且常有解剖变异，因此，梨状肌拉伤后常有坐骨神经受累症状。

（二）临床表现和检查

臀部或大腿后侧疼痛，疼痛可放射到整个下肢，俯卧位可在臀中部触摸到较硬横条或隆起的梨状肌，局限性压痛，直腿抬高试验阳性，但直腿抬高加强试验阴性。

（三）治疗

①按摩、针灸、理疗、注射疗法均有效果。

②经长期上述治疗无效的确诊患者，可考虑手术治疗。

③康复锻炼：

A. 臀桥：仰卧位，屈膝屈髋，双足踏于床上，两手自然放松置于体侧，以头、双足为支点，用力将臀部抬起至髋关节中立位，保持腰背平直，坚持5~10秒，慢慢放下，10次/组，重复3~5组/天。

B. 侧桥：侧卧位，双足并拢，以肘支撑，抬起髋部，使身体保持平直，30~60秒/次，重复3~5次。换对侧练习。

C. 仰卧压床：仰卧在床上，屈膝屈髋，腰部用力向下压紧床面，坚持6秒，再回到起始位置，练习20次/组，1~3组/天。可以把手垫在腰下方，腰部用力压紧手掌，体会腰部发力的感觉，腹部放松。

D. 梨状肌拉伸：仰卧于垫上，左踝关节置于右膝上方，双手于右膝后方合抱，用力将右髋弯曲靠近胸部，直至左侧臀部有明显的牵拉感。

④预防：运动前充分热身，注意臀部肌肉的动态激活。运动后及时通过拉伸和按摩促进恢复，尤其是臀部肌肉拉伸。运动中注意技术动作正确。

第六节　大腿部常见运动损伤

大腿肌肉可分为前外侧、内侧和后侧三个肌群。大腿前外肌群主要由股四头肌、缝匠肌和阔筋膜张肌组成；大腿内侧肌群主要由大收肌、耻骨肌、短收肌、长收肌以及股薄肌组成；大腿后群（股后肌群）主要由股二头肌、半腱肌和半膜肌组成。在运动过程中，大腿肌肉拉伤、挫伤是较为常见的运动损伤。

一、股四头肌损伤

股四头肌损伤是指在运动过程中，因为直接或间接暴力作用于股四头肌，导致肌肉出现损伤，表现为局部疼痛、肿胀、活动受限等。

（一）损伤机理

在体育运动中股四头肌猛烈收缩可引起股四头肌的拉伤，严重者可出现肌肉、肌腱断裂；或者股四头肌遭受钝性暴力撞击，引起股四头肌挫伤，出现股四头肌血肿，有可能继发导致纤维化或骨化性肌炎。

（二）临床表现和检查

①肌肉拉伤：伤后局部肿胀、压痛，完全断裂时伤部触之有空虚感或可触及断端。

❖ **特殊检查**

股四头肌抗阻试验：患者屈膝坐于床边，术者一只手下压胫骨施加阻力，另一只手置于膝关节上方大腿上，通过触摸股四头肌检查肌肉收缩情况。患者对抗压力伸直膝关节（图4-33）。

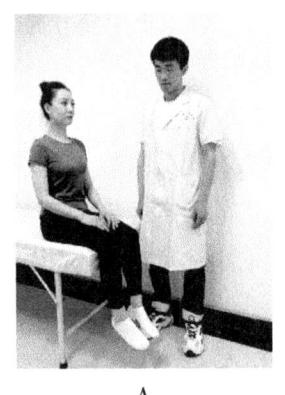 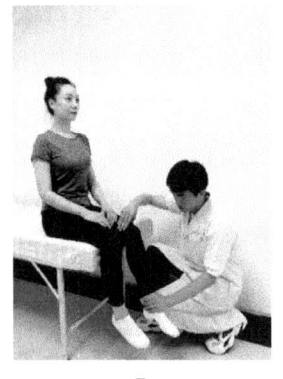

A   B

图4-33 股四头肌抗阻试验

②肌肉挫伤：伤后局部剧烈疼痛、肿胀及压痛，可有皮下瘀斑；重者明显跛行、膝屈受限。严重挫伤可导致血管破裂形成较大的血肿，伤部出现剧痛、局部肿胀、压痛广泛或有波动感，屈膝伸髋明显障碍。如发生骨化性肌炎，可在 X 片上出现钙化影。

（三）治疗

①早期按急性闭合性软组织损伤的"POLICE"原则进行急救处理。

②血肿明显者可穿刺抽血后加压包扎。

③肌肉拉伤用针刺疗法会有显著疗效，可以取阿是穴和邻近腧穴，用较粗的针斜刺。肌肉挫伤可在阿是穴中心直刺，四周向中心斜刺。早期可外敷活血化瘀中药，中后期可采用针刺配合火罐、理疗、按摩等方法进行治疗，同时配合功能锻炼。

④手术治疗：肿胀发展迅速怀疑有血管损伤者应进行手术治疗。肌肉、肌腱完全断裂者应手术缝合。

⑤预防：注意肌力和柔韧性锻炼。运动前充分热身，运动后及时通过拉伸和按摩促进恢复。

二、股后肌群拉伤

股后肌群拉伤是指在运动过程中，因为肌肉主动强力收缩或被动拉长超过生理范围，导致股后肌肉拉伤，表现为局部疼痛、肿胀、活动受限等。股后肌群包括股二头肌、半膜肌和半腱肌，主要功能是伸髋屈膝。

（一）损伤机理

①急性损伤：髋关节极度屈曲时膝关节猛力过伸，可使股后肌群拉伤；或跑步蹬地时，股后肌群主动收缩，用力过猛致伤。

②慢性损伤：股后肌群长期主动收缩或被动牵拉，使肌腱附着点处反复受刺激，可形成末端病改变。

（二）临床表现和检查

急性损伤后局部疼痛，轻者跛行，重者不能行走；严重损伤时，可见皮下瘀血或肿胀。检查时局部有压痛，主要位于损伤的肌腹或坐骨结节处；局部肌肉僵硬，可触及紧张的肌肉成条索状，肌肉断裂时可触及凹陷。慢性损伤局部无明显疼痛，可有硬结。

❖ **特殊检查**

腘绳肌抗阻试验：患者俯卧于床上，术者一只手置于踝关节后方施加阻力，嘱患者对抗阻力屈膝，另一只手可置于大腿后部，通过触摸肌肉检查肌肉收缩情况。患部出现疼痛为阳性（图4-34）。

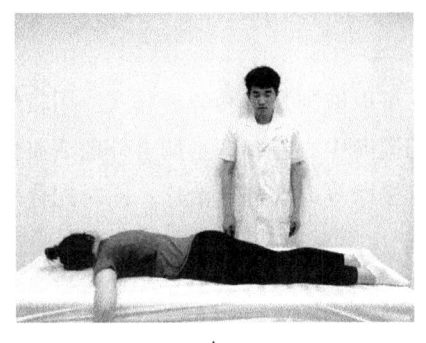
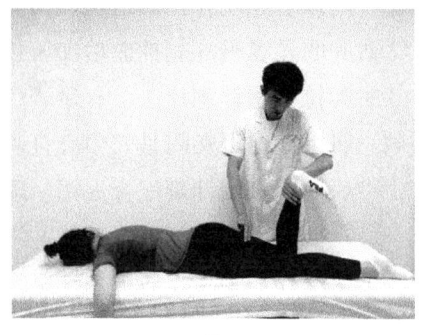

A   B

图4-34 腘绳肌抗阻试验

（三）治疗

①按急性闭合性软组织损伤处理，较轻的拉伤2周可基本恢复。

②肌肉拉伤用针刺疗法，取阿是穴和邻近腧穴，用较粗的针斜刺。早期可外敷活血化瘀的中药，中后期可采用针刺配合火罐、理疗、按摩等方法进行治疗，同时配合功能锻炼。肌肉部分撕裂者，应固定1周后再开始功能练习肌肉。

③手术治疗：完合断裂者应早期手术缝合。

④预防：注意肌力和柔韧性锻炼。运动前充分热身，运动后及时通过拉伸和按摩促进恢复。

第七节　膝部常见运动损伤

膝关节由股骨内、外侧髁和胫骨内、外侧髁以及髌骨构成，属于滑车关节，膝关节的关节囊薄而松弛，附着于关节软骨的周缘，关节囊的周围有韧带加固。前方为髌韧带，后方为腘斜韧带；内侧为胫侧副韧带，外侧为腓侧副韧带。在髌骨上缘，滑膜向上方呈囊状膨出4 cm左右，称为髌上囊。在髌骨下部的两侧，滑膜形成皱襞，突入关节腔内，皱襞内充填以脂肪和血管，叫作翼状襞。膝关节中间还有十字韧带和半月板等辅助结构，膝关节是人体最大、构造最复杂的关节，损伤发生率较高。

一、膝部韧带损伤

膝部韧带损伤是指受到较大暴力作用后，导致膝关节侧副韧带或交叉韧带损伤出现撕裂或断裂。

(一) 损伤机理

①膝半屈位、小腿过度外展和外旋，可损伤胫侧副韧带、前十字韧带，严重者可伤及后十字韧带；暴力使小腿内旋可损伤腓侧副韧带、前十字韧带。暴力作用于胫骨后上部可使前十字韧带损伤。

②膝伸直位，过伸暴力可使关节囊后部和前、后十字韧带损伤。直接暴力作用于膝外侧可使胫侧副韧带损伤；直接暴力作用于膝内侧可使腓侧副韧带损伤。

膝关节的韧带损伤常常为复合损伤，可同时损伤几条韧带，也可伴有关节滑膜或膝半月板的损伤。

(二) 临床表现和检查

膝关节疼痛、肿胀、局部压痛和皮下瘀斑，关节松弛、不稳定、膝关节功能障碍、伤者行走困难。X 线检查在韧带起止处可见到撕脱性骨折碎片，强力侧扳试验或抽屉试验时的 X 片可帮助了解韧带损伤的程度和范围。膝关节造影或关节镜检查可见异常改变。

❖ **特殊检查**

抽屉试验：患者平卧床上，膝屈 90°，双足平置于床上，保持放松。术者坐于床上，抵住患足使之固定，双手置于患膝下小腿近端，余四指置于小腿后方，向前方拉小腿，如出现胫骨前移为前抽屉试验阳性，可能是前十字韧带损伤。如向后推小腿近端，胫骨向后移动为后抽屉试验阳性，提示后交叉韧带部分或完全断裂。做抽屉试验时，需注意伤员的体位和双膝对比（图 4-35）。

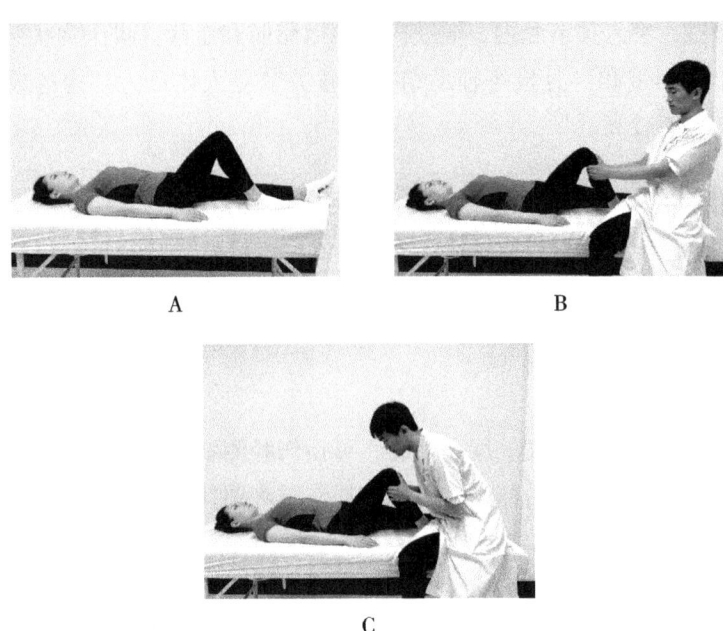

图 4-35 抽屉试验

拉赫曼试验：用于评估前交叉韧带对抗胫骨相对股骨前移的能力。患者仰卧，术者扶住大腿并使大腿肌肉放松，膝关节屈至 30°，在一只手固定膝关节股骨远端外侧之后，以另一只手握住胫骨近端内侧并使之直接向前移位。对于体型较大的患者，术者可屈曲膝关节于检查床上，并将患者大腿置于术者的膝上。保持膝关节中立，固定股骨，然后向前提拉胫骨近端，注意胫骨相对股骨的骨性位移和到达完全前移时，是否存在固定的终止点。胫骨前移增加和/或没有稳固的终点提示前交叉韧带撕裂，拉赫曼试验是评估前交叉韧带完整性最好的操作（图 4-36）。

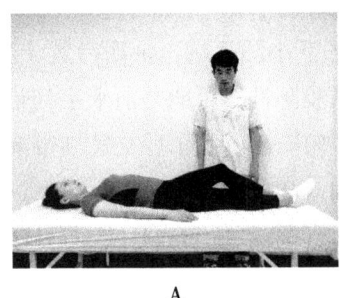
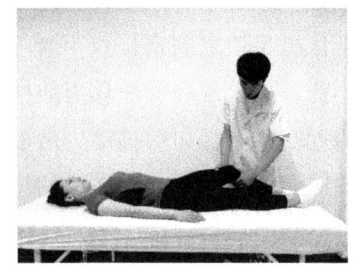

图 4-36 拉赫曼试验

侧扳试验：患者平卧，伸直双腿，术者一只手握踝关节，另一只手抵患者膝关节外侧，膝关节应处于伸直位或屈曲 30°位，施加力使小腿外翻。如果胫侧副韧带处出现疼痛，表示韧带已有损伤。如同时有松动、关节开口感，则为韧带断裂。为避免疼痛和肌肉的反射性保护，最好能在麻醉下或痛点封闭后再检查。检查时一定要嘱咐患者放松肌肉，以免出现假阴性。反之，施加内翻力，腓侧副韧带部出现疼痛或松动，表明腓侧副韧带损伤（图 4-37）。

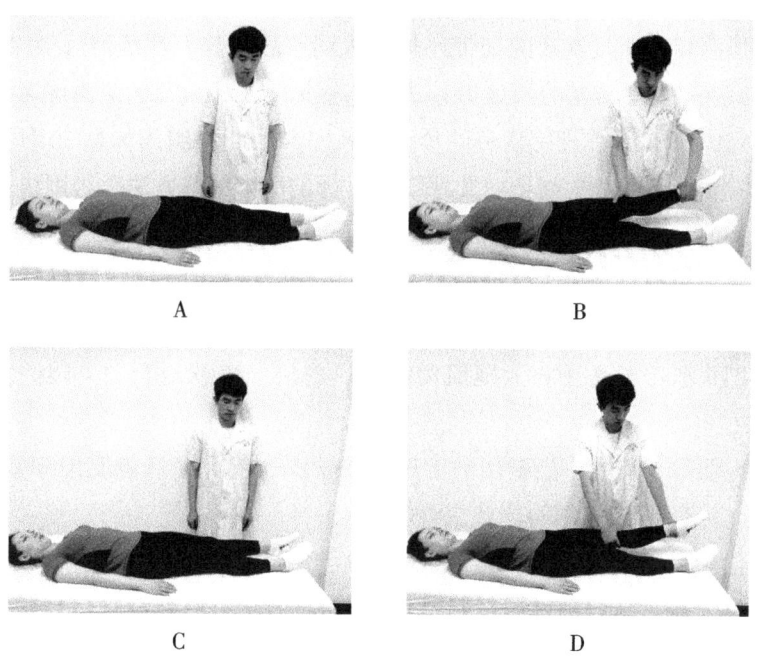

图 4-37　膝侧扳试验

（三）治疗

①韧带部分断裂后，一般采用局部加压包扎、固定、抬高患肢，理疗、针灸、外敷中药等，可取得良好效果。

②有关节明显血肿者，可穿刺抽吸积液后再加压包扎，然后用支具在膝关节伸直位固定 8~12 周。

③手术治疗：完全断裂应早期进行手术缝合。

④膝关节前十字韧带术后康复锻炼：

前十字韧带断裂无论手术与否，都必须经过严格的康复训练，才能恢复原有的膝关节功能。根据损伤重建的不同阶段（出血期及炎性反应期、增殖期、塑形期和运动功能恢复期），可将康复分成 5 期：早期、初期、中期、后期和运动恢复期。

A. 早期：术后 0~1 周

目的：减轻疼痛、肿胀。

方法：肌力练习，早期负重，练习活动度，以避免粘连及肌肉萎缩。

功能锻炼的早期及初期，因肌力水平较低，组织存在较为明显的炎性反应、肿胀、疼痛明显，而且重建的韧带还较为脆弱。故以静力性练习（关节不活动，肌肉绷紧，保持某一姿势直至疲劳）为主。逐渐增加小负荷的耐力练习，即选用轻负荷（完成 30 次动作即感疲劳的负荷量），30 次/组，组间休息 30 秒，2~4 组连续练习，至疲劳为止。切记：此期不应以行走作为练习方法，否则极易引发关节肿胀和积液，影响功能恢复及组织愈合。

·踝泵：用力，缓慢，全范围屈、伸踝关节，清醒时尽可能多做。

·髌骨松动术：推髌骨向各方向活动，防止粘连。

·股四头肌等长练习：大腿肌肉绷紧、放松。30 次/组，2~4 组/天，组间休息 30 秒。

·腘绳肌等长练习：患腿用力下压所垫枕头，使大腿后侧肌肉绷紧及放松。30 次/组，2~4 组/天，组间休息 30 秒。

·直抬腿练习：伸直膝后，将腿抬高至足跟离床 15 cm 处，保持至力竭。10 次/组，2~3 组/天。

·侧抬腿练习：30 次/组，2~4 组/天，组间休息 30 秒。

·后抬腿练习：俯卧，患腿伸直向后抬起至足尖离床面 5 cm 为 1 次，30 次/组，2~4 组/天，组间休息 30 秒。

·负重及平衡：在有人保护下，双足分离，在微痛范围内左右、前后交替移动重心，争取可达到单腿完全负重站立，5 分钟/次，2 次/天。

·屈曲练习：最好由康复医师操作或在其指导下完成。通常术后第 4 天屈曲可至 0°~60°范围，第 5 天至 70°~80°，1~2 周内达到屈曲 90°，逐步开始主动屈伸练习。

·伸展练习：去除夹板，于足跟处垫枕，使患腿完全离开床面，放松肌肉使膝关节自然伸展，30 分钟/次，1~2 次/天。

注意：练习后如果有局部发热、肿胀、疼痛表现，即刻冰敷 20 分钟左右，然后再加压包扎。

B. 初期：术后 2~4 周

目的：加强活动度及肌力练习，提高关节控制能力及稳定性，逐步改善步态。

方法：活动度及肌力练习，关节控制能力及稳定性训练，步态练习。

· 被动屈曲可逐步从 90°~100°增加到 100°~110°。

· 强化肌力练习，增加抗阻负荷。

· 如可单足站立 1 分钟，即可用单拐行走，在室内可脱拐行走。

· 伸展可达与健侧腿基本相同。

· 开始指导下肢主动屈曲练习，争取术后 4 周达到 110°。

· 髌腱（骨-腱-骨）重建前交叉韧带患者，开始立位"勾腿"练习。以静力练习为主，10~15 秒/次，30 次/组，4 组/天。

· 开始前后、侧向跨步练习，患腿在前并跨出一侧负重，30 次/组，4 组/天。

· 第 4 周可以开始静蹲练习。后背靠墙，双脚与肩同宽，脚尖及膝关节指向正前方，不得"内/外八字"，随力量增加逐渐增加下蹲的角度，2 分钟/次，间隔 5 秒，5~10 次/组，2~3 组/天。

· 练习走路，可以采用减重跑台、悬吊减重、水中训练等方式减轻下肢负重，通过锻炼尽快恢复正常步态。

C. 中期：术后 5 周~3 个月

目的：强化关节活动度，需达到与健侧相同活动范围。强化肌力，改善关节稳定性，恢复日常生活中各项活动能力。

方法：强化肌力，增加关节稳定性练习，逐步开始日常活动能力训练。随肌力水平的提高，中期以绝对力量的练习为主。选用中等负荷（完成 20 次动作即感疲劳的负荷量），20 次/组，组间休息 60 秒，2~4 组/天。

· 被动屈曲达 120°~130°。争取在第 8 周完全恢复正常屈曲角度。第 10 周完全恢复主动屈伸角度。

· 开始患侧单腿 45°位半蹲屈伸膝练习。患腿单腿站立，上体正直，缓慢下蹲至屈曲 45°处，再缓慢蹬至完全伸直。要求缓慢、用力、有控制（不晃动，下肢运动模式正确，膝关节屈曲时，方向要保持和第二足趾方向一致），20~30 次/组，组间隔 30 秒，2~4 次/天。

· 固定自行车练习，由无负荷过渡到轻负荷，30 分钟/次，2 次/天。

·强化肌力，但不加大负荷，只增加练习的角度、次数及时间。

·俯卧位，屈膝使足跟尽量碰触臀部，持续牵伸10分钟/次。

·"坐位抱膝"与健腿完全相同后，在保护下开始逐步练习全蹲和跪坐。

D. 后期：术后4~6个月

目的：全面恢复日常生活各项活动。

方法：强化肌力及关节稳定。逐渐恢复日常生活中各项运动能力，后期以提高最大力量为主，可选用较大负荷（完成12次动作即感疲劳的负荷量），8~12次/组，组间休息90秒，2~4组/天。

·开始膝绕环练习。

·开始跳上、跳下练习。

·开始侧向跨跳练习。

·开始游泳（早期禁止蛙泳）、跳绳及慢跑。

·运动员开始专项动作练习。

注意：在此期间，重建的韧带尚不足够坚固，故练习应循序渐进，不可勉强或盲目冒进，需要强化肌力以保证膝关节在运动中的稳定及安全，可戴护膝保护，但只主张在剧烈运动时使用。

E. 运动恢复期：术后7个月至1年

目的：全面恢复运动或剧烈活动。

方法：提高肌力，强化跑跳中关节的稳定性，逐渐恢复剧烈活动或专项训练。

（以上方案参考北医三院术后康复计划编写）

⑤预防：平时注意臀部和下肢力量、柔韧性，膝关节和踝关节的稳定性、灵活性及本体感觉等锻炼，运动中需要注意动作模式和技术动作正确。运动前充分热身，运动后及时通过拉伸和按摩促进恢复。训练注意运动负荷控制，勿在疲劳下进行对抗性练习。

二、膝关节半月板损伤

膝关节半月板损伤是由于膝关节在半屈位遭受较大暴力作用后扭转，或在膝关节过度屈曲或伸直时，导致膝关节半月板撕裂的损伤。

半月板是一个可活动的楔状体，将股骨髁与胫骨髁周围的腔隙填充，使得股骨髁能更好地适合胫骨髁。半月板增加了股骨髁和胫骨平台的接触面积，有利于分散膝关节应力，增加关节稳定性，还可以防止关节囊及滑膜进入关节面之间，对膝关节有重要保护作用。半月板还有防止股骨在胫骨面上向前滑动的作用，辅助侧副韧带限制关节的侧方运动；半月板具有弹性，能调节关节腔内的压力；半月板有吸筒作用，可吸收滑液，缓冲应力、润滑关节面，减少摩擦等作用。

膝关节进行屈伸运动时，半月板固定于胫骨上，并随其在股骨上一同运动；当膝关节进行旋转运动时，半月板与股骨在胫骨上一同运动。在膝关节半屈位，突然进行旋转运动时，半月板可能会因为退让不及而导致撕裂。

（一）损伤机理

①膝关节处于半屈位，小腿内/外旋或内/外翻，同时伸膝，半月板的活动将减少并固定于胫骨上，半月板产生的矛盾运动可以导致其损伤。

②某些动作和体位易引起半月板损伤，如足与小腿固定时强力伸膝，因股骨不能外旋或内旋，可导致半月板损伤。

③膝过伸或过屈动作均可使半月板前角或后角损伤。

④长期反复微细损害可引起半月板慢性损伤。

半月板损伤的部位可为前角、体部或后角，损伤类型可有纵裂、横裂、水平裂、边缘分离、斜裂、"T"型或多处撕裂。

半月板损伤可导致纤维软骨变性、周围软组织慢性炎症或囊肿形成。

（二）临床表现和检查

膝部疼痛、活动受限、关节度肿胀；若合并关节囊、膝侧副韧带损伤时，关节明显肿胀，并常伴有皮下瘀斑。关节绞锁（纵裂、斜裂、边缘等类型半月板撕裂后，活动时半月板游离体一旦卡入胫股关节面，可引起膝关节绞锁现象）、膝关节不稳（在不平路面行走或上下台阶时，膝关节不稳，有打软腿、滑落感）、肌肉萎缩，以股四头肌的废用性萎缩较为常见，约占膝关节半月板损伤的75%。通过 MRI 可以明确半月板损伤的类型和严重程度。

❉ **特殊检查**

膝关节研磨试验：患者俯卧，屈膝90°，术者将小腿用力下压，并且做内旋和外旋运动，使股骨与胫骨关节面之间发生摩擦，若外旋产生疼痛，提示为内侧半月板损伤。此后将小腿上提，并做内旋和外旋运动，如外旋时引起疼痛，提示为内侧副韧带损伤（图 4-38）。

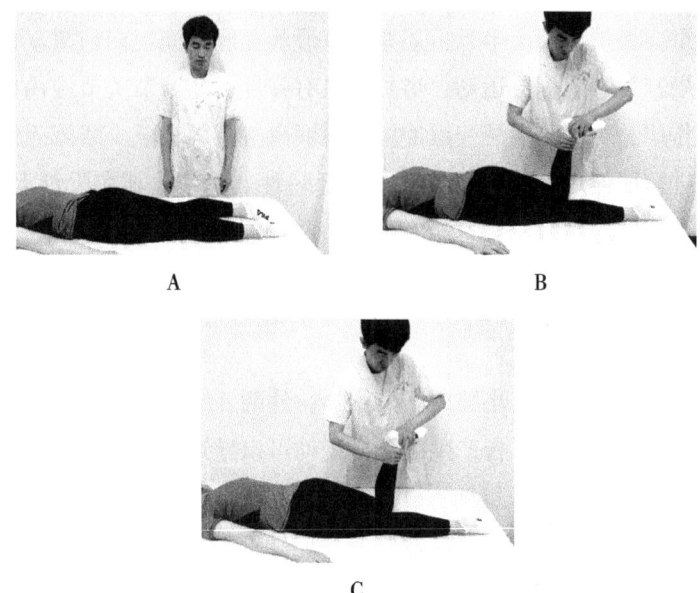

图 4-38　膝关节研磨试验

麦氏（McMurray）试验：患者仰卧，膝关节屈曲，术者一只手按在膝关节上，同时手指置于关节间隙，另一只手握住足部使膝关节在内收或外展，并在进行内旋或外旋的同时被动缓慢伸直膝关节，如果出现疼痛或弹响，则为阳性。按照术者对膝关节施加的应力，该试验可以 4 种方式进行，即内翻内旋、内翻外旋、外翻外旋和外翻内旋，可根据发生疼痛、弹响的关节角度和施加的应力分析判断半月板损伤的部位（图 4-39）。

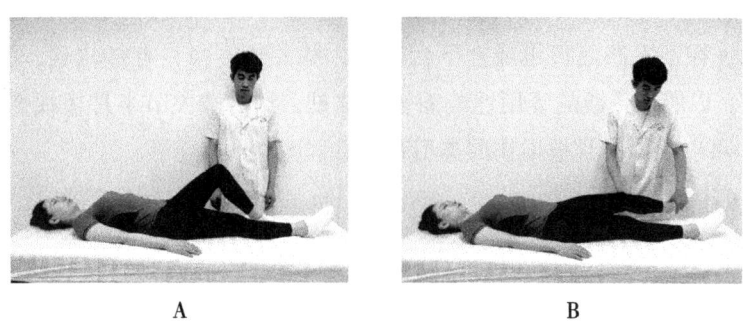

图 4-39　McMurray 试验

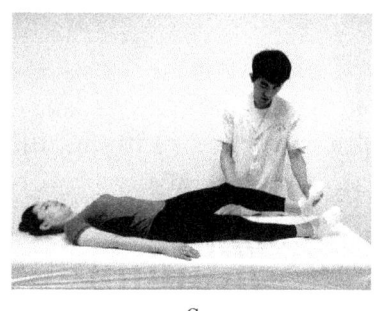

C

图 4-39（续）　　McMurray 试验

（三）治疗

①保守治疗

半月板损伤较轻、无手术指征的患者，可在减轻局部运动量的基础上，采用按摩、针灸、理疗等方法进行保守治疗。

②手术治疗

损伤较重，经常出现膝关节绞锁，严重影响日常生活和运动者，应尽快手术缝合或切除损伤的半月板，以免膝关节损伤加重或出现继发性损伤。

③膝关节慢性损伤的康复训练

膝关节慢性运动损伤后，常需要通过康复训练来恢复功能，要通过灵活性训练增强膝关节的屈伸功能；借助肌肉和韧带等软组织的柔韧性练习扩大膝关节活动范围；加强力量和稳定性练习，提高膝关节对所承受运动的反应灵敏度。练习者应在医生指导下进行选择性练习，确保训练的有效性和安全性。在练习的过程中，一定要遵循循序渐进的训练原则。

（1）自重伸膝

仰卧，双腿伸直，把一条毛巾卷成卷放在膝关节下。轻轻屈膝，然后再伸直，保持数秒，10 次/组，3~5 组/天。

（2）抗阻屈膝

俯卧，双手置于体侧，屈膝，两小腿交叉，一条腿屈膝向臀部靠近，用另一条腿伸膝进行抗阻。保持数秒，放松，10 次/组，3~5 组/天。

（3）下蹲

下蹲，双脚稍稍分开，面向前方，屈髋屈膝，脚跟离地，尽量坚持，疲劳后放松休息，重复 3~5 次。

（4）膝关节伸展

坐位，双腿伸直，在踝部垫一小枕，约 10 cm，用手轻压膝关节，让膝关节伸展，保持此姿势 30~60 秒，重复 3~5 次。

（5）局部负重膝关节弯曲

站在两椅之间，双手放在椅背上支撑分担身体一定重量，屈肘，双肩放松，微屈膝关节进行半蹲训练，重复 8~12 次。

（6）靠墙下滑（股四头肌、腘绳肌）

背靠墙站立，双腿微分，两脚平行，膝关节屈曲，肩和臀部靠着墙壁逐渐下滑到"坐"姿，尽量坚持，感到疲劳时恢复直立位，放松，重复 3~5 次。

（7）膝抗阻内收

坐位，双脚分开，同肩宽，双膝间夹枕头，膝相向用力内收靠拢，坚持，放松，重复。

（8）股四头肌拉伸

站立，患侧屈膝，患侧手握患侧脚向臀部靠近，髋后伸，使大腿前侧产生牵拉感，放松，重复。

（9）单足站立

一只脚站立，另一只脚膝关节微屈，以单足保持平衡，尽量站立 60 秒以上，可以睁眼或闭眼练习。

（10）开合跳

立正站立，身体正直放松，向上跳，双臂快速从体侧抬起，同时双脚分开至同肩宽，坚持 30~60 秒。

（11）俯卧登山

双手撑地，躯干平直，一条腿屈髋屈膝向胸部，另一条腿向后伸直，两腿交替，重复 30~60 秒。

（四）预防

运动前充分热身，运动中需要注意动作模式和技术动作正确，运动后及时通过拉伸和按摩促进恢复。训练注意运动负荷控制，勿在疲劳下进行对抗性练习。平时注意臀部和下肢力量、柔韧性、膝关节和踝关节的稳定性、灵活性及本体感觉等锻炼。

三、髌骨软化症

髌骨软骨属于透明软骨，透明软骨会随着时间推移不断磨损，特别是髌骨软骨磨损最为严重和常见。由于髌骨软骨面和股骨髌面关节软骨因劳损发生的退行性改变，称为髌骨软化症，又称为髌骨劳损。

(一) 损伤机理

①膝关节反复在半屈位扭转发力，致使髌骨与股骨相应关节面经常发生相互异常错动、撞击和摩擦，久之可导致髌骨软化症。

②髌骨受直接外力撞击或突然内外翻应力，可引起髌骨软骨急性损伤，晚期可出现髌骨软化。

③半月板或膝侧副韧带、十字韧带损伤后，膝关节稳定性受损，力学关系发生改变，容易继发导致髌骨软化症。

(二) 临床表现和检查

膝关节不适、疼痛，髌周指压痛，膝软无力，下楼梯时可能会出现打软腿现象，膝关节屈伸时可有摩擦音，运动时疼痛加重、休息后可减轻，受凉或气候变化时疼痛加重。病程较长者可出现股四头肌废用性萎缩。X 片晚期可见关节缘唇样增生，骨质硬化、囊性变，关节面缺损或局限性隆起。

❖ **特殊检查**

髌骨研磨试验：患者仰卧，双腿伸直，术者将掌心放在患者髌骨上，并施加向下的力，将髌骨压在股骨上，然后上下、左右移动髌骨，进行扭转和研磨，如果出现疼痛，提示有髌骨软化症（图4-40）。

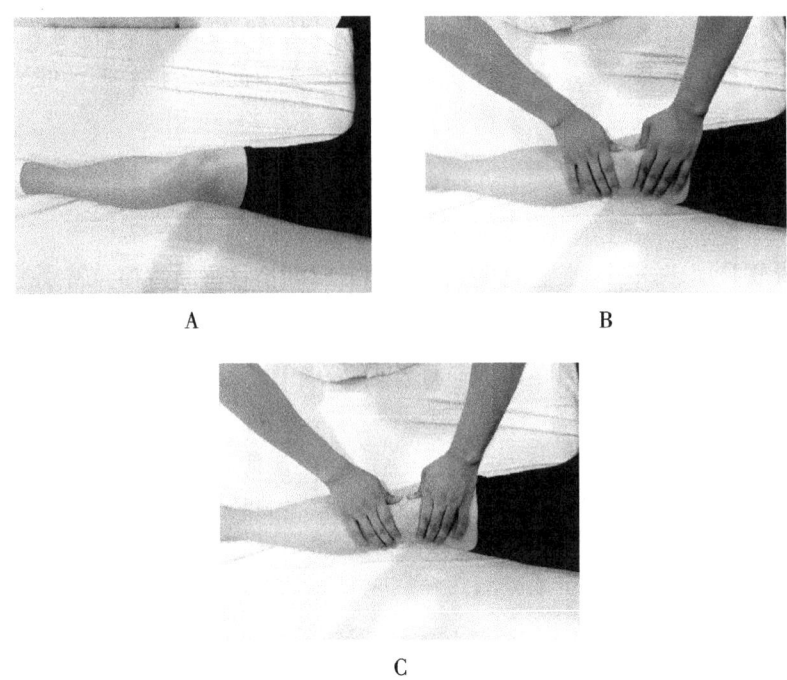

A   B

C

图 4-40　髌骨研磨试验

　　单足半蹲试验：患者单足支撑，逐渐下蹲，当屈曲 130°～150° 时出现疼痛或疼痛加重（图 4-41）。

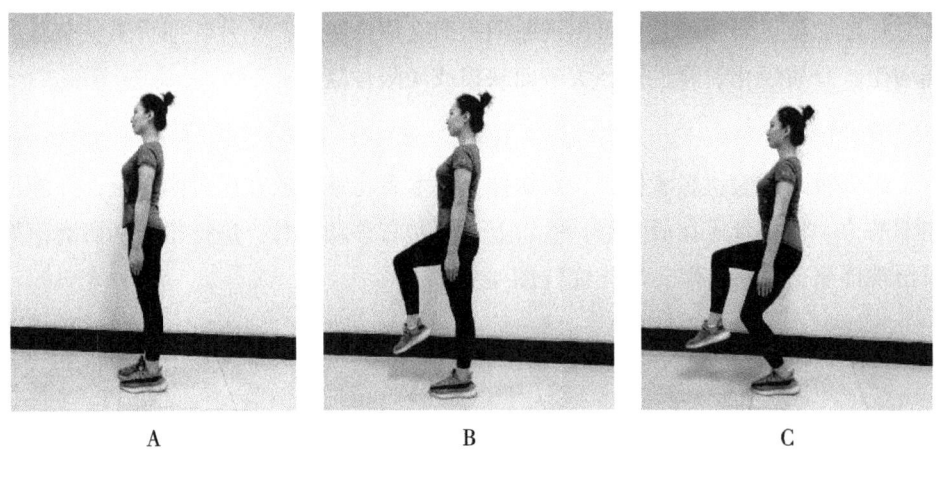

A   B   C

图 4-41　单足半蹲试验

（三）治疗

1. 非手术治疗

可采用超短波、蜡疗、注射疗法、中药外敷等治疗方法。运动时可采用贴扎固定（图4-42）。

2. 手术治疗

症状严重或保守治疗无效者，可进行手术治疗。

3. 康复锻炼

髌骨软化症的康复训练一般以肌肉耐力训练为主，因为膝关节长期不适和运动不足，可引起肌肉力量下降和废用性萎缩，通过抗阻训练可以增加肌力和肌容积，

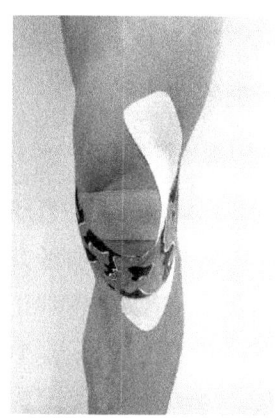

图4-42　髌骨软化贴扎

最常用的康复锻炼方法包括：静蹲，直抬腿，还需要加强臀大肌、臀中肌、股四头肌和股二头肌肌力，同时纠正下肢不良的运动模式和力线问题。锻炼时，在具备一定力量基础后，肌肉有能力对抗更大负荷重量时，可以采用负重蹲起方式进行增强训练，负重逐渐增加，下蹲角度由1/4蹲、半蹲、深蹲、全蹲逐步增加。总体原则是：根据患者恢复情况，逐步采用进阶训练，由静态力量—自体重量—器械抗阻力量—不稳定平面下抗阻力量—专项力量训练，使其功能不断提升，最终康复。康复锻炼早期介入，可延缓膝关节炎的发生。

①静蹲：一般可以做30°、45°、60°和90°静蹲，注意康复锻炼时，要避开膝关节疼痛的位置，运动负荷适量，以无痛、不加重症状为度。

②直抬腿：平卧，膝关节伸直，慢慢抬起下肢约30°，尽量保持较长时间。

③臀桥：仰卧，屈髋屈膝，双手自然放在身体两侧，两条腿间距离与骨盆宽相同，双脚脚后跟着地，并尽量靠近臀部。收紧臀部，抬髋部至肩，躯干、髋和膝呈直线，维持5秒，恢复初始位置。做10次/组，2组/天，组间歇时间30秒。

④蚌式开合：在大腿中段外侧缠绕一环形弹力带，侧卧，肘撑地，屈髋屈膝位，双足内侧紧靠，双膝关节对抗弹力带阻力，尽量张开，保持4秒，然后以离心收缩回动，重复10次/组，2组/天，组间歇时间30秒。

⑤后撤箭步蹲：身体直立，右腿向后退一步，双膝都弯到90°。左脚向下用力，左腿向上蹬起，然后恢复站立。保持挺胸抬头、核心收紧，双肩不倾斜，脊柱挺直，上半身可微微前倾。弓箭步站立，下蹲时膝盖正对同侧足尖。10次/组，

3 组/天，间歇时间 30 秒，左右交替。

⑥膝关节本体感觉训练：比训练对于髌骨软化症的缓解作用也是十分明显的。比如睁、闭眼的单腿站立，还可以结合使用平衡垫、波速球、TRX 悬吊等进行训练。

4. 预防

运动中需要注意动作模式和技术动作正确，在半蹲位用力时，注意膝关节运动方向要与第二脚趾方向一致，如果存在明显的膝内/外翻、内/外八字脚、足弓问题等，需要及时纠正。注意控制运动负荷，勿在半屈位下过度运动。平时注意臀部和下肢力量、柔韧性、膝关节和踝关节的稳定性、灵活性及本体感觉等锻炼。运动后加强恢复措施。

第八节　小腿部常见运动损伤

小腿是指下肢从膝关节到踝关节之间的部分，主要包括胫骨、腓骨。后侧有小腿三头肌（腓肠肌和比目鱼肌），从小腿中部向下移行是粗大的跟腱，止于跟骨结节，小腿三头肌功能可使小腿屈曲和踝关节跖屈，在站立时，还能固定踝关节和膝关节，以防止身体前倾；深层有趾长屈肌、胫骨后肌和跚长屈肌；小腿外侧有腓骨长肌和腓骨短肌，腓骨长/短肌可使足外翻，并使踝关节跖屈。小腿部常见运动损伤有胫腓骨骨膜炎和跟腱炎等。

一、胫腓骨骨膜炎

胫腓骨骨膜炎是指由于损伤性因素导致的胫腓骨骨膜发生炎症、水肿等变化。

（一）损伤机理

体育运动中，由于跑、跳动作过多，落地缓冲不好，反复的应力刺激胫腓骨中下段，导致局部负荷积累，或因肌肉附着部的骨膜长期、反复地受到牵拉，均可导致胫腓骨骨膜出现炎症，局部出现疼痛、活动痛、压痛、水肿等症状。

（二）临床表现和检查

胫骨或腓骨疼痛，多为局部钝痛，腓骨疼痛部位多在下部，胫骨疼痛部位多在胫骨中下段，内侧缘及前骨面。局部可有凹陷性水肿，可触及一个或多个结节，有压痛。

（三）治疗

①用弹力绷带裹缠小腿，减少跑、跳活动。

②理疗、按摩及外用药物。

③运动后要及时做好小腿肌肉的拉伸和放松。

④预防：注意加强心肺和下肢力量锻炼。运动中需要注意动作模式和技术动作正确，跑跳过程中注意落地缓冲动作，如果存在明显的内/外八字脚、足弓问题等，需要及时纠正。注意控制锻炼负荷。平时注意下肢力量锻炼，加强踝关节灵活性及本体感觉等锻炼。运动后加强恢复措施。

二、跟腱腱围炎

跟腱腱围炎是指跟腱及其周围组织出现的无菌性炎症。跟腱是人体最大的肌腱，近端是小腿三头肌肌腹，远端止于跟骨结节。跟腱的背侧有 7~8 层润滑层，每层都有各自的营养血管，层与层之间有血管通行，踝关节活动时层之间可相互滑动。跟腱中的血管数量随年龄增长而逐渐减少，因此，年龄越大，跟腱腱围组织越容易形成慢性损伤。

（一）损伤机理

在运动过程中，由于跑跳过多，小腿腓肠肌和跟腱承受反复、过度牵张力导致发生损伤。此外，突然增加锻炼的强度或频率，由于身体不适应，也会引起跟腱炎。跟腱炎的发病因素较多，过劳、运动训练不当、鞋不合脚、解剖和生物力学异常等都可能会引起跟腱炎。

（二）临床表现和检查

跟腱炎可能发生在跟腱的任何区域，表现为足跟上方内侧疼痛、酸痛、压痛、僵硬，活动后加剧，跟腱疼痛或者僵硬多发于清晨，走路尤其是爬山及上楼梯会感觉跟腱疼痛。晚期可表现为肌腱肿大，在病变区域出现结节，慢性跟腱炎病程缠绵，可持续存在。

（三）治疗

①早期可以局部使用保护性支持带，外用扶他林等（图4-43）。

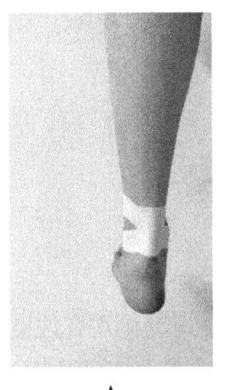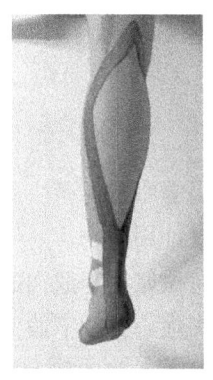

A   B

图 4-43   跟腱炎的贴扎

②可采用按摩、理疗、康复锻炼等。运动后注意对大、小腿后群肌肉的拉伸和按摩，以放松肌肉，也可以使用泡沫轴、筋膜枪、筋膜刀进行放松。疼痛明显者可以采用冰敷治疗。康复锻炼以加强下肢力量和柔韧性为主，加强踝关节的灵活性的本体感觉锻炼。

③手术治疗：保守治疗无效者，可手术切除腱围及跟腱的变性部分。

④预防：运动中需要注意动作模式和技术动作正确，跑跳过程中注意落地缓冲动作，如果存在明显的内/外八字脚、足弓问题等，要及时纠正。注意控制锻炼负荷。运动后加强恢复措施。运动前注意准备活动，重点是在伸膝/屈膝位进行踝关节背屈拉伸练习，20~30 秒/次，共做 3 次。

三、跟腱断裂

跟腱断裂是跟腱遭受直接或间接暴力作用，出现完全断裂的一种损伤。

（一）损伤机理

跟腱断裂多由于运动过程中突然发力导致，尤其是在踝关节背伸状态下，小腿三头肌突然收缩，会使跟腱张力急剧增大而导致跟腱断裂；大多数的跟腱断裂多继发于跟腱腱围炎，常见于羽毛球、篮球爱好者，在不经意间进行跳跃动作时突然致伤。少数跟腱断裂是由于直接暴力损害，锐器或钝器直接作用于跟腱，使跟腱断裂。

（二）临床表现和检查

闭合性跟腱断裂会出现踝部疼痛、肿胀，小腿无力，踝关节活动受限，严重者不可站立，甚至不能行走。局部压痛，跟腱断裂处有凹陷，捏小腿三头肌试验阳性。直接外伤引起的开放性跟腱断裂伤皮肤裂开出血，伤口内可见跟腱组织。

（三）治疗

①断裂建议手术缝合。

②术后早期功能康复锻炼。

③预防：如果存在明显的内/外八字脚、足弓问题等，要及时纠正。运动中需要注意动作模式和技术动作正确，跑跳过程中注意落地缓冲动作。平时注意加强下肢力量锻炼和柔韧性锻炼，加强踝关节的灵活性及本体感觉等锻炼。注意控制锻炼负荷，运动后加强恢复措施。运动前注意准备活动，重点是在伸膝/屈膝位进行踝关节背屈拉伸练习。运动后注意对大、小腿后群肌肉的拉伸和按摩，以放松肌肉。如果存在跟腱炎，要及时治疗，预防跟腱断裂发生。

第九节　足踝部常见运动损伤

踝关节由胫骨、腓骨下端的关节面与距骨滑车构成，踝关节的主要功能为背伸和跖屈。踝关节由于负重大，周围韧带相对薄弱，关节活动范围较大，稳定性较差，在解剖上存在弱点，因此，在运动中损伤发生率最高。

一、踝关节韧带损伤

踝关节韧带损伤是运动中最常见的一种损伤，由于受到外力作用，导致踝关节韧带撕裂或断裂，严重时可伴有骨折或脱位。

胫骨的下关节面及内、外踝关节面共同形成叉状关节窝，容纳距骨滑车（关节头），由于滑车关节面前宽后窄，当足背伸时，较宽的前部进入窝内，关节较稳定；但在跖屈时，如滑车较窄的后部进入窝内，踝关节较为松动，同时还能向侧方运动；踝关节内踝相对较短，外踝较长，可阻止距骨过度外翻。由于踝关节跖屈、内翻肌群的力量比背伸、外翻肌群的力量强，踝关节内侧韧带比外侧韧带更厚、更结实，因此，踝关节的骨性结构、韧带和肌肉等因素使得踝关节外侧的稳定性相对较差，更容易发生损伤，在踝关节外侧韧带损伤中，又以距腓前韧带和跟腓韧带最易损伤。

（一）损伤机理

①最常见的是在体育运动中起跳后，足自然下垂，踝关节处于跖屈内翻位，稳定性较差，比如：落地时重心不稳、踩到别人脚背，容易使踝关节在过度跖屈内翻位着地，造成距腓前韧带损伤或断裂。

②如果踝关节背伸外翻位足着地，可造成三角韧带损伤。

③在体育运动中，如果外力使足猛力外旋，也可使胫腓前韧带损伤。

（二）临床表现和检查

踝关节肿胀、疼痛、压痛、活动受限、足背皮下瘀斑。X 片可见距上关节面倾斜不平，关节面交角超过 5°~9° 或为对侧 2 倍。

❖ **特殊检查**

内翻应力试验：患者坐位，膝关节屈曲，踝关节处于中立位。术者一只手握住患者胫骨，维持其稳定并使踝关节处于中立位，另一只手握住跟骨，使足内翻，出现明显疼痛，则为阳性。当出现过度或者两侧不对称活动度时，提示跟腓韧带陈旧性损伤、松弛。该项检查需将患侧与健侧进行对比（图4-44）。

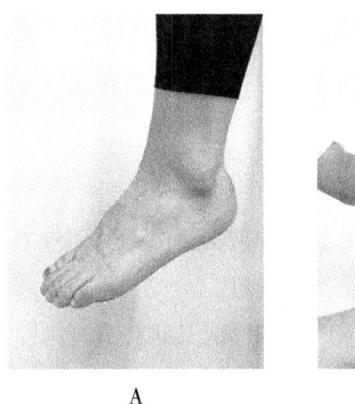 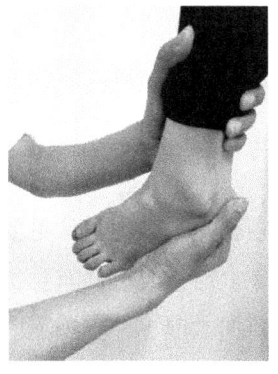

A　　　　　　　　　　　B

图4-44　内翻应力试验

外翻应力试验：患者坐位，膝关节屈曲，踝关节处于中立位。术者用一只手在外踝上方握住小腿，另一只手在跟骨内下方处握住患足，使足外翻，出现明显疼痛，则为阳性。在三角韧带位置出现疼痛或相对于健侧足外翻程度增加，提示三角韧带可能损伤（图4-45）。

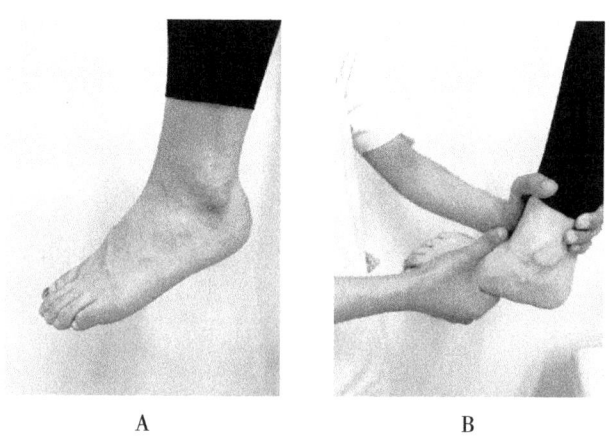

A   B

图4-45 外翻应力试验

踝关节抽屉试验：患者取坐位，膝关节屈曲，踝关节略跖屈。术者用一只手握住胫骨远端前方，另一只手握患者跟骨后方，用剪切力使跟骨和距骨相对移动。如果发现前后活动度过大，提示距腓前韧带中度至重度的损伤或者是慢性踝关节不稳。该项检查需要将患侧与健侧进行对比（图4-46）。

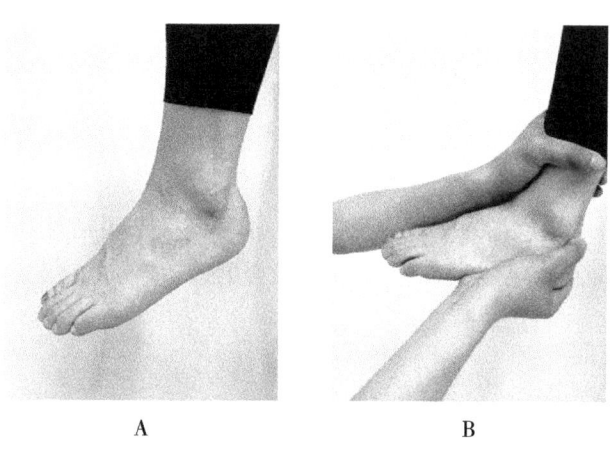

A   B

图4-46 踝关节抽屉试验

远端胫腓骨挤压试验：患者仰卧，术者挤压患者的胫腓骨远段骨干部分。检查过程中出现疼痛提示下胫腓联合损伤（图4-47）。

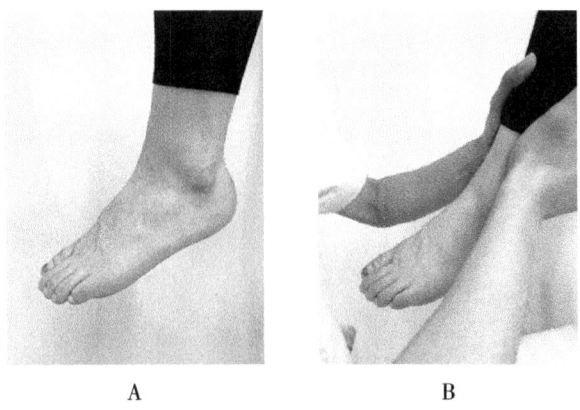

A   B

图4-47　远端胫腓骨挤压试验

（三）治疗

①韧带损伤或部分断裂者按急性闭合性软组织损伤"POLICE"原则处理，可进行针灸、中药外敷、贴扎固定等，早期消肿镇痛可取得较好的效果。中后期加强功能锻炼（图4-48）。

②手术治疗：韧带完全断裂者应早期手术缝合。晚期踝关节松弛不稳者应行韧带重建手术。合并骨折、脱位，早期复位困难者，可手术进行内固定。

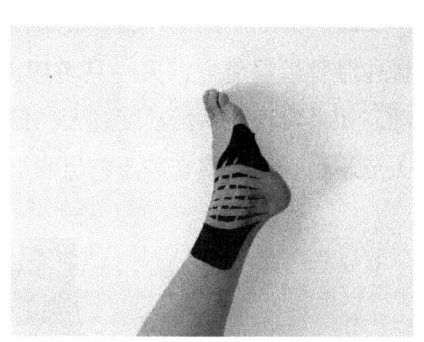

图4-48　踝关节肿胀帖扎

③预防：平时注意加强下肢力量锻炼，加强踝关节灵活性和本体感觉锻炼。运动前做好准备活动。选择合适的鞋以及适合的运动环境。

二、跟痛症

跟痛症是多种慢性疾患所致的足跟跖面疼痛，步行或站立时疼痛加重，肥胖者多见，常见于中老年人，特别是45~60岁发病最多。临床主要以单足或双足跟部在站立或行走时疼痛为主要特征，给日常生活带来较大影响。

（一）损伤机理

本病多由于跟骨结节的附着处受到长期、持久、过大的牵拉而发生的慢性损伤所致。人在行走时，骨刺与周围肌肉、腱膜等软组织产生摩擦，造成不同程度的组织损伤，促使足跟局部发生无菌性炎症。炎症及其代谢产物刺激了足部的神经末梢，从而出现疼痛及不适。此外，行走时骨刺对足底部皮肤及软组织的压迫和跟骨内血液瘀积、骨内压增高也是产生疼痛的原因之一。

（二）临床表现和检查

临床表现为病程缓慢，足跟跖面疼痛，步行或站立时疼痛加重，足跟骨跖面内侧结节处有局限性压痛。脂肪垫挫伤的压痛浅表，滑囊炎的压痛较深；触诊时跟骨下滑囊内可摸到纤维游离体；跖腱膜拉伤时，在跟骨前下方处有明显压痛，被动牵拉跖腱膜或前足蹬地时疼痛加重。疼痛轻者走路或久站后逐渐疼痛，重者足跟肿胀不能站立或行走，疼痛甚至涉及小腿后侧。

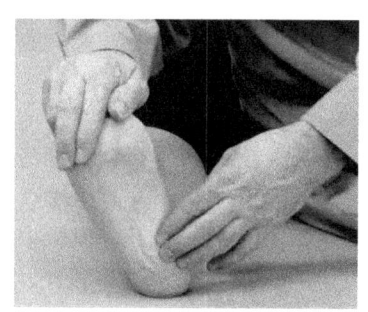

图4-49　跖筋膜触诊

触诊检查：从足跟部触摸跖腱膜到跖骨头，注意是否存在压痛、肿胀及结节。对于近端跖筋膜炎的患者，用较大的力度按压跖筋膜在跟骨止点部位的内侧可诱发疼痛。跖筋膜损伤的患者常在约跖筋膜中间三分之一的位置出现压痛、肿胀。足底纤维瘤病则在跖筋膜中段出现压痛或者跖筋膜增厚的表现。

（三）治疗

①局部可以采用热敷、按摩、理疗、注射疗法等方法进行对症处理，主要针对疼痛症状进行处理。

②跖腱膜拉伤者足弓部可用肌贴贴扎固定。选择缓冲性能较好、合脚的鞋子。可使用跟骨垫，可减轻疼痛。

③经过保守治疗无效，有手术指征者可考虑手术治疗。

④预防：尽量减少高冲击性，容易诱发疼痛出现的动作，减少不负重和运动负荷过大，并注意保暖。平时注意调节饮食和生活方式，保持积极乐观的情绪。

第五章

CHAPTER
05

学校常见运动性疾病

本章提要：运动性疾病是指机体对运动负荷不适应造成体内调节功能紊乱而出现的一类病症。本章主要介绍了晕厥、肌肉痉挛、运动性腹痛、运动性贫血、横纹肌溶解综合征、运动性中暑、运动性月经失调、运动性猝死等常见运动性疾病。通过对本章的学习，使读者了解青少年常见的运动性疾病发生的原因、临床表现、处理方法以及预防原则和方法，从而做好运动性疾病的预防和急救工作。

第一节　晕　厥

晕厥是由于各种原因导致大脑供血、供氧不足，引起短暂的意识紊乱或意识丧失。晕厥发生时主要表现为突然晕倒、短时间意识丧失，但各种反射依旧存在。

一、病因和机制

由于血压急剧下降、每分输出量突然减少，使脑血流量骤减或血中化学物质改变，引起大脑供氧不足导致晕厥，其可以分为以下类型。

（一）单纯性晕厥

单纯性晕厥是最常见的一种类型，占晕厥病例总数的50%以上，各种人群均可发生，以体质较弱的青年女性多见。主要是由于神经反射使血管的紧张性降低，引起外周组织血管扩张、血压降低、回心血量减少、心输出量减少，导致脑部缺血、缺氧引起晕厥。

（二）直立性低血压

久蹲或久卧后突然站立，可引起头昏、眼花、眼前发黑，甚至晕厥。这是由于体位的突然变化，体内血液重新分布调节不及时，导致回心血量骤减和动脉血压下降，引起脑部暂时供血不足而产生晕厥。

（三）重力性休克

疾跑后突然停止引起的晕厥称为重力性休克，多见于径赛运动员，尤以短跑、中跑运动员多见，自行车、竞走运动员也有发生。人体在进行剧烈运动时，下肢肌肉内的毛细血管大量开放，血流量比安静时可增加 20~30 倍，这时依靠肌肉有节奏的收缩和舒张以及胸腔负压的吸引作用，血液得以返回心脏。当运动突然停止时，肌肉对静脉的节律性挤压作用突然停止，加上重力作用使大量血液聚集在下肢，回心血量明显减少、血压下降、每搏输出量减少、脑供血急剧减少而造成晕厥。

（四）胸内压和肺内压增加

在进行大重量举重时，由于憋气引起胸内压及肺内压突然增大，妨碍上下腔静脉回流，造成回心血量减少，心脏输出量下降，引起大脑短暂供血不足，可导致晕厥。

（五）血液中化学成分的改变

血液中化学成分的改变，比如：癔症发作或其他原因引起的持续深快呼吸，可造成过度通气，排出过多 CO_2，引起低碳酸血症；或者在长时间剧烈运动或空腹运动时，体内血糖消耗过多，导致低血糖反应。上述情况均可引起晕厥，多见于马拉松、长距离游泳、滑雪和公路自行车等运动项目。

（六）心源性晕厥

心源性晕厥是由于心脏本身的功能不良而导致的晕厥，如患有先天性心脏病、急性心肌梗死、严重的心律失常等疾病。多发生在足球、篮球、网球、冰球、马拉松等运动项目中，青年和中老年均可发生，中老年更多见。在剧烈运动时，心肌需氧量增加，原已狭窄的冠状动脉不能满足心肌供血需要。运动可刺激儿茶酚胺的分泌或增加动脉壁的敏感性，引起冠状动脉痉挛，进一步造成心肌供血不足。此外，在剧烈运动后，心肌处于易损期，心肌血流灌注不稳定，此时立刻洗澡，大量血液输注于体表，心输出量减少加重了心肌缺血，导致脑供血不足，继而发生晕厥。运动也可激发没有器质性心脏病的人发生心律失常，如阵发性心动过速期间可发生短暂的晕厥。

（七）中暑

在炎热夏天进行长时间训练或比赛易发生中暑晕厥，尤其在夏天高温、无风或湿度较高的情况下，运动时体内产生的热量不能通过蒸发、对流、传导和辐射等方式有效地散发，使体内热量蓄积，体温明显升高；此外，由于大量出汗，可使循环血量减少，造成脑组织供血减少、意识丧失。中暑晕厥多发生在长跑、马拉松、越野跑、自行车和足球等比赛中。训练水平低、过度疲劳、热适应能力较差者更容易发生中暑。

二、临床表现

晕厥前，患者感到全身软弱、头昏耳鸣、眼前发黑。晕厥时，患者失去知觉，突然晕倒。晕厥后，患者面色苍白、手足发凉、脉搏慢而弱、血压下降、呼吸慢、瞳孔缩小。轻度晕厥者，一般在晕倒后不久，能很快恢复知觉，醒后仍有头晕、全身无力等症状，严重者则需较长时间恢复。

三、治疗

（一）一般急救处理

①发生晕厥后，应让患者平卧，松开衣领，保持呼吸道通畅，注意保暖，防止受凉。

②如有呕吐，应使头偏向一侧，保持呼吸道通畅；如出现心肺骤停，应及时作心肺复苏，并迅速就近送医院救治。仅意识不清者，可针刺或掐点急救穴（人中、百会、合谷、涌泉等穴位）。

③患者清醒后，可服用饮料，并注意休息。

（二）病因治疗

①低血糖性晕厥者，可静脉注射50%的葡萄糖50 mL。

②低碳酸血症引起的晕厥者，应减慢呼吸频率和深度缓解。

③心源性晕厥者应立即吸氧，心电图显示房室传导阻滞时，可皮下注射阿托品；若为室性心动过速，静脉注射利多卡因 50~100 mg，1~2 分钟内注射完，经现场急救后再迅速转运到医院进一步救治。

④中暑晕厥者，首先将患者转移到阴凉通风处，采用冰敷等措施迅速降温，有条件可静脉点滴 5%的葡萄糖生理盐水。

四、预防

晕厥的主要危害在于晕厥摔倒后可能的继发伤害，尤其是在特殊环境（空中、水下、高原等）下运动，突然晕厥可能导致严重的后果，如头颅外伤、溺水或窒息等，其后果可能会超过晕厥本身的危害，因此，晕厥预防尤为重要。

（一）坚持科学训练原则

避免发生过度疲劳、过度紧张等运动性疾病，平时要加强体育锻炼，增强体质，提高健康水平。疾病恢复期或年龄较大者，应按照运动处方进行运动。

（二）定期进行体格检查

定期进行体格检查，尤其在重大比赛前。对发生过晕厥的运动员应进行全面检查，避免再次发生晕厥。

（三）对因预防

①久蹲后不要骤然起立，应慢慢起立，如出现头晕、眼花等晕厥征象时，应立即俯身低头、蹲下或卧倒，防止晕厥后跌倒，造成二次伤害。

②疾跑后不要马上静止休息，应继续慢跑、走动并调整呼吸，然后再慢慢停下来。疾跑后有虚脱表现者，可让别人扶着走一段路，以免昏倒。

③不要憋气举重或长时间潜水。

④避免在高温、高湿或无风条件下进行长时间训练或比赛。进行长时间运动时，注意及时补充水分、糖和盐。提高耐热能力的训练要循序渐进，通常需要7~14 天方可获得热习服。

第二节　肌肉痉挛

肌肉痉挛是肌肉发生不自主的强直收缩的一种现象，俗称"抽筋"。运动所致的肌肉疲劳、动作不协调、寒冷刺激等都可以导致肌肉痉挛。

一、病因和机制

运动中，肌肉痉挛最易发生在小腿腓肠肌，其次为足底部的踇长屈肌和趾长屈肌。在游泳、足球、马拉松等项目中较为常见。引起肌肉痉挛的主要原因如下。

（一）寒冷刺激

在寒冷的环境中运动，冷刺激使肌肉兴奋性增高，肌肉容易发生强直收缩。如在低温环境中运动时未做准备活动或准备活动不充分、未注意保暖等都容易发生肌肉痉挛。

（二）电解质丢失过多

体内电解质的平衡可维持正常的肌肉兴奋性，在高温环境或长时间剧烈运动时，大量出汗导致脱水，使体内的电解质（Ca^{2+}、Na^{+}、Cl^{-}）随汗液大量流失，肌肉兴奋性增高，易发生肌肉痉挛。

（三）肌肉收缩频率过快

训练和比赛中，肌肉收缩频率过快，放松时间过短，肌肉收缩—放松协调性下降，发生强直收缩引起痉挛。在训练水平低或新手中较多见。

（四）疲劳

肌肉疲劳时，血液循环和代谢能力下降，代谢产物堆积（如乳酸），刺激肌肉可导致痉挛。因此，在身体疲劳时，特别是局部肌肉疲劳时，进行剧烈运动或做一些突发性的用力动作时，更容易发生肌肉痉挛。

（五）肌肉损伤

运动时，可引起肌肉细微结构的损伤，使 Ca^{2+} 进入细胞，细胞内 Ca^{2+} 增多，造成肌纤维收缩失控，引起局部肌肉痉挛。另外，损伤性疼痛也会反射性地引起肌肉痉挛。

二、临床表现

痉挛的肌肉剧烈收缩、疼痛难忍、触之僵硬，发作可持续数分钟其所涉及的关节活动受限，不能继续运动或比赛。

三、治疗

（一）一般治疗

轻度肌肉痉挛通过反向牵引即可缓解。牵引时切忌用力过猛，用力宜均匀、缓慢，以免造成肌肉拉伤。例如，腓肠肌痉挛时，可伸直膝关节，用力将踝关节背伸，拉长痉挛的腓肠肌。同时，可配合局部按摩（以捏揉、重按压为主）、针刺或点掐（承山、委中、涌泉等穴）、热疗（热水浸泡、局部热敷），根据病因采取针对性措施，如保暖、补充电解质饮料、休息等。通常可迅速缓解症状，严重的肌肉痉挛有时需要采用麻醉才能缓解。

（二）游泳时痉挛的自救

游泳时发生肌肉痉挛，首先不要惊慌，不可慌乱用力挣扎，否则会加重痉挛。如果自己不能在水中处理痉挛，可先深吸一口气，仰面漂浮于水面，并呼救等待救援，中间可快速换气后继续漂浮，或者采用仰泳姿势，用未痉挛肢体慢慢划向安全处。在水中解除腓肠肌痉挛的方法是：先吸一口气，用痉挛肢体对侧的手握住痉挛肢体的足趾，用力向身体方向拉。同时，同侧的手掌压在痉挛肢体的膝关节上，使其伸直，待痉挛缓解后，再慢慢地游向岸边。发生肌肉痉挛后，不宜再进行游泳，应及早上岸休息、注意保暖、局部按摩放松肌肉。

四、预防

①加强体育锻炼，提高身体的耐寒力和持久力。

②运动前准备活动要充分，对容易发生痉挛的肌肉，做适当的拉伸和按摩。冬季运动要注意保暖。

③疲劳和饥饿时，不宜进行剧烈运动。

④夏季运动时，尤其是进行剧烈运动或长时间运动时，要注意水和电解质的补充。

⑤游泳下水前要用冷水冲淋全身，使身体对寒冷有所适应，水温较低时，游泳时间不宜过长。

第三节　运动性腹痛

运动性腹痛是指在运动中由于不能适应运动负荷而引起的腹部疼痛。其特点是安静时不疼，运动时才出现，疼痛的程度受运动负荷大小的影响，多发生在跑步中。

一、病因和机制

运动性腹痛多与以下因素有关：缺乏锻炼或训练水平较低，准备活动不充分，身体、劳累、精神紧张，运动时呼吸节奏不好，速度过快或强度过高，运动前饮食不当（食物选择不当，吃得过多或饥饿）等。在中长跑、马拉松、竞走、自行车和篮球等运动项目中发生率较高。发病的主要原因如下。

(一) 肝脏淤血

开始运动时，由于准备活动不充分，速度和强度增加过快，内脏器官的生理惰性还未克服，导致心血管系统负荷过重。尤其是心肌收缩力较弱时，心输出量下降，心腔内压力增加，下腔静脉血液回流受阻，导致下腔静脉压力升高，此时，肝静脉回流受阻，可引起肝脏淤血，血液淤积在肝脏内。肝脏由于淤血，体积增大，肝脏被膜张力增加，被膜上的神经受到牵扯可引起肝区疼痛。疼痛的性质多为钝痛、胀痛和牵扯痛。此外，剧烈运动时，呼吸急促、表浅、不协调，造成胸腔内压上升，影响下腔静脉的回流，同样可引起肝脏淤血，出现右上腹疼痛。

(二) 胃肠道痉挛或功能紊乱

剧烈运动时，身体血液重新分布，骨骼肌血流量增加，胃肠道血流量减少。如果有以下因素存在：运动前吃了难以消化或容易产气的食物（如豆类、薯类、牛肉等）、吃得过饱、喝得过多（特别是喝冷饮过多）、饭后过早参加运动、空腹运动时受冷刺激、蛔虫刺激等，均可加剧胃肠道缺血、缺氧，导致胃肠痉挛或功能紊乱，胃壁和肠壁的神经受到牵扯而发生疼痛。胃痉挛疼痛部位多位于上腹部、肠道痉挛疼痛部位多位于脐周。

(三) 呼吸肌痉挛

由于运动中呼吸节奏与动作的不协调，导致呼吸肌功能紊乱；此外，由于准备活动不充分，心肺功能不能满足肌肉工作的需要，呼吸肌缺氧，从而导致疼痛。如：呼吸表浅、急促，引起肋间肌、膈肌等呼吸肌收缩过于频繁，继而发生痉挛或微细损伤，引起疼痛，疼痛多发生在季肋部和下胸部，一般为锐痛，与呼吸活动有关，深呼吸时疼痛明显。

(四) 原因不明

有部分运动性腹痛，经临床检查可能查不到明确病因。

二、临床表现

运动性腹痛的临床表现以腹痛为主，但是疼痛的程度、部位可因运动负荷的大小、病因不同而表现各异。

(一) 腹痛程度

多数情况下，在慢速度或小负荷运动时腹痛不明显，随着运动速度加快或运动强度的增大，腹痛也逐渐加剧。

(二) 腹痛部位

肝脏淤血引发的疼痛在右上腹，呼吸肌痉挛引发的疼痛在季肋部和下胸部，胃痉挛引发的疼痛在上腹部，肠痉挛引发的疼痛在脐周。

在运动中出现腹痛时，首先需要了解腹痛的性质、部位、腹痛的出现与运动强度的关系，还要区分是否存在腹内或腹外疾病、外伤史等。需要时可做胸透、腹部 B 超、肝功、胆囊检查等，以明确病因。只有排除导致腹痛的各种病理性疾病以后，方可诊断为运动性腹痛，以免因漏诊造成严重后果。

三、治疗

运动中出现腹痛时，可适当减慢跑速，并做深呼吸，降低呼吸频率，减慢运动节奏。也可用手按压疼痛部位，弯腰慢跑一段距离，一般疼痛即可消失。若无效，则应停止运动，服用阿托品、颠茄、山莨菪碱等解痉止痛药。针刺或点掐内关、足三里、三阴交等穴位，并进行腹部热敷。若仍无效，需及时就医。若是因腹内或腹外疾病导致的腹疼，则需根据原发疾病进行相应的治疗。

四、预防

（一）遵守科学训练原则

循序渐进地增加运动负荷，全面加强身体素质训练，提高生理机能水平。在运动时要调整好动作与呼吸的节奏，合理地分配速度。比如，长跑、自行车运动员在跑或骑行过程中，体能和速度分配不当，速度增加过快或过猛时，都容易出现运动性腹疼。

（二）做好充分的准备活动

运动前要做好充分的准备活动。尤其是冬天参加训练或比赛时，更需要有充分准备活动。

（三）合理安排膳食

运动前不可吃得过饱、大量饮水尤其是冷饮，吃平时不习惯的食物，也不要在饥饿状态下参加运动，建议餐后 1~2 小时再参加运动。

第四节　运动性贫血

贫血是指血液中的血红蛋白值或红细胞计数低于正常值。运动性贫血则是指因运动负荷过大，机体不能适应而引起的贫血。运动性贫血以缺铁性贫血为常见，少数为溶血性贫血，个别为混合性贫血。女运动员和少年运动员发病率较高。

一、病因和机制

（一）运动引起的溶血和红细胞破坏增加

运动时，由于运动员体温升高、代谢产物堆积、血液酸性增加，继而使红细胞可塑性下降、细胞膜脆性增加，加之运动时血流加速，红细胞之间以及红细胞与血管壁的撞击、摩擦加剧，使红细胞破坏增加。此外，由于脾脏收缩，脾脏释放大量具有溶血作用的溶血卵磷脂，也使红细胞破坏增加。当发生溶血或红细胞破坏增加时，血红蛋白浓度、红细胞压积下降。此外，持续大强度训练使溶血过程加重，血液中游离血红蛋白浓度升高，游离的血红蛋白需与结合珠蛋白结合后被输送至肝脏分解，当血液中游离血红蛋白增高超过结合珠蛋白的结合能力时，大部分剩余的游离血红蛋白可通过肾脏排出（血红蛋白的肾阈为 1.3 g/L），还可能会出现血红蛋白尿。

（二）血红蛋白合成减少

运动员血红蛋白合成减少和/或红细胞生成减少也可导致贫血的发生。血红蛋白合成需要足够量的铁、蛋白质、维生素 B_{12} 和叶酸等。进行大负荷运动训练时，机体对蛋白质、维生素、铁等营养素的需求量增加，某些运动项目（体操、舞蹈）要求运动员控制体重，长期限制膳食摄入量，运动员的营养素摄入量不能满足机体的需求，就更易出现造血原料不足，导致血红蛋白合成减少；此外，消化吸收功能不良，也会影响营养素的摄入。

二、临床表现

红细胞的主要功能是携带氧气，贫血时可出现缺氧及由缺氧导致的代偿症状。贫血的严重程度决定贫血的表现和发生速度，一般情况下，当血红蛋白浓度低于 80~90 g/L 时可出现贫血症状；急性贫血患者常难以耐受缺氧，当失血容量达 20% 时即可表现出面色苍白、心动过速和低血压等症状；但是，慢性贫血患者血红蛋白即使低至 30~40 g/L，有些患者也能生活自理。

运动性贫血症状的轻重，与贫血发生的速度、严重程度、年龄、机体代偿能力有关。运动性贫血多为轻度，在安静状态下无症状或症状不明显，仅在大负荷运动时才出现症状。中度和重度贫血时，由于血红蛋白明显降低，会明显影响运氧能力，这时可出现缺氧引起的一系列症状，主要表现如下。

（一）一般表现

多表现为长期慢性贫血，常见于缺铁性贫血（血象、红细胞形态、血液生化指标）。女性比男性、青少年比成年人贫血的发生率高。在贫血状态下运动时，易出现心悸、气短、头晕、无力等症状，与贫血严重程度成正比，贫血患者有氧能力下降。在确定运动性贫血前，必须排除其他原因所引起的病理性贫血，通过特殊检查可排除血液系统、肝、肾、胃肠道等器质性病变。如果减少或停止高强度训练一段时间（一个月）后，红细胞数和血红蛋白浓度可明显升高，可作为诊断运动性贫血的参考依据；如果停止训练后，营养供应充足，但未见红细胞数和血红蛋白浓度升高，或增加极少者，则应考虑为病理性贫血。

（二）呼吸循环系统

贫血会引起一系列代偿现象，如心悸、心慌、活动后加重，这是由于血中血氧降低，二氧化碳分压升高，刺激颈动脉窦和呼吸中枢，进而出现代偿性的心悸、呼吸急促等表现。

（三）神经系统

可出现头痛、头晕、失眠、反应能力降低等症状。

（四）内分泌系统

女运动员可出现月经紊乱或闭经。

（五）体征

轻度贫血体征不明显。中重度贫血可出现皮肤黏膜苍白（以口唇、眼睑较明显），舌乳头萎缩，严重时还会出现反甲（匙状指）、心动过速、心尖部出现收缩期吹风样杂音，甚至出现肢体浮肿、心脏扩大等体征。

（六）血液检查

男性：血红蛋白（Hb）<120 g/L，红细胞（RBC）<400 万/mm^3；

女性：Hb<110 g/L，RBC<350 万/mm^3。

三、治疗

（一）病因治疗

对于导致缺铁性贫血的因素，如有月经过多或其他慢性失血性疾病要积极治疗。

（二）饮食疗法

合理补充蛋白质、铁、维生素 C 等造血原料。主要用于轻度贫血以及贫血的辅助治疗和预防。铁的主要食物来源有以下几种：

①丰富来源：动物血、肝脏、鸡胗、牛肾、大豆、黑木耳、芝麻酱。

②良好来源：瘦肉、红糖、蛋黄、猪肾、羊肾、干果。

③一般来源：鱼、谷物、菠菜、扁豆、豌豆、芥菜叶。

④微量来源：奶制品、蔬菜（除去菠菜、扁豆、豌豆、芥菜叶）、水果。

另外，摄入茶、咖啡类、蛋类、牛乳、植物纤维等食物，不利于铁的吸收。

(三) 合理安排运动负荷

当女性的血红蛋白<90 g/L、男性的血红蛋白<100 g/L 时，不宜进行大负荷训练，应以治疗为主。待血红蛋白恢复正常后，再逐渐增加运动负荷。当女性血红蛋白在 90~110 g/L、男性血红蛋白在 100~120 g/L 时，可边治疗边训练，但在训练中应适当减少训练负荷。对重度贫血应以休息和治疗为主。

(四) 药物治疗

治疗贫血的主要方法是口服补铁药物，常用的药物有：硫酸亚铁、富血铁等。铁在机体的小肠黏膜上吸收时，需要的是血红素铁（有机铁）和非血红素铁（无机铁），并通过两种不同的受体分别吸收血红素铁和非血红素铁，因此，建议服用富含血红素铁和非血红素铁的补铁药物或膳食，以增加铁的吸收率。叶酸、维生素 B_{12} 有助于铁的吸收与合成。

血红素铁受膳食因素影响较小，膳食中的钙可降低血红素铁的吸收。非血红素铁的吸收受膳食影响极大，主要是植酸（谷物、坚果、蔬菜、水果中含量较高，维生素 C 可部分拮抗植酸的影响）、酚类化合物（茶、咖啡、可可及菠菜含量较高）、钙等；而高蛋白食物（肉、鱼、海产品等）和富含维生素 C 的食物有促进非血红素铁吸收的作用。

四、预防

(一) 合理安排运动负荷

合理安排运动负荷，遵守循序渐进和个别对待的原则。

(二) 定期监测

定期检测血红蛋白和血清铁蛋白，尽量做到早发现、早诊断、早治疗。

（三）合理膳食

加强对易患贫血人群的全面营养，要求膳食合理，营养丰富，尤其要加强对富含蛋白质和铁的食物摄取，每天每千克体重至少保证摄入蛋白质 2g，其中 1/3 以上是优质蛋白。充分补充维生素 C、维生素 B_{12}、叶酸等，要科学烹调加工，克服偏食和吃零食的习惯。

第五节　运动性横纹肌溶解综合征

运动性横纹肌溶解综合征是由于剧烈运动导致横纹肌纤维溶解坏死造成的疾病，严重者可并发急性肾衰竭及多脏器功能障碍。

一、病因和机制

横纹肌溶解表现为横纹肌细胞受损，细胞膜完整性改变，细胞内物质如蛋白、离子、酶等物质释放入血，最后从尿中排出。运动性横纹肌溶解综合征的发生机制目前尚不清楚，可能与以下因素有关：

①肌肉缺血、缺氧，灌注不足，ATP 生成量骤减，大量乳酸堆积，糖原储存减少，加重肌肉损伤。

②毛细血管渗透性增强，氧自由基损伤。

③肌细胞内 Ca^{2+} 浓度升高，继发细胞功能失调等，如：磷酸化酶、蛋白酶等激活，加快细胞裂解、死亡。

④长时间、高强度的训练使横纹肌细胞缺血、缺氧，细胞破坏崩解，细胞内容物释放，释放出来的 K^+ 会加剧肌细胞的崩解，增加细胞内容物渗出。大量细胞内容物中，肌红蛋白一直被认为是横纹肌溶解中的主要肾毒性因素，肌红蛋白释放入血，经肾小球滤过，易结晶形成管型堵塞肾小管，导致肾内梗阻性急性肾衰竭；同时，由于肌红蛋白本身具有肾毒性，可直接损伤肾小管引起急性肾小管坏死。细胞内容物释放后，还可激活免疫细胞，启动细胞因子网络，导致多器官功能损害。

二、临床表现

一般好发于既往体健的青壮年，尤其是在天气炎热的高温环境下，训练过度时好发。患者多在剧烈运动中或训练后出现一些非特异性症状，如：短暂意识丧失、大量出汗、头痛、恶心、呕吐、高热、四肢肌肉不同程度的痉挛和疼痛等。特异性表现较少见，主要表现为：肌肉疼痛、肿胀、乏力、棕色或黑色尿。临床体格检查可见：四肢肌肉肿胀，紧张度增高，局部淤血、瘀斑等。严重者可并发急性肾衰竭及多脏器功能障碍症状。

三、治疗

治疗关键在于：早发现，早诊断，早治疗，预防并发症。治疗原则为：积极治疗原发病，防止骨骼肌细胞破坏的进一步加重，预防急性肾功能衰竭，纠正凝血功能紊乱，维持内环境稳定，快速识别可能危及生命的并发症。

具体治疗措施有：补液扩容、碱化尿液、甘露醇、利尿剂、血液净化等，以促进肌红蛋白排出。当出现尿色改变（棕色或黑色尿）时，提示运动性横纹肌溶解综合征已发生，继而可能会发生肾脏损害，应引起重视。

四、预防

①加强适应性训练，注意循序渐进，尤其是体质较弱者，从运动时间、强度、耐热能力等各方面都要逐步递增。

②应补充足够的水、电解质及维生素，鼓励少量、多次饮水。

③加强防范意识的宣传，运动者应尽量避免在炎热、湿热环境下过度运动，若运动中出现不适症状，应及时减量运动或停止运动，症状明显者应及时就医，防止急性肾衰竭的发生。

第六节　运动性中暑

运动性中暑是指在高温、高湿或通风不良的环境中进行运动时，身体产热—散热平衡失调，造成体内过热的状态，属于一种急性物理性疾病。多见于马拉松、铁人三项等项目。

一、病因和机制

在室温超过35℃条件下训练，如果没有足够的防暑降温措施，都可能发生中暑。即使气温不是很高，但在湿度较高或通风不良时，也可发生中暑。

中暑的影响因素有：高温、高湿、通风不良、长时间运动、年老或年幼、体弱、疲劳、肥胖、饮酒、饥饿、脱水、电解质丢失、发热、甲亢、糖尿病、心血管疾病、汗腺缺乏，服用阿托品等抑制汗腺分泌的药物等。

运动性中暑是在运动时，体温调节系统超载或衰竭所致。机体在运动时产生大量热量，当产热—散热平衡失调，体内热量蓄积过多时，就会出现体温调节系统的超载，可伴有大量出汗，长时间运动时，直肠温度可高达40℃~42℃，出现虚脱、昏厥，严重者可致死。

二、临床表现

根据中暑的发病机制，可分为4种类型：

（一）热痉挛

运动时因出汗过多，大量丢失氯化钠，体内血钠浓度降低，肌肉兴奋性增高，容易引起肌肉痉挛。

热痉挛主要表现为肌肉痉挛、疼痛、血钠浓度降低。轻度痉挛只是一侧肢体小肌肉群的阵发性痉挛；中度痉挛为一侧肢体肌肉群出现阵发性痉挛；严度痉挛为双侧肢体肌肉对称性痉挛，甚至腹肌也会发生痉挛。患者意识清楚，体温一般正常。

（二）热衰竭

在炎热季节里进行大强度运动，大量排汗的同时没有及时补充饮料，可导致脱水、钠丢失、血液浓缩及黏稠度增高。加上血管扩张，血容量不足，可引起周围循环衰竭。

由于体内无过量热蓄积，热衰竭患者体温正常或稍低。患者先有头痛、头晕、多汗、恶心、呕吐。继而口渴、疲劳、乏力、焦虑、胸闷、面色苍白、冷汗淋漓、轻度脱水、脉搏细弱或缓慢、血压下降、心律不齐。可有晕厥，并有手足抽搐，重者可出现循环衰竭。

（三）热射病

长时间在高温环境下运动，机体体温调节障碍，散热困难，体内热量积蓄过多，可致热射病。

热射病主要表现有：高热、无汗、昏迷。症状轻者仅表现为虚弱、无力、疲倦；重者高热、无汗、昏迷。一般发病急，体温可达 41℃ 以上，脉搏极快而呼吸短促，严重者可因心力衰竭或呼吸衰竭而致死。

（四）日射病

长时间在烈日下运动，由于头部缺乏保护，日光直接照射头部，红外线、紫外线可穿透颅骨，引起脑膜充血及脑组织损伤。

日射病的主要表现有：剧烈头痛、头晕、呕吐、面色潮红、无汗、血压降低、体温正常或稍高、脑部温度高达 40℃~42℃，严重者可昏迷。

临床中，以上 4 种类型可同时存在，难以截然分开。

三、治疗

（一）现场急救

中暑现场急救的原则是：先降温，后转移。现场急救时，首先，将患者转移到阴凉通风处，及时采用物理降温，如果有条件，可将患者放入冰水池中浸泡降温，直至体温恢复正常（直肠温度），或在头部、腋窝、腹股沟放置冰袋，或用 50% 的酒精溶液或 4℃~11℃ 的凉水擦洗皮肤并用风扇吹风，用酒精擦浴时，避免擦浴面部、胸部、腹部、外生殖器等部位。其次，保持患者呼吸道通畅，尽快测量血压、脉搏、直肠温度。必要时可输液。严重者要及时送医院抢救。热射病如不及时采取有效的抢救措施，死亡率可高达 5%~30%。

（二）一般处理

1. 热痉挛和热衰竭

将患者转移到阴凉通风处休息。热痉挛患者口服凉的盐水或饮料，可口服十滴水或藿香正气水，有条件可静脉点滴生理盐水，通常患者可迅速好转。肌肉痉挛时，可对抗拉伸痉挛的肌肉，并在四肢做向心方向重推摩，一般患者在 30 分钟至数小时内即可恢复。严重时送医院处理，有循环衰竭者，可静脉输入生理盐水和氯化钾。

2. 热射病

采用迅速有效的全身降温，积极使用物理降温和药物降温方法。严重者应转送医院，呼吸困难者应给予吸氧，昏迷者可针刺或指掐人中、涌泉穴；心肺骤停者，需及时启动心肺复苏程序。

3. 日射病

患者取头高脚低位，头侧向一边。头部用冰袋或冷水湿敷。

（三）住院治疗

采用对症处理，包括降温、心脏监护、输液、必要时透析等。

四、预防

（一）运动时间

高温季节应合理安排运动时间，避免在一天最热的时间里运动，特别是耐力性运动宜安排在上午 9：00 以前或下午 4：00 以后。

（二）运动服装

高温季节，运动服装和保护装置穿着过多，会妨碍散热。应穿易排汗、速干、散热和透气性较好、浅色、轻薄的运动衣。如果参与户外运动，还要准备防晒霜、防晒衣、戴太阳镜、遮阳帽等。

（三）补充水、电解质及营养

在炎热天气运动时，要注意营养补充，重点是补充水和电解质，可饮用防暑降温饮料，强调运动员采取少量多次的饮水原则，水温以 10℃～15℃为宜。出汗量在 3 L 以下时，补充凉开水或一般市售饮料即可，不需要额外补盐；出汗量在 3 L 以上时，可采用低渗饮料，如低盐、低糖的运动饮料，可含 0.2%氯化钠、0.1%氯化钾、2%葡萄糖、4%蔗糖以及适量水溶性维生素和酸味剂。通常情况下，补充水量高于出汗量的 1.5 倍。通过尿比重、尿颜色、体重变化来衡量补水是否充分。如果参加较长时间耐力性运动，还需要注意补充糖和蛋白质，并额外增加维生素 B_1、B_2、C 的供给量。

（四）个性化原则

中暑存在明显的个体差异，一些人对炎热较敏感。不耐热个体更容易出现中暑，年轻人（学生、运动员、士兵等）发生运动性中暑的风险较高，应减少或避免在炎热环境进行较长时间的剧烈运动。

（五）提高热习服能力

热适应也称为热习服，是指机体在长期反复的热作用下，出现一系列的适应性反应。表现为机体对热的反射性调节功能逐步完善，各种生理功能达到一个新的水平。研究认为，在温和环境训练不利于提高热习服，只有在热环境下锻炼，才有利提高热习服。主动在高热、潮湿的环境中，以最大摄氧量60%的强度，每天锻炼30分钟左右，最有利于提高机体的热适应能力。产生热习服一般需要10~14天，脱离热环境一段时间后，获得的热习服能力也会逐渐消退。

（六）普及中暑知识

加强风险意识，运动中出现中暑早期症状（如口渴、大量出汗、皮肤干燥、汗毛竖立、头部血管跳动明显、注意力不集中、四肢乏力、步态不稳、头晕眼花等），要及时终止运动。天气炎热时，可随身带人丹、十滴水、清凉油、风油精等防暑药品。

（七）医务监督

在高温季节，应加强医务监督，如存在身体健康状态欠佳、饥饿、疲劳、肥胖等问题，则不宜在高温环境中进行长时间剧烈运动。同时，应做好防暑降温措施，强化教练及医务人员的急救能力，如心肺复苏术、心脏除颤仪等。

第七节　运动性月经失调

女性正常月经周期与内分泌平衡有密切关系，这种平衡受各种功能激素的产生、代谢转换、清除的影响。还受许多其他因素影响，如：运动强度、运动时间、运动频率、运动项目、营养状况、体脂率、体重降低、体温、缺氧刺激等。如果运动负荷过大，超过机体适应能力，导致下丘脑—垂体—卵巢轴功能失调，则有可能引起运动性月经失调。

一、病因和机制

（一）能量摄入不足

女运动员长期能量摄入不足时，导致机体激素水平较低，容易引起月经紊乱、骨量减少，严重时可出现停经、骨质疏松。好发于体操、花样滑冰等项目中，尤以过度节食者好发。

（二）运动负荷过大

运动对黄体期有直接影响，即黄体期的长短与运动负荷大小呈负相关，运动负荷越大，黄体期越短。

（三）对运动的应激反应

剧烈运动会对人的体力和精神产生强烈刺激，在相同运动量情况下，闭经者会感到运动强度比平时更高，运动后反应也大于月经正常时。少女较成年女性对运动负荷应激更敏感，因此，少女闭经发生率相对较高。应激时，肾上腺素、皮质醇、生乳素等可增多，对下丘脑起到抑制作用，而调节生殖系统的物质（如多巴胺、促黑素等）受下丘脑的调控，因此，过大的运动应激对闭经者的生殖系统可能有损害作用。

二、临床表现

下丘脑—垂体—卵巢轴功能失调后，可引起初潮延迟、无排卵月经、黄体期缺陷、月经周期过长、月经过少乃至闭经，伴随这些症状还有可能出现骨量下降，甚至骨质疏松。

三、治疗

（一）了解膳食情况和运动方式

调查膳食中能量摄入量、营养素搭配，是否有进食紊乱；了解运动负荷大小，体重减轻情况等，然后针对病因予以针对性调整。

（二）定期监测

闭经6个月以上者，需要定期进行骨密度检查，如果结果良好，则无须进行激素替代治疗，建议每隔6个月复查一次骨密度。

（三）激素治疗

如需进行激素治疗，多数通过补充雌激素、孕激素、黄体酮或联合使用，常用的治疗方案是：雌激素 0.625 mg/天、黄体酮 0.5 mg/天。

四、预防

（一）加强宣传教育，提高预防意识

一旦发生运动性月经失调，应及时与教练员及医务人员沟通，便于及时调整训练计划，并予以治疗。

（二）加强营养补充，提高能量摄入

运动训练的体能消耗较大，充足的能量供给非常重要，应避免能量负平衡的出现，保证能量摄入与支出的平衡。

（三）调整运动负荷

长时间、大强度运动与运动性月经失调的发生密切相关，适时调整运动负荷是很有必要的。

（四）加强监控工作

控体重运动项目，如体操、花样滑冰等，运动性月经失调发生率较高，要加强医务监督工作。监控饮食、体重、体成分、月经周期变化等情况，有条件者，可定期监测体内激素水平的变化。

（五）激素替代治疗

对于闭经者，如闭经达 3 个月以上，通过饮食调整、热量补充、减少运动负荷等手段仍不能恢复正常月经周期者，为了消除其思想顾虑、保证身体健康，可考虑采用雌孕激素序贯疗法来模拟正常的月经周期，一方面可避免子宫萎缩及骨量流失，另一方面可激发下丘脑恢复正常的功能。

第八节　运动性猝死

运动性猝死是指人在运动中或运动后 24 小时内发生的非创伤性死亡。猝死可发生于参加体育锻炼的普通人群，也可发生于高水平的优秀运动员。

一、病因和机制

（一）心源性猝死

心源性猝死占运动性猝死的绝大多数，运动中发生的猝死病例中，心源性疾病占80%以上。心源性猝死不是由运动单一因素导致的，而是存在潜在的心脏疾患，由运动诱发致死性心律失常所致。

导致心源性猝死的常见病有：

1. 先天性心脏病

（1）马凡氏综合征

马凡氏综合征是一种染色体显性遗传性疾病，主要病变累及全身结缔组织，常引起骨、心脏及眼部征象。典型的马凡氏综合征患者，通常表现为：身材瘦高、管状骨长，关节活动幅度大；因结缔组织缺乏可导致主动脉薄弱，常表现为主动脉扩张、二尖瓣脱垂、主动脉夹层、主动脉瘤形成，并有潜在主动脉断裂倾向。

主动脉的扩张程度可用超声心动图来进行评价，马凡氏综合征患者没有主动脉根部扩张或没有二尖瓣脱垂的人，可参加低强度的运动。

（2）冠状动脉畸形

冠状动脉畸形是罕见的先天性心脏疾患，一般多见于青少年，可引起猝死，但很难诊断，如青少年出现原因不明的晕厥时，应定期详细检查，以明确是否存在冠状动脉畸形。冠状动脉畸形通过外科手术修补后，如运动负荷试验心电图正常，允许参加运动。

（3）先天性长Q-T间期综合征

长Q-T间期综合征的特点是：患者常有疾病家族史，Q-T间期大于0.40~0.50秒，运动中可出现晕厥、心脏骤停，有猝死的危险，不应参加体育运动。患者检查应包括心电图、24小时心电图、超声心动图检查、运动负荷心电图等。

2. 获得性心脏瓣膜疾病

在获得性心脏瓣膜疾病中，主动脉瓣狭窄和主动脉反流对生命的威胁最大。主动脉瓣膜狭窄严重的患者可能发生猝死，而中等程度患者猝死却很少，但也应高度警惕，因为病变的严重程度可能会进行性发展。主动脉反流可严重影响中央循环的动力，是猝死常见的病因之一。任何程度的主动脉反流患者，均不可参加剧烈运动。

3. 肥厚性心肌病

肥厚性心肌病较为罕见，属于遗传性疾病，其特点是：室间隔和左室壁肥厚，舒张受限，检查无其他原因。肥厚性心肌病患者在发病初期常无症状，其心肌形态很难与运动引起的心肌肥大区分。然而，这类患者 50% 左右有猝死的家族史。当室间隔或左室后壁厚度达到或超过 15mm 时，有诊断意义，但这一变化常常到成年才会表现出来，患者即使经过治疗或手术也不应参加体育运动。

4. 预激综合征

预激综合征的特点是：P 波正常，P-R 间期小于 0.12 秒，QRS 间期大于 0.12 秒，QRS 波起始不清楚，升高缓慢，并伴有 S-T 段改变，且常伴有室上性心动过速，心率通常在 150~250 次/分。

当附加通路的不应期过短时（小于 0.20 秒），患者存在心动过速和猝死的危险。对有过心悸和晕厥的患者，应当接受心脏结构检查、24 小时心脏监护及电生理检查，以确定附加通路疾患的性质。

5. 缺血性心脏病

缺血性心脏病是指冠状动脉粥样硬化引起的心脏病，即冠心病。心源性猝死中，冠心病是最容易引起心肌梗死的。中老年人群发生运动性猝死时，多数是冠心病所致。但是，青年人由于精神紧张、体力透支等因素，运动时发生心肌梗死的比例较高，也容易发生猝死。

运动时由于机体的代谢加强，需氧量急剧增加，运动肌肉和心肌的需氧量急剧增加。在正常情况下，保障心肌供血的冠状动脉直径可随代谢的增强而扩张，当冠状动脉病变严重时，运动强度过高可导致心动过速、心舒张期过短，引起冠状动脉痉挛，诱发心绞痛，甚至心肌梗死。

（二）脑源性猝死

脑源性猝死也是猝死的重要原因之一，主要为脑血管畸形、动脉瘤或高血压、动脉硬化，可导致脑卒中。

（三）其他

1. 中暑

中暑是运动性猝死中仅次于心源性猝死的第二大原因。在高温环境中进行长时间剧烈运动，体温调节紊乱，容易发生中暑，可致循环衰竭，甚至昏迷、死亡。

2. 滥用药物

刺激剂包括精神刺激剂、中枢神经刺激剂等，如苯丙胺、可卡因等。这类药物的主要作用是通过抑制身体的自然警报系统，以减轻剧烈运动引起的痛苦感觉，可增强自信心、增加耐力和力量、有助于运动员获得更好的成绩，需要注意的是，使用这类药物可能会涉及兴奋剂问题。

刺激剂的主要影响是减轻疲劳引起机体耗竭的后果。刺激剂可使血管收缩从而导致机体散热减少，引起体温过高。在进行高强度运动时，使用大剂量的刺激剂，对中枢神经系统的危害包括焦虑、烦躁、神经紧张、易怒、失眠、心动过速、血压增高、能量代谢加快。兴奋过度可转为深度抑制、呼吸和循环衰竭，甚至心脏衰竭造成死亡。

3. 运动应激综合征

运动应激综合征是在剧烈运动时，交感—肾上腺髓质系统过度兴奋，心率加快、心肌耗氧量增加、心脏负荷过重而诱发心力衰竭，严重者可导致猝死。

4. 脱水

重度脱水时，可引起中枢神经系统及循环系统功能障碍，严重者可导致死亡。

二、影响因素

（一）气候因素

夏季发生猝死最多，可能与中暑有关。如马拉松运动不仅对心脏血管系统造成了沉重负担，而且对体温调节机制也是巨大的考验。

（二）时间因素

调查显示，运动性猝死多发生在早上清醒后 2~3 小时内或上午 9~11 时。

（三）伤病因素

伤后、病后及身体状况不佳时参与剧烈运动、过度劳累、睡眠不足等，都有可能引起猝死。

（四）心理应激因素

心理应激水平高、情绪波动、过于紧张时，易发生运动性猝死。如比赛时，猝死发病率增加。

（五）年龄因素

研究发现，14~60岁的人群猝死率较高，尤其是16~20岁和41~60岁为高发年龄段，但也有不同的报道。这与青少年参加运动前的身体检查不普及，先天异常疾病未及时发现；中老年人多存在基础慢性疾病以及锻炼不科学等有关。

（六）性别因素

有研究认为，女子运动性猝死的发病率较男子低。这可能与女子锻炼时的强度较低，对疲劳或不良反应的耐受力较差有关。

（七）运动强度因素

研究表明，运动猝死的危险随着运动强度和运动时间的增加而增加。

三、现场急救

当患者现心肺骤停后，在场的第一目击者要立即启动心肺复苏（CPR）程序，争分夺秒地进行抢救（抓紧黄金抢救4分钟），除了CPR以外，有条件者，要及时使用自动体外除颤仪（AED），以提高抢救成功率。如果没有AED，心脏发生心室颤动时，可以采取"拳击复苏"，即手握空心拳，在患者心前区捶击2次，如果无反应，则可再捶击2~3次。对于发生室颤的心脏，胸前区捶击有较好的除颤效果，可以使室颤消除而重新出现心脏跳动。在进行现场急救的同时，辅助人员要及时拨打急救电话联系就近医院，以便进一步救治。

四、预防

运动性猝死发生突然、病程急、病情严重，难以完全杜绝其发生，因为有些患者存在隐匿性心血管疾病，而且是动态变化的，有些疾病仅在死后尸检时才被发现。但是，通过合理措施，可以降低运动性猝死的发生率，主要从以下几个方面来进行。

①认真做好体育训练和比赛的医务监督，在开展体育活动时，要根据运动者的健康状态和运动能力，合理安排运动负荷。

②在运动前，对于没有运动经历和运动习惯的人，应进行必要的体格检查，特别是心血管系统的检查，注意询问病史、运动史和家族史等。

③运动中曾有过心前区不适、上腹部疼痛、呼吸困难、面色苍白、大汗淋漓等症状者，要予以特别注意。

④在运动中或后曾有过晕厥的人，应注意是否与心脏病有关或有无潜在的心脏病，可请专科医生做出确诊，在问题尚未查清之前，禁止从事剧烈运动。

⑤长距离赛跑及剧烈比赛时要有医务人员在场，并准备必要的急救设备。长距离跑结束后，不要迅速停止活动或就地卧倒，避免发生"重力性休克"。

⑥定期进行体格检查，体检结果有异常者，特别是有心血管疾病的患者应在医生指导下进行合理康复锻炼，不可轻易参加剧烈运动。

⑦在伤后、病后、发烧、急性感染期间及恢复期，应避免参加剧烈运动。运动负荷要逐渐增加，禁止带伤、带病参加剧烈运动。

⑧养成良好的生活方式，做到"适量运动、合理膳食、戒烟限酒、心理平衡、生活规律、定期体检"，积极预防慢性病。

⑨在赛季初期或新的训练周期中，需注意训练计划的科学性，运动负荷增加要循序渐进。

⑩夏季进行长距离或长时间的训练和比赛时，要及时补充水和电解质，防止水、电解质紊乱或中暑的发生。

⑪洁身自好，自觉抵制兴奋剂。

第六章

CHAPTER
06

学校体育运动安全防护规程

本章提要：学校体育运动安全防护规程是从学校层面出发，考虑如何从规章制度方面做好运动安全防护工作。通过本章的学习，使读者了解学校体育运动安全的管理制度的原则、范围以及具体的管理过程，将管理学知识与学校体育运动安全防护结合起来，帮助管理者有效应对学校体育运动伤害事故的发生。针对体育教学活动、场地器材和具体项目存在的安全隐患以及防护措施分别做了列举和叙述，为保障学校体育运动安全，避免和减少运动伤害事故的发生提供参考建议。

第一节 安全防护管理制度

学校体育运动安全管理制度是规避运动伤害风险的关键，合理高效的管理过程能够迅速解决安全事故。学校安全教育方式的丰富与运动安全保险制度的不断完善可为学生运动安全提供双重保障。

一、学校体育运动安全管理原则

（一）预防优先原则

预防优先原则是指学校管理人员在进行安全管理过程中，针对不同的运动项目、场地设施要进行风险评估，提前做好对突发伤害事故的处理预案。学校体育教学部门应建立完善的风险管理机制。比如，急救物品的管理、人力物力资源的准备、应付紧急事件的措施及其补救的办法、责任的追究、舆情应对等问题，针对一般性的事件或突发事件要提前做好各项预案，做到防患于未然。

(二) 教育原则

教育原则是指学校要将安全教育始终贯彻于运动安全管理过程中，在进行体育教学活动时，要通过对学生进行教导和传授运动安全知识、防护技能等，帮助学生形成自我保护的意识。学校体育运动安全意外事件的发生，往往是突发性事件，超出学校、老师和学生的控制范围，背后往往都有着复杂的原因，通过事前建立全方位的学校体育运动安全管理机制，定期聘请相关的学者专家针对各类运动伤害事件的预防和应对办法进行讲解，传授校园伤害事故的急救处理方法，增强老师和学生的安全意识和自救技巧。

(三) 适度原则

适度原则是指学校在进行运动安全管理的过程中，过度限制甚至禁止某些有运动风险项目的开展。在进行体育教学活动时存在学生受伤的风险，学校应该宣传科学运动的观念，培养理性的安全管理理念。但只是单纯地为了防止运动风险，过度限制或禁止某些具有一定风险性的体育活动，则将影响学校正常体育教育功能，导致有利于学生身心健康的运动项目无法顺利开展，影响学生体质的全面发展，在处理学校体育运动安全管理与体育教学活动的关系时，应该把运动安全的目标和意识融入体育教学活动中，提升管理水平，从而有效地避免安全事故的发生。

(四) 特殊保护原则

特殊保护原则是指学校在进行运动安全管理过程中，对未成年学生采取特殊的保护措施，学校需要研究和制定相关的特殊保护措施和办法，以保障伤害出现后学生可以得到及时救治。在特殊保护原则的具体实施过程中，学校应给予的安全投入要高于一般行业，对安全设施、场地器材的配置标准要高于普通场所，以降低由于场地器材损坏等原因造成伤害事故。特殊保护原则是对未成年最大利益原则的体现，是对学生权利优先的具体贯彻。

(五) 全方位管理原则

全方位管理原则是指学校在进行运动安全管理过程中做到全员有效参与，包括学校管理者、教师、学生、家长都必须直接或间接参与到安全管理中去，学校对每一个相关部门、岗位和教师的安全职责进行明确规定。管理要做到全程有条不紊、全面细致地对运动安全问题的整个发展过程进行监控和管理，对不同阶段的安全问题采用不同的应对方法，避免安全问题的升级；对体育活动和教学工作细节和管理细节进行安全监管，系统调控学校安全问题发展演变的各个阶段，用最有效的方法恰当处理各种校园运动安全问题，从管理工作的安全细节入手，提升安全管理和服务水平。

二、学校体育运动安全管理范围

（一）体育教学安全管理

体育教学安全包括学校和体育教师在体育课前、中、后不同阶段，在保证学生安全的前提下完成教学任务。要求教师必须具备应对学生意外伤害、疾病、情绪失控等体育教学活动中的各种紧急突发事件的能力。

（二）体育活动竞赛管理

学校体育活动及竞赛的举办是正常教学活动的重要延伸环节，为此需要拟订运动会的计划；选定竞赛项目、竞赛日期和地点；竞赛过程中的安全维护，包括安全措施、医疗保障、人员管理等。

（三）体育设施安全管理

学校的体育设施是学校进行各类体育教学活动和进行日常锻炼的重要工具和场所，各类体育设施的设计、安装、使用、维护、保养等都与使用者的安全密切相关，尤其是运动场馆是学校教学、训练活动和集会的重要场所，体育场地、设施的安全管理工作必须严谨细致，不能有任何纰漏与疏忽。

（四）安全事件处理流程管理

学校体育运动伤害事故发生后，在处理责任纠纷时需要及时有效，面对性质比较复杂和特殊的事故，同时涉及学校多个行政管理部门职能时，学校需成立专门的调查小组，及时向家长和社会公布调查的进展情况，提出解决方案，做好事后的纠纷调解，对学生及家属的慰问以及舆情应对等工作。

三、学校体育运动安全管理过程

（一）预防管理

1. 设立学校运动安全管理小组

学校应建立运动安全管理的系统化组织，设立安全管理小组。在维持正常安全状态的同时，要尽可能地消除安全隐患、预控可能发生的危机和突发事故，要具备处理突发事件的综合能力，及时、准确、全面地掌握安全事态发展，当事件发生时可以迅速反应与协调，使得伤害事故能够得到最有效地处理与解决。小组的基本成员包括总负责人、班主任或辅导员、代课老师、医护人员、体育器材和场地管理人员等。

2. 制订运动安全管理计划

建立运动伤害的预警系统，实现对于在运动中可能出现的伤害事故进行预测和警报，需要教师和相关负责人做好预防措施。制定应急预案，对易发生的伤害事故进行分类和研究，根据学校的实际情况从指导思想、工作原则、指挥调度、伤员救治、事态控制、善后处理、新闻信息的传递、部门沟通与协调等方面执行详细的应对措施。

（二）应急管理

1. 危害评估

评估程序应包括识别预警、危险评估和评估反馈三个阶段。识别预警是对学校体育运动过程中存在的隐患进行危险分析；评估反馈是对运动伤害事故发生的可能性以及预计造成的风险进行应急能力评估和处理事故的演习训练，并且根据事故的风险和对学校或学生造成的影响和伤害进行应急能力的提升和应急资源的储备。

2. 应急预案

①确定应急组织成员及其职责，包括应急响应时的职责（收回报告、响应决定和沟通等）。

②应对突发事件的应急需要协调合作的部门和机构，从中保持沟通联系，如公安、消防、医院等。

③主管负责人应存留相关资料，如学校平面图、各类人员名单、紧急联络电话和沟通办法。

④明确应急准备资源和装备（如紧急药物、医疗器械等），并指定存放在安全且便于获取的地方。

⑤定期对相关的教职员工进行应急培训和安全教育。

⑥定期实施预案演习。

3. 应急响应程序

①启动应急预案。

②紧急救助受伤者，妥善安置其他学生。

③运行突发事件沟通程序，通知有关机构和部门，包括上级管理者。

④必要时与学生家长取得联系。

⑤保存突发事件现场的有关证据。

⑥根据具体情况适时调整应急响应措施。

4. 伤害事故处理流程

①确认学生伤情，根据情况及时就医。

②伤害事故进行调查取证工作。

③向上级部门提交伤害事故报告。

④及时处理因伤害事故引起的纠纷。

⑤与受伤学生家长（监护人）进行协调善后工作。

（三）安全恢复

1. 安全事故处理评估

在体育教学活动恢复正常后，要重点对事件应对过程中的各项措施与效果进行评估，及时总结经验和教训，估算因事故造成的人员伤亡及善后处理（支出的费用、受损的财产价值，以及其他间接损失），以便为事故调查、处理和恢复工作提供依据。评估后要对学校的安全制度进一步完善，对受损的硬件设施进行修理。

2. 安全检查

使用安全检查表对体育教学活动中的安全性进行评估。检查表内容应尽量具体、详尽，其内容应包括：所有体育器材、场地、设施的使用、维修、检查情况，医疗急救物品的使用、管理情况，安全措施的准备和应急预案等都应该反映在该检查表上。

四、学校体育运动安全教育的途径与方法

（一）建立学生健康档案

学校要对入校新生安排体检或者要求学生提供近期县级以上医院的体检报告，以掌握学生的基本健康情况，为在校学生建立个人健康档案，同时学校要明确告知家长在体育运动中可能存在风险，并签署知情同意书。学校针对一些不适合进行剧烈运动的学生，应该有计划地安排合适的教学内容，尽量减少剧烈、对抗性强的运动，减少或避免这类学生在体育课上或是课外活动中发生意外。学校应该要求家长定期为学生进行相关医学检查，发现任何健康问题都要及时与学校和教师进行沟通，并且记录在学生个人的健康档案上，方便教师在安排体育教学活动时做出合理安排和调整。

（二）开展运动安全宣传活动

学校要以预防为主，注重安全教育，充分利用新媒体，通过制作宣传片、微信公共平台、微博等传播渠道，大力宣传体育运动安全方面的知识与防护常识；定期举办运动安全讲座，邀请有经验的体育教师和保健医生进行讲授，提高全体师生的运动安全意识，提高学生运动伤害事故的自我防范能力。

（三）扩大学校责任险的赔付范围

建立更加完善的保险机制是发生运动伤害事故后减少学校和受伤学生家庭损失的有力保障。扩大学校责任险的覆盖范围或者新增"学校体育活动保障附加险"。同时，学校应该鼓励和建议学生参加学校责任保险和购买个人保险，在尊重学生意愿的前提下，为学生参加意外伤害保险创造便利条件。

（四）成立学校体育运动伤害事故救助基金

学校可以通过整合各种社会资源，如校友资助、企业赞助等，或通过多个学校合作成立学校体育运动伤害救助基金，以帮助家庭经济情况困难或保险金额不足的学生，弥补现有的社会保障体制还不足以保障伤者医疗开支的不足。学校可

以增设救助基金，明确救助条件和具体内容，帮助家庭经济条件困难的学生在遭遇严重运动伤害事故后能够得到及时的经济救助。

五、学校体育运动安全保险制度

（一）校方责任险

学校作为校方责任险投保人，因校方过失导致学生伤亡事故或财产损失时，由保险公司进行赔偿。学校是受益方的一种责任保险，参保意义在于积极预防、妥善处理学生事故，保障学生和学校的合法权益，维护正常的教学秩序。保险对象为：凡取得合法资格的教育机构，包括幼儿园、中小学及高等院校，均可作为被保险人。保险责任范围包括：学生在校活动或由学校统一组织安排的活动（包括体育课、实验课、课间操、课外活动、春游等）中，因学校非主观过失导致注册学生的人身伤害和财产损失，依法应由学校承担的直接经济赔偿责任。

（二）学生平安保险

学生平安保险是专为在校学生设计的带有公益性质的险种，属于人身意外伤害保险的一种，是保险公司为学生在校期间各类风险提供保障的商业险种，一般包括意外伤害、疾病身故、意外医疗、住院医疗等最基本的保障。保险对象为：凡各类大、中、小学及技工、中等专业学校学生，身体健康，能正常参加日常学习者都可以作为被保险人，由其所在学校向保险公司集体办理投保手续。保险责任范围包括意外伤害身故、残疾，疾病身故，意外伤害门（急）诊医疗，意外和疾病住院医疗，校园意外伤害医疗、残疾、身故。

第二节　场地设施安全防护

运动器材设施作为学生进行体育锻炼的工具，在进行体育教学活动和日常锻炼时出现学生使用方法不当，或器材设施存在使用风险等问题时，容易出现运动伤害事故。通过了解器材设施存在的各类安全风险与防护措施，帮助学生正确使用各类器材设施，避免伤害事故的发生。

一、场地设施安全

（一）场地器材使用事故风险

1. 体育场地存在安全隐患会导致学生受伤

学校的体育场地多以塑胶场地和水泥场地为主，材质较硬，学生在日常锻炼时容易忽略体育场地上存在的一些安全隐患，如场地湿滑、不平整、异物未及时清理等，容易导致摔伤事故的发生。

2. 学生使用体育器材时缺乏安全意识导致受伤

学生在使用体育器材时对其用法不熟悉、缺乏他人保护、在没有充分热身的情况下使用如投掷类器材、体操器材时容易造成伤害自己或他人的情况。铅球、标枪、实心球等都具有一定的重量和危险性，学生在拿取时方法不当，或在拿取过程中使用器材嬉戏打闹，都可能会造成伤害事故。

3. 球类和投掷类器材难以控制造成砸伤学生

学生不规范的使用和错误的动作会造成砸伤自己或他人，球类场地在进行教学活动和日常锻炼时，由于场地限制，在同一场地进行多项球类教学活动，容易出现篮球、足球、网球难以控制击中学生的面部、眼部、裆部等人体脆弱部位导致学生受伤甚至残疾等事故的发生。

4. 体育器材放置不规范导致学生受伤

田径运动中跨栏栏架和跳高架的摆放不稳定导致栏杆脱落或栏架倒塌会绊倒或砸伤学生。由于田径场地跑道有限，短跑、长跑和跨栏项目之间的相互影响容易引起学生之间的碰撞而导致受伤事故的发生。

5. 学生私自使用器械导致受伤

学校对体育设施缺乏管理，使得一些具有危险性的投掷类器材、体操馆中材质坚硬的固定器械等，在无人保护和看管的情况下学生私自使用不熟悉的运动器材导致伤害事故的发生。

（二）场地器材损坏事故风险

1. 田径场地损坏导致学生受伤

田径场地可能因为长时间使用出现塑胶跑道塌陷、不平整等现象而导致学生摔倒；跳远的沙坑土质过硬而导致摔伤等情况。

2. 球类器材损坏导致学生受伤

球类场地中篮球架缺乏维护倒塌和篮板破碎导致学生被砸伤；篮球、足球、排球表面出现破损对手部、眼部等都会造成损伤；羽毛球、网球出现磨损、断裂，使得球拍很可能在挥拍时部分脱落而飞出，对他人造成伤害。

3. 体育器材缺乏维护导致学生受伤

体育器材使用年限长，若缺乏定期维护和检查，器材各部位连接处松动和生锈，使用时容易发生摇晃甚至断裂等情况，从而造成学生伤害。

4. 保护措施损坏导致学生受伤

在进行跳高或体操类项目时，保护学生落地的海绵垫发生破损或缺乏弹性，无法有效保护学生的安全导致伤害事故的发生。

二、场地设施安全防护措施

（一）场地器材管理事故防护

1. 合理安排使用田径场地

学校要根据田径场地的面积大小合理安排体育课程，协调好各个班级之间的教学活动，避免出现多个班级占用跑道或同时进行投掷类，如实心球、铅球等教学活动，做到班级之间互不干扰。

2. 加强学生的安全意识和课堂纪律

教师应该重点强调课堂纪律和安全意识的教育，做出正确示范，并让学生认识到错误动作的危险性，避免他们在课堂或者日常锻炼中出现伤害事故。在田径场地进行教学活动时要求教师严格约束学生的行为，强调安全和纪律的重要性，不得离开教师视线范围进行活动和私自进出田径场地。

3. 严格体育场馆出入管理

避免在课中和课后有学生私自进入体育场馆，在没有教师的监督和指导下，在无保护情况下，做出一些危险的尝试和动作，导致出现伤害事故。值日生和体育委员应严格按照教师的要求，认真摆放体育器材，并阻止其他学生课前私自使用体育设施。

（二）场地器材使用事故防护

1. 合理规范使用体育器材

教师要根据教学安排合理规范体育器材的使用，器材摆放要合理，摆放的范围不宜过大，如跳高、跳马等，必须要有符合标准的器材和相应的保护措施。

2. 严格管理体育器材

严禁任何学生在未经教师允许下使用如铅球、实心球、标枪等具有一定危险性的体育器材，在拿取时要在教师的监督和帮助下组织学生进行，避免由于器材过重或不正确的拿放而导致伤害事故发生。

3. 正确示范使用体育器材

教师应重点强调课堂纪律和安全意识的教育，做出正确示范，让学生了解错误运动可能带来的危险，以最大限度避免学生在课堂或平时锻炼中出现运动伤害事故。

4. 保证体育器材的质量和数量

进行球类运动教学时要根据学生的年龄和身高选用适合的器材，成人化的器材和场地可能影响学习效果，容易引发伤害事故。器材的短缺会造成教学质量的下降，同时引发不必要的争抢而导致学生受伤。

5. 禁止尝试危险动作

在使用如单杠、双杠、跳箱、跳马等器械时必须经教师允许并在保护下进行，不允许使用不熟悉的器材或者轻易尝试危险动作，以免伤害事故发生。

（三）场地器材损坏事故防护

1. 定期维护体育设施

学校要定期派专业人员检查所有体操器材的安全状况，做到定期检查和维护，并且要求有专人管理和维护，保障体育场地的干净、平整。如整修跑道、填平场地坑洼、清除杂物等。在活动前要对场地环境、器械提前进行仔细检查，若不能及时维修，则应立即暂停使用。

2. 保障体育设施质量安全

学校应该选择对质量和信誉都有保障的厂家和企业，同时要定期进行场地的维护和质量评估，学校必须派专人负责，定期检查、维护和更换磨损严重的器材设施。体育教师或器材管理人员应做好损坏器材、设施的记录，无法使用者需要及时更换并登记报损，避免再次使用而造成不必要的伤害。

3. 标注使用体育设施时的安全警示和规范使用

固定在室外的器械，需要有明确的文字或图片警示标识，避免学生在课间或课后活动时，随意使用而出现意外事故。教师和学生都要增强安全意识，在遇到有器材不安全的现象时须立即停止使用并报告管理人员。

第三节　体育教学安全防护

教师要在体育教学活动中培养学生的安全防护意识，将安全知识和防护技巧贯穿整堂课程教学。让学生了解体育课中可能存在的运动风险，如何进行防护，在发生伤害事故后如何处理。

一、体育课教学安全事故风险

（一）体育课前安全事故风险

1. 学生课前无人看管出现伤害事故

学生在上课前提前进入运动场地，在没有教师看管的情况下，学生之间可能会因嬉戏打闹造成意外伤害事故。

2. 教师未充分了解学生身体状况导致伤害事故

在上体育课或体育测试前，教师应提前询问和了解学生的身体状况，是否有学生存在运动禁忌证，学生身体健康方面存在的问题，或在运动中身体出现不适时，应主动、及时向教师报告，以免出现运动意外。

3. 教师忽视运动安全风险的教育

教师在课前针对本节课将要进行的教学项目和内容的安全性以及存在的受伤风险未向学生说明，忽略了一些自我保护和防伤的讲解，或在学生受伤时采取了错误的处理方法，耽误或影响学生的救治。

4. 体育设施存在安全隐患未及时检查维修

相关的场地器材管理人员和教师未能课前及时检查器材设施，使用存在安全隐患的器材设施，极易对学生造成伤害。

5. 学生未做好充分热身导致受伤

运动前学生没有进行充分热身直接进行运动项目的练习，容易造成肌肉拉伤、扭伤等。

(二) 体育课中安全事故风险

1. 缺乏运动保护措施导致学生受伤

学生参与有较高风险的体育项目时，没有配备相应的配套保护器材和护具，或者由于教师对学生保护措施不力等，都会增大学生受伤的风险。

2. 学生擅自模仿危险动作导致受伤

学生在模仿教师教授的动作时，由于技术动作错误或动作不到位，容易导致学生急性损伤；如果学生错误的技术动作形成习惯，在日常锻炼中同样会造成受伤事故的发生。

3. 运动负荷过大导致学生受伤

体育课教学内容安排不合理，运动负荷过大，使得学生过度疲劳，容易导致运动损伤发生。或者学生在课程中往往由于过度兴奋，忽略了自身的疲惫或身体出现的不适症状，继续进行高强度、大负荷运动，容易导致伤害事故的发生。

4. 学生缺乏自我保护意识导致受伤

学生缺乏自我保护意识，对自身的身体健康状况和运动能力认识不足，在参与一些对抗性运动练习或比赛时，由于争强好胜、情绪失控、犯规动作等原因，容易导致受伤。

（三）体育课后安全事故风险

1. 学生运动结束后没有拉伸肌肉导致受伤

体育教学课程结束后，学生没有对肌肉进行拉伸和放松活动，导致运动后疲劳积累，可能会造成运动损伤的隐患。

2. 学生过度疲劳导致受伤

学生进行体育活动中由于过度兴奋，没有调整好自己的运动负荷，在运动后没有进行积极性恢复措施，可能发生由于体力不支和疲劳过度而出现的受伤或晕厥等状况。

3. 学生搬运体育器材导致受伤

学生上课时由于消耗了大量体力，下课后注意力较为分散，在整理体育器材和搬运过程中，有可能造成意外伤害事故的发生。

4. 相关人员疏于对体育器材课后管理

管理人员或老师在体育课结束后未能及时发现、记录或更换已经损坏或存在安全隐患的器材设施，导致其他班级师生在使用已经坏损的器材时出现伤害事故。

5. 未能妥善管理学生

在体育课结束后，教师没有及时让逗留在运动场或体育馆内的学生离开，导致学生课间或课后，由于无人看管，私自使用体育器材导致伤害事故的发生。

二、体育课教学安全事故风险防护

（一）体育课前安全风险防护

1. 做好课前准备

在课前准备部分，教师应该迅速组织学生集合，集中他们的注意力，让学生在思想和身体都快速进入状态。同时，要根据本节课的教学内容、气候状况，组织学生进行集体性的热身准备活动。

2. 全面了解学生身体状况

教师在体育课开始前，要了解学生的身体状况是否适合正常训练。如果学生身体状况不良，要及时进行记录，可以根据学生具体情况，调整教学要求和方案，或让学生停止训练及时就医。

3. 检查场地器材

课前教师要认真检查场地、器材是否安全、完好，对长时间未使用过的体育器材，应提前一天检查，确保在上课时能够正常使用。

4. 检查学生着装

在进行体育活动前，教师要检查学生上课着装，要求学生必须穿运动服、运动鞋。对学生携带的物品要做出安全提醒和要求，以免由于学生的疏忽大意使一些尖锐物品如项链、钥匙、手表等对学生造成伤害。

5. 做好热身活动

教师要选择适当的准备活动，如慢跑、徒手操、拉伸等一般性准备活动，以达到克服身体惰性、激活运动系统的目的。根据本次课程的教学内容，做有针对性的专项准备活动，以便在专项运动中提升运动表现、减少运动损伤的发生。

6. 培养安全意识

在体育教学中，教师要结合本次体育课教学内容进行安全提示，应适当穿插讲解一些安全常识及自我保护的知识和技巧，尤其是针对一些热门运动项目中的常见损伤，教师应向学生说明预防损伤的重要性及预防、救治方法等。

7. 认真备课

教师需要掌握动作的重点、难点，对示范动作要坚持课前预习，保证示范动作的标准性。科学地安排练习顺序，如技术性强、难度大、新的教学内容，尽量安排在课的前半部分，在学生体力和精力都充沛的情况下进行练习。充分了解和掌握教学内容的重点、难点，在容易发生伤害事故的环节上做好预防工作。

8. 做好事故应急救助

教师应该根据体育教学过程中可能会发生的伤害事故做好应急处理的预案和救助措施，准备基本的医疗急救箱，让教师可在第一时间对受伤的学生进行简单伤情的急救和处理。遇到重大伤害事故时，应及时与校医、急救中心、附近医院联系，不要擅自处理，以免加重伤情，造成不良后果。

（二）体育课中安全风险防护

1. 全程看管

教师上课时要坚守岗位，确保万一有学生发生伤害事故时，教师可以第一时间救助处理，以应对各种可能突发情况。由于班级学生人数较多，为了方便监督和管理，充分调动体育委员、班长和体育优秀生等人员，做好体育教学辅助，预防学生伤病发生。当有学生出现受伤情况时，学生应及时向教师报告，积极配合救助，避免耽误最佳的抢救时间。

2. 教授保护技巧

教师应该在实施教学时布置好安全设备，并且要教会学生相互保护和自我保护的动作。比如，遇到不小心摔倒时，要保护好头部，最好采用肩背部着地，要及时团身、收腹，并且顺势翻滚；从高处跳下时，要用足前掌着地并屈髋屈膝，以缓冲地面冲击力。教师可以在授课过程中，培养学生自我防伤意识，穿插讲解各种自我防护动作，培养学生的自我保护技能。

3. 及时纠错

学生在进行练习的时候难免会产生错误的技术动作，教师应该有足够的耐心纠正学生错误或做不到位的动作，要让学生建立正确的动作概念，同时，要分析错误动作产生的原因和其导致的后果，尽可能及早发现，及早纠正，以免错误动作给学生造成受伤情况和养成错误习惯后对身体带来的损伤。

4. 合理制定考核标准

教师要根据学生的个体差异，制定不同的教学要求和考核标准，帮助学生消除心理障碍，要多鼓励和调动学生的积极性，让学生勇于尝试，而不是被迫去完成考核动作。

5. 及时发现处理

教师要观察和询问学生的身体状况，同时，学生如果在运动中感到不适要及时告诉老师，做到早发现、早诊断、早处理，避免意外伤害事故的发生。

6. 合理安排运动强度

教师要合理安排教学内容和运动负荷，避免过于单一的训练方法，防止引起局部负担过大导致运动损伤。教师在教授一些技术性强或具有一定危险性的项目时，要由易到难、由简到繁，加强讲解、示范和辅助保护的帮助，也可以适当降低难度，避免因为学生无法掌握正确动作而发生伤害事故。

(三) 体育课后安全风险防护

1. 放松恢复

教师要根据本节课的运动负荷情况，选择适当、轻松的放松活动，如肌肉拉伸、调整呼吸等措施，让学生逐渐恢复到平静状态。

2. 及时处理

教师发现学生有不舒服的情况，要立即联系校医或者校外医院，如果症状较轻，将具体情况反映给辅导员或班主任，要安排学生在课后尽可能多休息，并安排同学陪护。如果症状加重，及时送医，并通知家长并向学校相关管理人员汇报情况。

3. 监督和负责运动器材的放置和搬运

在搬运一些体积较大和重量较重的器材时，应该由教师承担主要的回收任务，若是学生进行回收工作，教师不得提前离开教学场地，必须等待学生安全回收完成后再离开。

4. 调整教学内容

教师要根据学生在课中的运动表现和承受能力对教学计划进行及时、合理地调整，尤其是针对一些身体素质差和有特殊疾病的学生，要对他们的身体健康和体质水平做相应的记录，在学生健康档案中可以有所反映，以便在课程安排时，做出具有针对性的调整。

5. 检查体育器材

教师在课后要检查体育设施有无损坏情况，若有损坏，需及时向学校管理部门进行汇报并及时更换或进行维修。

三、体育课教学伤害事故处理过程

1. 教师迅速判断学生伤情，及时采取应对措施

教师要判断学生伤情是否严重，如果是轻伤，教师可及时采取简单的处理，

再联系校医进行治疗。当学生遇到重伤或教师不能处理的，要及时拨打"120"急救电话，就近送医院进行救治，教师要立即向学校主管部门领导报告情况。

2. 学校及时通知受伤学生的班主任（辅导员）和家长（监护人）

教师要及时通知受伤学生的班主任（辅导员）、学生家长（监护人），以便协调处理好受伤学生的救治工作。

3. 做好学生伤害事故调查工作

学校要成立专门的调查小组，对在场的教师、学生、管理人员进行询问，及时查明伤害事故原因。

4. 启动相应保险理赔流程

学校承担责任部分要及时向保险公司说明，保险公司参与调查，准备理赔，及时给予受伤学生物质上的帮助。

5. 处理好善后工作

学校要与家长（监护人）协调好善后工作，学校组织教师和学生对受伤学生进行探望并给予相应的帮助。

6. 承担相应责任

学校和家属进行协调确定各自分担责任比例，确定赔偿数额，若双方协调失败，则进入司法程序。

第四节　运动项目安全防护

学校和教师要根据不同特点和性质的运动项目来做好安全措施防护，制订紧急处理方案。完备的课程计划与风险防范策略，是有效规避运动风险，充分发挥运动的功能性与教学性的关键。

一、不同运动项目安全风险特征

（一）田径运动安全风险

1. 进行高强度运动时，未进行充分热身

学生在进行高强度运动时，容易忽视准备活动，在没有充分热身的情况下就进行高强度运动时，可能引起损伤、休克甚至猝死。

2. 动作技术不规范

跑步作为基础的运动项目，容易被学生忽视其动作要领和注意事项，学生不规范的跑步技术动作形成习惯后，可能会导致一些慢性的运动损伤。

3. 运动鞋选择错误

学生未穿运动鞋或穿着不适合自己的跑鞋进行跑步时，会增加运动损伤的风险。在没有受过专业训练的前提下，不建议学生穿着钉鞋进行比赛。

4. 患有慢性疾病

学生患有慢性疾病（如心脑血管疾病、高血压、糖尿病等）时，轻度活动就可能出现胸闷、胸痛、头晕等不适症状者，不宜参加剧烈运动。需要在医院进行全面体检，排除运动的禁忌证后，方可在医生制定的运动处方指导下进行适当的锻炼。

5. 场地问题

学生在进行跳远或跳高运动时，其身上携带的钥匙、佩戴的项链等坚硬物品可能会对身体造成刺伤；而场地不平，沙坑质地过硬或存在异物时，可能会造成摔伤等事故。

(二) 球类运动安全风险

1. 教学秩序混乱

学生上课人数过多，教学组织不当，可能会引起球场秩序混乱，导致篮球、足球等砸伤，学生踩踏、打闹致伤等事故发生。

2. 教学活动时间安排不合理

在进行球类教学时，未能合理分配好教学、练习和比赛的时间，学生在疲劳状态下比赛时，容易出现受伤的情况。

3. 球类运动损伤风险大

在篮球、排球等运动中，膝、踝和手部容易受伤，比如在运动中手指戳到篮球（俗称戳手）而发生疼痛、肿胀、功能障碍等情况，对此不可掉以轻心，以免发生骨折、脱位等严重损伤的漏诊而造成严重后果。

4. 忽视护具的佩戴

在球类比赛中，学生没有按规定佩戴护具或保护不足，容易出现受伤。

5. 运动场地问题

进行隔网对抗运动（如排球、羽毛球、网球等）时，场地湿滑和不平整容易导致受伤事故的发生。

6. 运动负荷过大

教学或比赛的运动负荷过大，容易导致学生出现一些突发性的拉伤、扭伤、肌肉痉挛等；如果技术错误，则容易导致局部负荷过大，没有及时进行调整和治疗，可能出现疲劳性损伤。

(三) 游泳运动安全风险

1. 游泳前未充分热身导致溺水

学生在进行游泳前没有进行充分的热身，下水后容易导致小腿肌肉痉挛，发生溺水事故。

2. 擅自下水导致意外受伤

学生在没有完全掌握游泳技巧、未得到教师和救生员的允许，擅自跳水、游泳，容易出现溺水，甚至危及生命安全。

3. 忽视了课堂纪律的要求

学生没有听从教师的安排，游泳时逞强好胜，没有量力而为，擅自到深水区或离岸太远，导致溺水。

4. 自我状态不好导致溺水

学生在饱食、饥饿、情绪不好、酗酒后游泳，容易造成溺水事故。

5. 危险行为导致自己或他人溺水或受伤

学生在没有掌握跳水技能或在没有教师和救生员的监督下尝试跳水时，容易导致溺水或受伤；学生在游泳池相互嬉戏打闹，可能会造成自己或他人呛水、溺水、休克等事故的发生。

（四）体操运动安全风险

1. 未经允许使用体操器材导致受伤

学生在没有教师指导和监督的情况下，使用一些具有危险性的体操器材，如蹦床、吊环等；初学者控制不好身体的平衡，缺乏自我保护的技巧，导致受伤事故的发生。

2. 尝试高难度体操动作导致受伤

学生在缺乏练习、教师指导和保护的情况下，尝试高难度的动作和技巧，从而发生摔伤或骨折等受伤事故。

3. 未进行热身导致受伤

学生在进行体操运动前，没有进行充分的热身，急于完成动作，可能会导致肌肉拉伤、脱位或骨折等运动损伤。

4. 缺乏保护措施导致意外受伤

在进行体操运动时，用于落地保护的体操垫由于使用时间过长会降低其保护性能；或因数量不够，无法充分保护学生，可能会导致学生落地时摔伤；学生没有做好手部的防滑措施，引起学生出现意外受伤的情况。

5. 体操器材的损坏导致学生受伤

体操器材使用时间过长，某些部位出现松动和断裂，管理人员和教师未能及时排除安全隐患，极易导致学生在使用时受伤。

二、不同运动项目安全防护措施

（一）田径运动安全防护措施

1. 学生要充分了解自身的身体健康状况

在进行较为剧烈或长时间运动时，应该对自己的身体健康状况有所了解，适度安排锻炼负荷。同时，在进行体育课教学时，教师要根据学生的身体状况调整教学内容。避免由于学生逞强好胜，超负荷运动而引起运动伤害事故发生。

2. 合理规范使用田径跑道

学生在田径场进行跑步时，只能按逆时针方向跑动。多个班级或项目需要同时使用跑道时，要提前划分好区域；当学生返回出发点时，应从跑道的两侧返回，不得在跑道逆行、逗留或穿行。严禁反向跨栏架，不得在跑道上进行投掷项目的教学与练习。

3. 帮助学生掌握正确的技巧姿势

教师要向学生讲解跑步时应该注意的身体动作姿势、节奏掌控和呼吸等技巧；跑步时最好选择在塑胶、草地、土地上进行，尽量少在水泥路、石板路、柏油路上跑步，以减少运动损伤的发生。

4. 做好运动后的恢复措施

在进行长时间的跑步运动时，教师应该要求和督促学生在运动后进行整理放松活动，及时擦汗并换掉汗湿的衣物，注意保暖避免受凉感冒，定时补水等，养成良好的运动习惯。如果因运动负荷过大导致肌肉、关节酸痛，可以及时采取加压包扎、冷敷处理，以缓解不适症状。如果发生急性损伤，可以按 PRICE 原则（保护、休息、冰敷、加压包扎、抬高患肢）进行早期处理。

5. 跳远运动的注意事项

跳远时，要保证助跑跑道平整，不允许学生随意横穿助跑道。起跳板要与地面齐平。教师要提前检查沙坑，保证沙坑松软，不能有石块、杂物等。同时，要求沙坑对面不能站人，沙坑内只准按同一方向做同一项目的练习。在进行立定跳远练习的时候，要选择具有较大摩擦力的场地。

6. 跳高运动的注意事项

跳高架必须固定好，放置平稳，避免倒塌砸伤学生。采取背越式跳高时，海绵垫要有足够的弹性、厚度和面积，以保证学生落地时的安全。在进行跳高练习时，要循序渐进，由低到高地进行；尽量穿着宽松的运动裤，禁止佩戴坚硬物品，如钥匙、项链等进行跳高练习。

7. 投掷类运动的注意事项

投掷器械应集中放在规定的地点，禁止学生随意拿用器械自行练习投掷。在集体练习时，要有足够的间隔，不允许对面互相投掷，器械出手的一侧不准站人。要按统一口令练习，完成一组后统一捡回器械，捡回器械时，不得向回投掷。如果采用旋转式投掷技术，不得成排同时投掷，投掷者需在有防护网的区域练习技术，网内周边不得站人围观。禁止学生在投掷场内任意穿行。

（二）球类运动安全防护措施

1. 合理安排班级人数、练习项目以及场地

在篮球训练中，如果同时练习的人数太多，容易造成混乱和损伤。如运球冲刺、折返跑时出现冲撞、跌倒伤等。如果学校条件允许，篮球教学应该采用小班教学的模式。

2. 强调规则和安全意识

学生在比赛中发生冲突时，老师必须及时制止，要重视合理的引导体育竞争意识，强调安全意识和自我保护意识。

3. 严禁学生尝试扣篮

针对一些运动能力和身体素质强的学生，在没有经过专业训练的情况下，严禁学生去抓篮筐和尝试扣篮等危险的举动。

4. 佩戴护具

在进行足球教学活动和日常锻炼时，学生应该按要求，确定是否需要使用碎钉足球鞋、护腿板等装备。根据自己损伤防护需要，可以自行选择护膝、护踝、护腰等防护用品。

5. 帮助学生做好热身

教师必须要带领学生进行充分的准备活动，尤其是要重视专项运动主要动用的关节、肌肉的练习，可以采取动态神经激活方式，提高心肺功能，促进关节的稳定性、灵活性和活动度，不能因为课程的时间有限就减少甚至忽略准备活动。

6. 严禁尝试危险动作

学生在进行球类练习的过程中，像足球、篮球速度快、体积大，极易造成球砸伤学生的事件。在进行足球练习时，要求学生尽可能不踢高远球，在上课期间学生人数较多，在还没有完全掌握力度和踢射角度的情况下，学生无意识的行为就可能给自己或他人带来伤害。

7. 排球运动的注意事项

学生在进行排球练习时，应该根据个人需要，选择适合的护具（护膝、护踝、护腕、护肘、指套等），保护容易受伤的关节。平时需要加强膝关节、踝关

节等相对薄弱部位的肌肉力量、稳定性和本体感觉训练，以减少损失发生。适当控制练习时间，避免疲劳和局部负担过大导致损伤。初学者在练习时，可以选取气排球代替排球来完成练习，以减少手部受伤。

8. 隔网对抗运动的注意事项

学生在进行网球、羽毛球等隔网运动时，要穿着专业的运动鞋。根据需要选择护具，加强易伤部位（膝关节、腰部）防护。根据自身特点选择适合自己的球拍，球拍重量过大、绷线磅数过高，超出身体负担能力，不但影响技战术发挥，还容易导致手腕、肘部劳损。在进行练习前对球拍进行检查，避免球拍在击球时发生断裂而导致误伤他人的意外事故发生。在观看比赛或走动时，要尽量远离场地，以免比赛选手因为救球冲出场地挥拍或冲撞致人受伤。

（三）游泳运动安全防护措施

1. 严格管理进出游泳馆

游泳课前在游泳池门厅集中，由教师点名后统一带入，下课后教师应确认所有学生按要求离开游泳馆。游泳课实行封闭教学，上课后 5 分钟关门，下课前 5 分钟开门。

2. 适应水温

在游泳课前，需在岸上充分进行热身运动，再下水适应游泳池的水温，不得直接跳水入池，不可以在身体大汗、大热情况下突然入水而导致抽筋、溺水事故。

3. 及时救助

在游泳课中，学生如果有头晕、抽筋、呛水等异常状况时，应立即向身边的教师或学生求助。当其他学生发现有人出现肌肉抽筋、溺水等情况时，要立即向教师或救生员进行求救。无水中救助能力和经验者，应以呼叫求救为主，并迅速寻找救生圈、救生衣，以抛递方式给落水者，不可盲目冲动下水救人，以避免扩大伤亡事件。

4. 养成良好的习惯

初学游泳者应在游泳池先学会漂浮，以保证在抽筋、疲劳情况下，以最省力的方式漂浮等候救援。然后再逐步学习正确的游泳技术。养成佩戴泳镜和游泳帽的习惯，和周边人保持适度距离，避免撞伤。

5. 结伴游泳相互帮助

初学者在游泳时要两人一组在水中练习，让两位体力、技术接近的同学组队，以互相观察、帮助，如发现异常情形可立即通报教师，确保安全。

6. 注意避让

游泳池中如果学生太多，学生在练习时留意周边的人，避免游泳中因蹬水或挥臂动作出现撞击损伤。

7. 维护课堂秩序

课间需要离开游泳池的学生须经老师同意，返回后应及时向教师报告。为维护游泳池内秩序及安全，保证上课质量，学生要听从老师的安排和指挥，对违纪者应严肃处理。

8. 禁止学生跳水

学生不得盲目跳水入池，因跳水姿势不当，可能会因为入水角度问题，致头部撞击游泳池底造成严重损伤。在教师已经教授了跳水的动作要领后，方可在教师指导下有序进行练习，学生不得在无管控情况下私自跳水。

9. 及时调整身体状况

游泳课结束后，教师要带领学生进行整理恢复活动，避免疲劳积累；发现学生有身体不适或异常症状者，应立即告诉教师或救生员。

（四）体操运动安全防护措施

1. 合理安排教学内容

体操中的器械运动和垫上运动具有较高的危险性，老师在组织、教法、保护帮助等方面必须细致，课前要仔细检查器械是否存在安全隐患，组织学生活动时要科学安排教学内容和教学步骤，加强保护措施。

2. 适当降低体操动作难度

教师在组织器械练习的时候，要监督学生充分做好准备活动，根据学生情况可以适当降低器械的高度和动作的技术难度，鼓励学生完成技术动作，克服心理障碍。在完成动作时，教师要在旁边做好防护工作。

3. 学生之间要相互协作

学生在练习体操动作时要相互协作。对于需要相互保护和帮助时，教师要用示范保护和帮助的手法、站位和要领，要求学生以高度的责任心完成保护工作。

4. 教授防护技巧

教师要教会学生如何有效佩戴护具，针对不同的体操动作和器材使用方法，要让学生了解可能发生的危险，教授有效规避危险的办法以及损伤防护技巧。

5. 亲自示范保护学生

教师在教授一些难度较大的体操动作时，要亲自对学生进行保护和帮助，以减少学生受伤的风险。

总之，学校体育运动安全保护制度和措施是保障学校体育运动安全的前提，要让学生具备自我保护意识并学习和掌握一些常见的防护技巧，有效规避风险降低伤害；养成良好的运动习惯，通过运动来强健自己的体质，提高防护能力。学校体育运动安全的维护需要所有人的共同努力，才能为学生营造一个安全的运动环境，帮助学生健康成长。

第七章

CHAPTER
07

学校体育运动风险防范与法律保障

本章提要：学校在开展各类体育活动时，应当依法履行安全保障义务，做好风险防范工作，保障学生人身财产安全，以减少不必要的法律纠纷，避免给学校体育工作造成不良影响。本章通过介绍学校体育运动风险与防范措施、伤害事故及处理程序、相关法律规定、事故责任认定等基本知识内容，帮助读者正确认识学校体育运动安全风险防范的管理职责与伤害事故处理的法律责任，不断提高风险防范意识，妥善处理伤害事故，依法维护学生、学校、教师的合法权益，保证学校体育运动正常开展。

第一节 学校体育运动风险防范

学校体育运动风险是指在学校体育运动过程中，运动者发生运动损伤的风险。

学校体育运动风险来源复杂，识别难度较大。教育行政部门和学校应当切实履行学校体育运动风险防范职责，做好风险防范措施，合理避免学校体育运动伤害事故发生。

一、学校体育运动风险来源

1. 学生风险

学生是学校体育活动的参与者，也是发生学校运动风险的主要人员。中小学生大多为限制行为能力人和无行为能力人，身心发育尚未成熟，自控能力较差，不遵守课堂纪律要求，无法对体育活动中的潜在风险和意外因素做出预判和防范，容易造成学生和其他人员的人身伤害。

2. 教师风险

教师是学校体育活动的实施主体，对于学校体育教学活动、课外体育活动、课余体育训练与体育竞赛的组织和实施负有安全保障责任。教师在安全教育、教学组织、内容安排、教学方法和保护等任何环节出现疏忽，都可能会造成运动伤害事故。

3. 环境风险

体育运动中的环境风险包括因下雨、降雪、刮风等自然环境造成的风险，还有场地、器材问题引起的风险。学校体育运动多为室外体育活动，很大程度上受到天气和气候的影响，雨雪天气运动容易因滑倒致拉伤、挫伤、骨折等事故；酷暑天气运动容易出现中暑或猝死。一些学校体育场地设施简陋，建设标准较低，由于日常维修保养不当，也容易导致学生出现意外伤害事故。

4. 管理风险

学校体育管理是体育安全风险防范的重要环节。学校应当定期对教师和学生进行安全培训，要重视体育课的安全保障工作，加强体育场地、设施管理工作，及时了解学生身体健康状况，一旦发生事故，要第一时间与学生家长取得联系，争取家长的理解与配合。

二、学校体育运动风险防范

（一）学校体育运动风险防范职责

1. 教育行政部门职责

①教育行政部门应把学校体育运动风险防控作为教育管理与督导的重要内容，纳入工作计划，制订适合本地区的学校体育运动风险防控指导意见或工作方案，明确风险防控的具体内容和基本要求，指导并督促学校建立、完善学校体育运动风险防控机制，落实防控责任和措施。

②教育行政部门和学校应当严格按照国家有关产品和质量标准选购体育器材

设施，没有国家标准和行业标准的产品，应当要求供应商提供第三方专业机构的安全检测及评估报告。应当建立体育器材设施与场地安全台账制度，记录采购负责人、采购时执行的标准、使用年限、安装验收、定期检查及维护情况。

2. 教育督导机构职责

教育督导机构应当定期对学校体育运动风险防控进行督导检查，检查结果作为对学校进行考核和问责的重要依据。

3. 学校职责

①学校应当建立校内多部门协调配合、师生员工共同参与的学校体育运动风险防控工作，制定学校体育运动风险防控规章制度和体育运动伤害事故处理预案，明确教务、后勤、学生管理、体育教学等相关职能部门的职责，组织和督促相关部门和人员履行职责，落实要求。

②学校体育器材设施应当严格按照安装要求，由供应商负责完成安装，安装完成后学校应当进行签收，签收结果记录在体育器材设施与场地安全台账中。由教育行政部门采购、交付给学校使用的体育器材设施，应当将采购安全台账同期交付。

③学校应当按规定定期安排学生进行健康体检，建立学生健康档案，按照《中小学生学籍管理办法》规定，纳入学籍档案管理。新生入学时应当要求学生家长如实提供学生健康状况的真实信息。转学应当转接学生健康档案。涉及学生个人隐私的，学校负有保密义务。

④对不适合参与体育课或大纲规定体育锻炼内容的学生，学校和教师应当减少或予以免修体育课。

⑤学校应当主动公示体育运动风险防控管理制度、体育运动伤害事故处理预案等信息，接受家长和社会的监督。

（二）学校体育运动风险防范措施

①教师在体育课教学、体育活动及体育训练前，应当认真检查体育器材设施及场地；在体育教学、训练和比赛中，应当强化安全防范措施；对技术难度较大的动作应当按教学要求，详细分解、充分热身，并采取正确的保护与帮助。

②教育行政部门或学校组织开展大型体育活动或体育比赛，应当成立安全管理机构、制订安全应急预案、检查体育器材设施及场地、配备相应安全设施及标

识、设立现场急救点，安排医务人员现场值守、联系就近医院设立急救绿色通道、对学生进行安全教育。

③组织学生外出参加体育活动和体育比赛，应当根据活动或比赛要求，向学生及家长提供安全告知书并获得家长书面同意。

④大型体育活动或体育比赛需要由第三方提供交通、食品、饮水、医疗等服务的，应当选择有合格资质的服务机构，依法签订规范的服务合同。

⑤学校应当根据体育器材、设施及场地的安全风险进行分类管理。具有安全风险的体育器材、设施，应当设立明显警示标志和安全提示。需要在教师指导和保护下才可使用的器材，使用结束后应当屏蔽保存或专门保管，不得处于学生可自由使用的状态；不便于屏蔽保存的，应当有安全提示。教师自制的体育器材，应当组织第三方专业机构或人员进行安全风险评估，评估合格后方能使用。

⑥学校应当对体育器材、设施及场地的安全情况进行定期检查、保养和维护，根据安全需要或相关规定，及时更新和报废已损坏的体育器材和设施，及时消除安全隐患。

⑦学校应当利用开学教育、校园网络、家长会、体育课、课外活动等多种途径，对学生和家长进行体育安全宣传教育，普及体育安全知识，宣讲体育运动风险防控要求和措施，引导学生和家长重视体育运动风险防范。

第二节　学校体育运动伤害事故与处理

学校体育运动伤害事故是指在学校组织实施的校内外体育活动（包括体育课、课外体育活动、体育竞赛和课余体育训练），以及在学校负有管理责任的体育场馆和其他体育设施内发生的，因过失或意外造成在校学生人身伤害或者死亡，以及对他人造成人身伤害或者死亡的事故。科学认识学校体育运动伤害事故的概念、特征、类型及原因，对于正确处理学校体育伤害事故具有指导意义。

一、学校体育运动伤害事故的范围

教育部颁布的《学生伤害事故处理办法》第 2 条明确了学生伤害事故的适用范围。据此认为，学校体育运动伤害事故是指在学校实施的教育教学活动或者学校组织的校外活动中，以及在学校负有管理责任的校舍、场地、其他教育教学设施、生活设施内发生的，造成在校学生人身损害后果以及对他人造成人身损害后果的事故。

二、学校体育运动伤害事故的类型

根据学校体育伤害事故概念，可以将学校体育伤害事故分为以下类型：

（1）体育教学活动伤害事故

在学校组织的体育课教学活动中发生并造成人员身体伤害的事故。

（2）课外体育活动伤害事故

在学校组织的课外体育活动中发生并造成人员身体伤害的事故。

（3）课余体育训练伤害事故

在学校组织的课余体育训练活动中发生并造成人员身体伤害的事故。

（4）学校体育竞赛伤害事故

在学校组织的体育竞赛活动中发生并造成人员身体伤害的事故。

（5）学校管理责任事故

在学校负有管理责任的体育场馆和其他体育设施内发生，并造成人员身体伤害的事故。

三、学校体育运动伤害事故的特征

（一）事故的不可避免性

学校体育运动中存在固有风险和意外情况，使学校体育运动事故无法完全避免。比如，学生在体育运动中，要进行各种各样的身体练习，有的项目具有对抗性强和竞争激烈的特点，会有大量的身体接触对抗，容易发生伤害事故。此外，许多未成年学生顽皮好动，缺乏自我保护能力和预见后果能力，容易发生伤害事故。其他诸如运动负荷不当、技术失误、天气、场地、器材等意外情况，也会导致伤害事故发生。

（二）事故原因的复杂性

学生在学校进行体育活动过程中出现一些轻微的伤害一般不会牵涉多方利益。但是一些较为严重的运动伤害事故发生后，由于事故原因错综复杂，当事人可能涉及学校、教师、学生及其他人员，甚至可能是意外或者不可抗拒原因导致突发性事件，因而在事故原因分析和法律责任认定上较为复杂。

（三）时间地点的特定性

学校体育伤害事故发生的时间是学生在校体育活动的时间，体育活动可能是学校组织实施的，包括校内的活动和校外的活动。如果是学生自发组织的体育活动，只有在学校组织活动或在学校负有管理责任的体育场地设施内发生的伤害事故，才能被认定为学校的体育伤害事故。

（四）事故影响的多重性

严重的学校体育伤害事故，不仅会给学生本人和家庭带来不可挽回的人身财产损失，也会给学校和教师带来压力，并对学校办学造成负面影响。学校体育伤害事故频繁发生会导致学校组织体育活动的意愿下降，不愿开展相对激烈的对抗性体育活动，以及具有挑战性和风险的体育项目，这种"因噎废食"的做法，不利于学生健康成长，有悖于学校体育树立"健康第一、终身体育"的教育思想。

四、学校体育运动伤害事故的原因

（一）场地设施原因

体育场地不符合体育教学标准要求，如：地面不平，体育设施、器材陈旧等，学校没有及时检查、发现安全隐患，学生在活动时可能会造成伤害事故。此外，体育器材准备或摆放不当，学生在运动时也可能会发生伤害事故。

（二）教学过程原因

在体育教学过程中，体育教师对一些运动技术技能的讲解、示范不够，或者安全保护措施不力；教学内容、运动强度和难度超过了学生身体的承受能力，导致伤害事故发生。

（三）教学管理原因

体育活动的特殊性，要求体育教师和有关责任人员必须尽到自己的管理职责，应当具有高度的责任心，在体育教学活动过程中严格管理。如果教师对学生没有明确、具体的要求，疏于管理，就容易发生人身伤害事故。教师体罚学生或变相体罚学生也会造成学生人身伤害事故。

（四）意外伤害原因

体育活动本身具有对抗性和竞争性，不可避免地会发生一些伤害事故，客观上具有一定的不可预见性。

（五）学生健康原因

由于学生身体有先天性疾病或突发疾病等原因，有可能导致在参与体育活动时发生伤害事故。

五、学校体育运动伤害事故处理要求

（一）救助沟通

体育运动伤害事故发生后，学校应当按照体育运动伤害事故处理预案要求，及时实施或组织救助并及时与学生家长进行沟通。

（二）事故上报

发生体育运动伤害事故，情形严重的，学校应当及时向主管教育行政部门报告；属于重大伤亡事故的，主管教育行政部门应当按照有关规定及时向同级人民政府和上一级教育行政部门报告。体育运动伤害事故处理结束，学校应当将处理结果书面报主管教育行政部门；重大伤亡事故的处理结果，主管教育行政部门应当向同级人民政府和上一级教育行政部门报告。

（三）依法处理

依据《学生伤害事故处理办法》和相关法律法规依法妥善处理体育运动伤害事故。

（四）仲裁调查

学校主管教育行政部门可会同体育、医疗、司法等部门及相关方面的专业人士组建学校体育运动伤害事故仲裁小组，对事故进行公平、公正的调查，提出仲裁意见，为事故处理提供依据。

（五）保险赔偿

教育行政部门和学校应当健全学生体育运动意外伤害保险机制，通过购买校方责任保险、鼓励家长或者监护人自愿为学生购买意外伤害保险等方式，完善学校体育运动风险管理和转移机制。

六、学校体育运动伤害事故处理程序

（一）及时救助

发生学生伤害事故，学校应当及时救助受伤害学生，并应当及时告知家长或监护人；有条件的，应当采取紧急救援等方式救助。

（二）报告事故

发生学生伤害事故，情形严重的，学校应当及时向主管教育行政部门及有关部门报告；属于重大伤亡事故的，教育行政部门应当按照有关规定及时向同级人民政府和上一级教育行政部门报告。

（三）上级指导

学校的主管教育行政部门应学校要求或者认为必要，可以指导、协助学校进行事故的处理工作，尽快恢复学校正常的教育教学秩序。

（四）协商调解

发生学生伤害事故，学校与受伤害学生或者学生家长可以通过协商方式解决；双方自愿，可以书面请求主管教育行政部门进行调解。

未达成调解的，成年学生或者未成年学生的监护人也可依法直接提起诉讼。

（五）行政调解

教育行政部门收到调解申请，认为必要的，可以指定专门人员进行调解，并应在受理申请之日起 60 日内完成调解。

经教育行政部门调解，双方就事故处理达成一致意见的，应当在调解人员的见证下签订调解协议，结束调解；在调解期限内，双方不能达成一致意见，或者调解过程中一方提起诉讼，人民法院已经受理的应当终止调解。

调解结束或者终止，教育行政部门应当书面通知当事人。

（六）诉讼解决

经调解达成协议，一方当事人不履行或者反悔的，双方可以依法提起诉讼。

（七）报告结果

事故处理结束，学校应当将事故处理结果书面报告主管的教育行政部门；重大伤亡事故的处理结果，学校主管的教育行政部门应当向同级人民政府和上一级教育行政部门报告。

第三节　学校体育运动伤害事故责任

学校体育伤害事故赔偿责任认定是解决学校体育伤害事故纠纷的关键环节，也是社会各界高度关注的司法诉讼问题。《中华人民共和国民法典》出台后，自甘风险条款的法律适用，为学校体育运动伤害事故责任认定带来新的变化。

一、学校体育运动伤害事故赔偿责任的归责原则

（一）归责原则的概念与法律规定

所谓归责原则，是确定侵权人承担损害赔偿责任的一般准则，它是在损害事实已经发生的情况下，为确定侵权人对自己的行为所造成的损害，以及对自己所管领下的人或者物所造成的损害，是否应当承担赔偿责任的原则。

2020 年 5 月 28 日第十三届全国人民代表大会第三次会议通过《中华人民共和国民法典》第一千一百六十五条、一千一百六十六条、一千一百八十六条规定了侵权赔偿责任的归责原则体系，分别规定了过错责任原则、过错推定原则、无过错责任原则、公平责任原则。具体规定内容如下：

第一千一百六十五条　【过错责任原则】行为人因过错侵害他人民事权益造成损害的，应当承担侵权责任。

【过错推定原则】依照法律规定推定行为人有过错，其不能证明自己没有过错的，应当承担侵权责任。

第一千一百六十六条　【无过错责任原则】行为人造成他人民事权益损害，不论行为人有无过错，法律规定应当承担侵权责任的，依照其规定。

第一千一百八十六条　【公平责任原则】受害人和行为人对损害的发生都没有过错的，依照法律的规定由双方分担损失。

（二）学校体育运动伤害事故责任归责原则适用的几种认识

回顾我国学校体育运动伤害事故纠纷理论探讨和司法实践，学者和法官对于学校侵权责任归责原则的适用，基本形成了以下三种认识。

1. 学校不适用无过错责任原则

根据《最高人民法院关于审理人身损害赔偿案件适用法律若干问题的解释》和教育部《学生伤害事故处理办法》的相关规定，学校对学生体育运动伤害事故承担责任不适用无过错责任原则。

原因有二：①法律没有明文规定的，不得适用无过错原则认定民事责任；②如果学校尽到了对于学生的教育、管理、保护等安全保障义务，并且能够证明自身没有过失，则不能适用无过错责任原则。

在司法实践中，一些法官倾向于适用无过错责任原则处理学校体育运动伤害事故纠纷，目的在于强化学校安全保障义务，保护学生人身权益。但是，面临体育活动中难以避免的意外伤害事故，学校往往防不胜防，此时，法官再适用无过错责任原则，严格追究学校法律责任，则会严重影响学校开展体育教学活动的积极性。目前，已有地方法院开始纠正学校体育运动伤害事故案件审判过程中滥用无过错责任原则的不当做法，强调公平司法，合理认定学校侵权责任，以此降低学校体育活动法律风险。

2. 未成年人伤害事故适用过错责任原则

根据《最高人民法院关于审理人身损害赔偿案件适用法律若干问题的解释》第 7 条规定，未成年学生受到损害和未成年学生造成他人损害两种情形下的人身损害赔偿责任，都适用过错责任原则，即使在学校承担的补充赔偿责任的情况下，也适用过错责任原则。

最新出台的《民法典》第一千一百九十九条进一步明确了学校在学生体育运动伤害事故案件中可以适用过错推定原则，即学生在学校体育活动中受到人身损害的，学校应当承担侵权责任，但是能够证明尽到教育、管理职责的，可以不承担侵权责任。

由于绝大多数学校体育运动伤害事故是由于学校未尽安全保障义务而引起，因此，由学校来证明自身已经采取必要的安全保障措施，来达到学校免责的目的。通过分配学校举证责任的立法思路，有助于督促学校尽到安全保障义务，维护未成年学生体育运动伤害权益。同时，学校也可以利用举证机会，自证清白，避免不当扩大学校责任范围。

3、学校适用于公平责任原则

我国《民法典》和《最高人民法院关于审理人身损害赔偿案件适用法律若干问题的解释》均规定了学校对于学生的安全保障义务，旨在督促学校加强体育运动安全保障工作，保护学生弱势群体利益。司法实践中，法官往往据此在自由裁量范围内不当适用公平责任原则，本着和稀泥的心态，片面加大学校赔偿责任，导致学校为规避法律风险，大幅缩减体育教学内容、降低体育教学标准。

为了保障学校体育活动的正常开展，法官必须以事实为依据，以法律为准绳，根据《民法典》第一千一百九十九条合理认定学校赔偿责任，严格执行"对于能够证明尽到教育、管理职责的，学校不承担侵权责任"的法律规定。但是，如果学校和学生双方都没有过错行为，法官可以根据公平责任原则，综合考量具体事实和双方经济情况，合理认定学校赔偿责任。

(三)《民法典》关于学校侵权责任归责原则适用的特殊规定

我国《民法典》对于学校等教育机构责任主体作出规定，明确了学校在学生体育运动伤害事故中的侵权责任包括过错推定责任、过错责任、分担责任。

第一千一百九十九条 【教育机构的过错推定责任】无民事行为能力人在幼儿园、学校或者其他教育机构学习、生活期间受到人身损害的，幼儿园、学校或者其他教育机构应当承担侵权责任；但是，能够证明尽到教育、管理职责的，不承担侵权责任。

第一千二百条 【教育机构的过错责任】限制民事行为能力人在学校或者其他教育机构学习、生活期间受到人身损害，学校或者其他教育机构未尽到教育、管理职责的，应当承担侵权责任。

第一千二百零一条 【在教育机构内第三人侵权时的责任分担】无民事行为能力人或者限制民事行为能力人在幼儿园、学校或者其他教育机构学习、生活期间，受到幼儿园、学校或者其他教育机构以外的第三人人身损害的，由第三人承担侵权责任；幼儿园、学校或者其他教育机构未尽到管理职责的，承担相应的补充责任。幼儿园、学校或者其他教育机构承担补充责任后，可以向第三人追偿。

从上述法律规定来看，学校等教育机构几乎不适用于无过错责任，虽然第一千一百九十九条赋予学校的举证免责权利；但是在司法实践中，特别是针对未成年学生体育运动伤害事故，法官往往会对学校提出严苛的举证要求，加重学校的安全保障义务。

二、学校体育运动伤害事故责任的构成

（一）学生遭受人身损害的客观事实

损害事实是指由于行为人的侵权行为致使他人的财产和人身等利益损害的客观事实。学生在校期间遭受人身伤害的损害事实，是构成学校体育运动伤害事故人身损害赔偿责任的前提条件。

在学校体育运动伤害事故中，损害事实主要表现为人身伤害和死亡，由此产生的财产性损失包括医疗费、护理费、交通费、住宿费、营养费、住院伙食补助费、伤残用具费、丧葬费等费用支出。此外，人身伤害还有可能导致学生精神损害，学校应当承担精神抚慰金的赔偿责任。

（二）学校在学生伤害事故中存在违法行为

学校在学生伤害事故中存在违法行为，是指学校在实施体育教学活动中，未能依法履行学校对于学生的教育、管理和保护职责的行为。

1. 学校疏于管理的行为

学校在实施体育教学活动中，疏于安全管理义务，造成学生人身损害，是较为常见的违法行为。如学校篮球架、田径场、游泳池、体育器材设施常年失修，没有定期进行维护更换，安全管理制度不健全，容易造成学生在学校体育活动中砸伤、摔伤、碰伤、溺亡等严重的人身损害。

2. 学校疏于保护的行为

根据我国法律规定，学校对于未成年学生不承担监护职责，但负有安全保护义务。中小学生大多活泼好动，心智不成熟，对于学校体育活动缺乏风险预判和自我保护意识，容易出现运动损伤。学校应当特别注意保护未成年学生在学校体育运动中避免运动伤害。如在完成体操翻滚、倒立、跨越，跆拳道实战对抗，深水区游泳等危险性体育动作时，一些教师疏于观察学生上课状态，没有协助或保护学生完成难度动作，甚至放任学生自由活动，极易造成学生体育伤害。在学校体育运动伤害事故中，如果老师没有及时履行防护和救助责任，学校没有及时采

取救护措施，造成学生人身伤害，学校应当对损害承担责任。

3. 学校疏于教育的行为

学校体育安全教育是学校体育运动安全保障的重要环节。学校应当对教师和学生定期进行安全教育，提高风险防范意识。教师应当在开展体育活动前对学生进行安全教育和风险警示，告知体育运动潜在风险以及安全注意事项。如果学校和教师疏于职守，没有及时告知体育运动潜在风险及安全注意事项，造成学生人身损害或者伤害他人，学校应当承担替代责任。

（三）学校的违法行为与伤害事故有因果关系

学校在体育活动中疏于教育、管理和保护职责的行为，必须与学生遭受学校体育运动伤害或者学生伤害他人的损害事实之间具有引起与被引起的因果关系，这是判断学校侵权责任的构成要件之一。

（四）学校在学生伤害事故中存在过错

在学校体育运动伤害事故中，判断学校是否存在过错的标准，就是对履行《教育法》规定的教育、管理和保护的职责是否尽到了必要的注意义务。认定学校是否存在过错，需要注意以下三个方面。

①学校对学生是否具有注意义务。根据我国教育法律法规和行政规章规定，基于学校对于学生教育、管理和保护职责，学校对于学生具有注意义务。

②学校对学生是否尽到了相当注意义务。学校应当按照法律法规、规章规程要求，对学生人身安全尽到合理、谨慎的注意义务。未成年学生参加危险性体育活动，体育教师更需要提高警惕，加强防范，及时保护。

③学校是否有能力尽相当注意义务。认定学校在学生体育伤害事故中的过错，需要考虑学校的预见能力。如果学校不具有预见能力，不应该也无法预见，学校也就无法尽到相当注意义务，即主观上没有过失。足球比赛中，学生踢球意外击中场上其他球员，导致人身损害，这是学校教师无法预见的意外伤害，没有能力尽到注意义务，因而没有过错。

三、学校体育运动伤害事故责任的主要类型

（一）学校责任

学校等教育机构及其工作人员由于过错，违反教育法律法规及其他有关规

定，未尽教育、管理职责，造成学生体育运动伤害事故，或者学生伤害他人事故，学校应当承担赔偿责任。根据教育部《学生伤害事故处理办法》及有关部门的意见，学校责任事故大致可以归为以下三种情形。

1. 无民事行为能力人受到损害的学校责任

根据我国《民法典》第一千一百九十九条规定，8周岁以下的无民事行为能力人在幼儿园、学校体育活动中受到人身损害，应当适用过错推定原则认定学校责任，如果学校不能证明自身尽到了教育、管理和保护职责，将承担侵权赔偿责任。

2. 限制民事行为能力人受到损害的学校责任

根据我国《民法典》第一千二百条规定，限制民事行为能力人在学校体育活动中受到人身损害，应当适用过错原则认定学校责任，如果学生能够证明学校未尽到教育、管理职责，学校则应当承担侵权赔偿责任。

3. 完全民事行为能力人受到损害的学校责任

根据我国《民法典》第一千二百条规定，年满18周岁的大学生在学校体育活动中受到人身损害，应当适用过错原则认定学校责任，学生如果能够证明学校未尽到教育、管理职责，则学校应当承担侵权赔偿责任。

（二）第三人责任

根据我国《民法典》第一千二百零一条规定，学生体育运动伤害事故的发生，不是由于学校的过错，而是由于第三人的过错行为所引起，应当由第三人承担侵权责任。

（三）学校承担相应的补充责任

根据我国《民法典》第一千二百零一条规定，第三人责任事故中，能证明学校未尽到管理职责的，学校应当承担相应的补充责任。学校承担补充责任后，可以向第三人追偿。

四、学校体育运动伤害事故责任的免责事由

体育运动具有固有风险，学生在学校体育活动中受到意外伤害不可避免。我国《民法典》第一千一百七十六条规定："自愿参加具有一定风险的文体活动，

因其他参加者的行为受到损害的，受害人不得请求其他参加者承担侵权责任；但是，其他参加者对损害的发生有故意或者重大过失的除外。活动组织者的责任适用本法第一千一百九十八条至第一千二百零一条的规定。"

这是我国法律首次将"自甘风险"原则，明确为体育活动伤害侵权责任的免责事由。该免责事由的适用主体为学校体育活动的其他参加者。学校作为体育活动的组织管理者，具有安全保障责任，不能以"自甘风险"作为免责事由，拒绝承担学生体育运动伤害事故侵权赔偿责任。

参考文献

［1］国家体育总局群体司．社会体育指导员技术等级培训教材［M］．北京：高等教育出版社，2003.

［2］国家体育总局．全民健身指南［EB/OL］．［2017-08-11］．https：//www.sport.gov.cn/n315/n20067006/c20324479/content.html.

［3］曲绵域．实用运动医学［M］．北京：北京大学医学出版社，2003.

［4］王安利．运动医学［M］．北京：人民体育出版社，2007.

［5］Michael Boyle.体育运动中的功能性训练：第2版［M］.张丹玥，王雄译．北京：人民邮电出版社，2017.

［6］卢标．体育运动与安全防护［M］．武汉：中国地质大学出版社，2009.

［7］郑玉生．创伤急救学［M］.哈尔滨：黑龙江人民出版社，2004.

［8］王其新．现代临床急救进展［M］．北京：人民军医出版社，2003.

［9］王一镗．现场急救常用技术［M］．北京：中国医药科技出版社，2006：23-24.

［10］American Heart Association. Highlights of the 2020 American Heart Association guidelines for CPR and ECC［M］. American Heart Association, 2020.

［11］楼滨城，朱继红.2015美国心脏协会心肺复苏与心血管急救更新指南解读之一概述及基础心肺复苏［J］.临床误诊误治，2016，29（01）：69-74.

［12］刘树元，单毅，林朱森，等.2015美国心脏协会心肺复苏及心血管急救指南核心更改解读［J］.转化医学杂志，2017，6（02）：122-125.

［13］温新华．常见外伤的止血方法［J］.现代职业安全，2010（04）：104-106.

［14］曲绵域，高云秋．现代运动医学诊疗手册［M］.北京：北京医科大学、中国协和医科大学联合出版社，1997.

［15］郑怀贤．伤科诊疗［M］.成都：四川科技出版社，1978.

［16］王育一．伤科针灸治疗学［M］.成都：四川科技出版社，1993.

［17］王玉龙．康复功能评定学［M］.北京：人民卫生出版社，2018.

［18］吴江．大学生体育活动安全指南［M］.北京：科学出版社，2017：16-20.

［19］翁铁慧．上海学生校园运动伤害事故现状、成因及干预研究［M］．上海：华东大学出版社，2017：119-129.

［20］徐志勇．学校安全管理：过程、内容与方法［M］．北京：北京师范大学出版社，2015：5-25.

［21］毛振明，于素梅．体育教学安全防护技巧与案例［M］．北京：北京师范大学出版社，2009：19-37.

［22］许龙君．校园安全与危机处理［M］．北京：中国人民大学出版社，2010：28-37.

［23］李英丽，胡元斌．学校运动安全与教育活动［M］．合肥：安徽出版社，2012：78-85.

［24］教育部关于印发《学校体育运动风险防控暂行办法》的通知［J］．中华人民共和国教育部公报，2015（06）：7-9.

［25］杨立新．侵权责任法［M］．北京：法律出版社，2018：304.